図説 元興寺の歴史と文化財

一三〇〇年の法灯と信仰

元興寺・元興寺文化財研究所［編］

吉川弘文館

序文

元興寺は『続日本紀』養老二年（七一八）の「法興寺を新京に遷す」の記事などから、飛鳥の法興寺（飛鳥寺）を平城京左京に新築移建されたとされる。平成三十年（二〇一八）は創建千三百年に当たる。

創建時の元興寺は現在「ならまち」と呼ばれる界隈の大半を境内とし大伽藍を擁した官大寺であった。現在は、奈良時代の僧坊と講堂跡の一部を伝える元興寺極楽坊境内（真言律宗元興寺）、元興寺塔跡（華厳宗元興寺）、元興寺小塔院跡（真言律宗小塔院）の三つの国指定史跡がそれぞれ寺院として往時の面影と法灯を伝えている。古代寺院としては、町中にあって比較的よく遺跡を伝えているといえよう。

元興寺創建千三百年の慶賀に当たり、これら三寺院と所縁の寺院が伝えてきた関連文化財を一堂に集め、春と秋の二回に分け、歴史と文化を概観する企画展と講演会・シンポジウムを開催した。

春期は前身法興寺に視点を当て、企画展『佛法元興—法興寺の遺産・元興寺への道程』を元興寺法輪館にて開催（二〇一八年四月二十八日〜五月二十七日）。関連企画としてシンポジウム『佛法元興—法興寺創建とその時代』、特別講演会『法興寺の遺産・元興寺への道程』を行った。

秋期は特別展『大元興寺諸仏展及び大元興寺展』を元興寺法輪館にて開催（九月十三日〜十一月十一日）、連続講座『元興寺創建千三百年—その歴史と寺宝』、記念講演会『未来に受け継ぐ元興寺の信仰・伝承・文化財』、シンポジウム『平城京と元興寺—その創建と移り変わり』がその主なものである。

この図説は各講師の貴重な意見や企画展で明らかにされた視点などを新めて再編集したものである。

元興寺の法灯と文化財の理解を深化させ、未来に繋がる一助としたい。

令和二年九月二十三日

真言律宗元興寺　住　職
公益財団法人元興寺文化財研究所　理事長　辻村泰善

目次

凡例

●作品解説に付したデータは原則として作品名・材質技法・法量（単位はセンチメートル）・年代・所蔵者の順とした。

●本文中、史料の引用は、原則として読み下し文とし、旧字・異体字などは通用の字体に改めた。

●宗教法人元興寺（奈良市中院町）と宗教法人元興寺（奈良市芝新屋町）の二ヵ寺の表記は原則として「真言律宗元興寺」、「華厳宗元興寺」で区別した。歴史叙述においてはそれぞれ当時の呼称を用い、適宜説明を加えて区別したところがある。

●写真撮影は一部を除き元興寺文化財研究所の大久保治が行った。他機関より提供を受けたものは適宜記した。

●本書の執筆は元興寺文化財研究所の植村拓哉・坂本俊・佐藤亜聖・服部光真・三宅徹誠・村田裕介が分担した。担当者名は各文末に記した。企画・編集は服部が行った。

●本書製作にあたり、次の方々にご協力いただいた。記して感謝申し上げる。（五十音順・敬称略）

（団体）飛鳥園　飛鳥寺　阿弥陀寺　斑鳩寺　大嶋神社・奥津嶋神社　大山崎町教育委員会　岡寺　香川県政策部文化芸術局文化振興課　鵲町自治会　勧修寺　春日大社　元興寺（華厳宗）　元興寺町共和会　京都国立博物館　宮内庁正倉院事務所　興善寺　興福寺　極楽寺　御霊神社　西大寺　滋賀県文化スポーツ部文化財保護課　四天王寺　十輪院　小塔院　青蓮院門跡　神護寺　新薬師寺　醍醐寺　橘寺　檀王法林寺　中院町自治会　天神社　唐招提寺　東大寺　東北大学附属図書館　徳融寺　奈良県文化財保存事務所　奈良県立橿原考古学研究所　奈良県立図書情報館　奈良国立博物館　奈良市教育委員会　奈良文化財研究所　日本ナショナルトラスト　仁和寺　念仏寺　能満院　橋寺放生院　般若寺　文化庁　便利堂　法隆寺　南法華寺　名勝大乗院庭園文化館　薬師寺　八栗寺　立本寺　霊山寺

（個人）朝川美幸　阿波谷俊一　阿波谷俊宏　池田圭俊　石田淳　石田太一　一本崇之　植島寶照　上田日瑞　植田光政　卜部行弘　逢香　大河内海光　大谷康文　大野正法　大矢實圓　岡島秀樹　小倉頌子　花山院弘匡　勝野一　加藤公俊　川俣海淳　河村俊英　城戸美和　工藤良任　黒木英雄　桑原英文　小林稔　佐伯俊源　狭川普文　佐藤明俊　信ヶ原雅文　瀬川大秀　髙内良輯　髙次喜勝　多川文彦　寻川良俊　谷内弘照　筑波常遍　東山光秀　常盤勝範　中川教俊　中川義一　中田定観　新見竜玄　西浦弘望　西山明彦　橋本純信　橋本昌大　原田憲二郎　坂東俊彦　東伏見慈晃　疋田進玄　深井武臣　福島克彦　藤井貴弘　古川史隆　前田圭廣　松永悦枝　松村和歌子　三宅敬誠　森圭介　森田康友　森本宏侒　森谷英俊　山本潤　山本崇

元興寺周辺地図

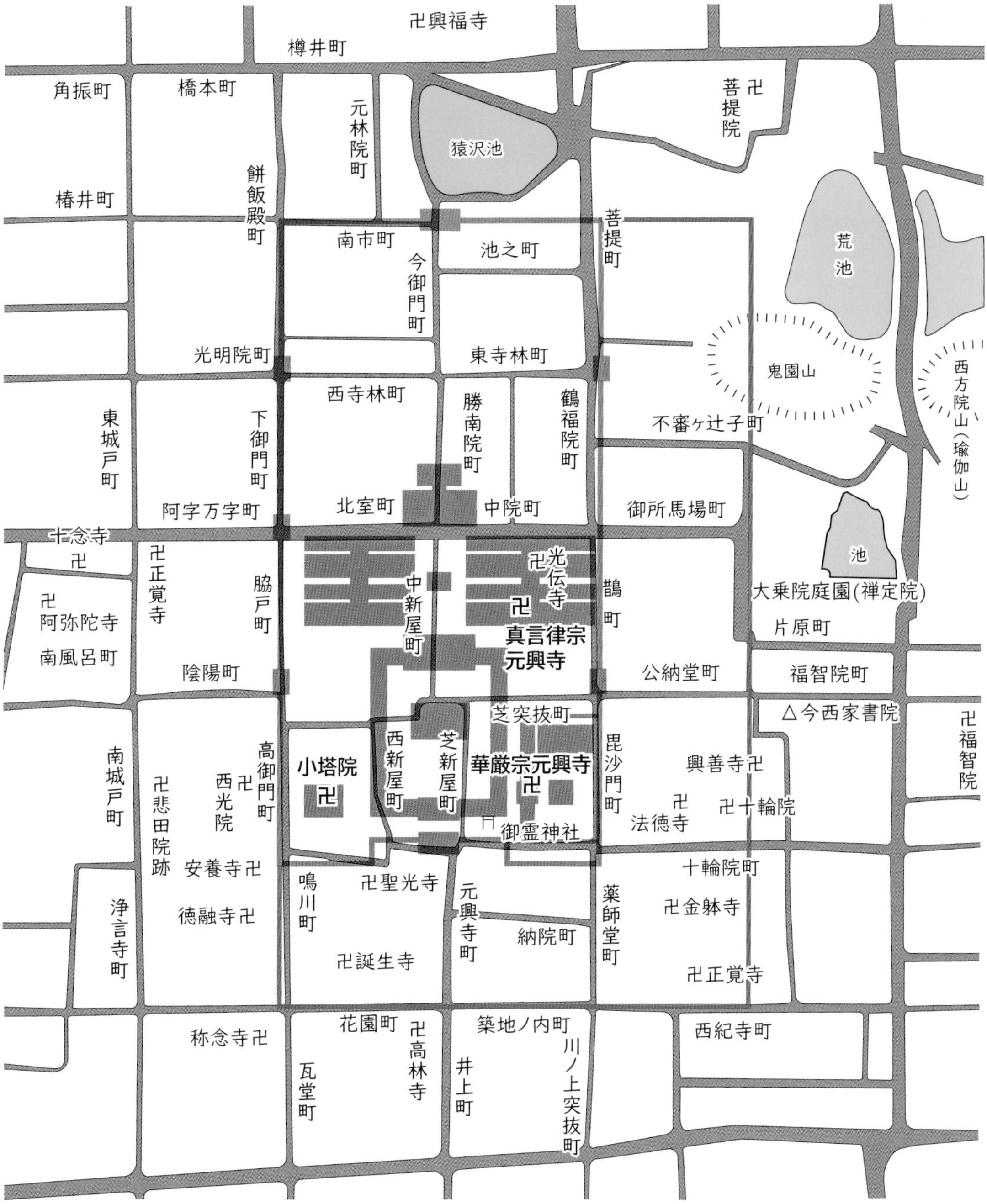

卍興福寺
樽井町
角振町
橋本町
元林院町
猿沢池
菩提院卍
椿井町
餅飯殿町
南市町
池之町
菩提町
荒池
今御門町
光明院町
東寺林町
鬼園山
西方院山(瑜伽山)
西寺林町
勝南院町
鶴福院町
不審ヶ辻子町
東城戸町
下御門町
阿字万字町
北室町
中院町
御所馬場町
十念寺卍
卍正覚寺
卍光伝寺
池
卍阿弥陀寺
脇戸町
中新屋町
鵲町
大乗院庭園(禅定院)
南風呂町
卍真言律宗元興寺
片原町
陰陽町
公納堂町
福智院町
芝突抜町
△今西家書院
卍福智院
南城戸町
高御門町
小塔院卍
西新屋町
芝新屋町
華厳宗元興寺卍
毘沙門町
興善寺卍
卍悲田院跡
西光院卍
卍法徳寺
卍十輪院
御霊神社
安養寺卍
十輪院町
鳴川町
卍聖光寺
元興寺町
薬師堂町
卍金躰寺
浄言寺町
徳融寺卍
納院町
卍誕生寺
卍正覚寺
称念寺卍
花園町
卍高林寺
築地ノ内町
西紀寺町
瓦堂町
井上町
川ノ上突抜町

総説

日本史上の元興寺

元興寺の「二つの顔」

元興寺は、日本最初の本格的寺院である法興《ほうこう》寺《じ》（飛鳥寺）を前身として養老《ようろう》二年（七一八）に平城京の地に創建されて以来、今日まで一三〇〇年間にわたって寺基《じき》と法灯《ほうとう》を継いできた。日本の仏教や文化、社会にさまざまなかたちで大きな足跡を残してきたその歴史と、守り伝えられてきたゆかりの文化財を紹介し、日本史上の元興寺の位置づけを探ることが本書の目的である。

現在の元興寺は、真言律宗《しんごんりつしゅう》元興寺、華厳宗《けごんしゅう》元興寺、真言律宗小塔院の三ヵ寺に分かれ、それぞれの境内地は「元興寺極楽坊《ごくらくぼう》境内」「元興寺塔跡」「元興寺小塔院《しょうとういん》跡」として史跡に指定されている。真言律宗元興寺の五重小塔（奈良時代）本堂（鎌倉時代）、禅室（同）、華厳宗元興寺の薬師如来立像（平安時代）などの国宝をはじめとする多くの文化財が残される、南都を代表する古刹の一つである。

いま、その曲折ある歴史を振り返るならば、元興寺には重層的な「二つの顔」があることに気づく。一つは、古代日本における仏法の中心的・主導的立場にあった、国家的大寺院としての顔。もう一つは、中世以来の都市奈良（奈良中、奈良町）のなかで存立してきた、都市霊場、「庶民信仰」寺院としての顔である。国家的大寺院から都市寺院への転換、ここに元興寺が長きにわたってその法灯を伝えることができたカギがある。本書において、大伽藍を備えて栄華を極めていた飛鳥から奈良時代のみならず、その後中世・近世・近代の過程も含めてその軌跡をたどろうとするゆえんである。

元興寺研究の新しい展開

今日につながる元興寺研究は、戦後の真言律宗元興寺での国宝建造物の解体修理や境内発掘調査を契機とする建築史学・考古学的研究を嚆矢とする。人文諸学においても、このとき発見された中世庶民信仰資料（本書4－2参照）に関わる調査研究の積み重ねがあり、五来重編『元興寺極楽房中世庶民信仰資料の研究』（法藏館、一九六四年）や『日本仏教民俗基礎資料集成』全七巻（中央公論美術出版、一九七四～八〇年）などの成果は研究史上、中世の信仰社会史、仏教民俗学の分野で元興寺の歴史やその所蔵資料に関心を集める端緒を開いた。

こうして先行して進められた真言律宗元興寺の調査研究も踏まえ、元興寺全体の歴史について岩城隆利氏によってまとめられた史料集『元興寺編年史料』（吉川弘文館、一九六三～六六年、増補版一九八三年）と通史『元興寺の歴史』（吉川弘文館、一九九九年）は今日の元興寺研究の基礎となっている。諸分野にまたがる重厚な諸研究をふまえ、幅広い関心と長期的視点によってまとめられたこれらの大著は、いまなお元興寺史についての基本文献であり、後学の蒙る学恩の大きさは計り知れない。

しかし、その後岩城氏による通史の刊行からも二〇年余り経過し、元興寺の歴史に関わっても多くの新しい調査・研究の成果が世に問われている。文献史学の分野では、『元興寺伽藍縁《がらんえん》起幷流記《ぎならびにるき》資財帳《しざいちょう》』に関する史料学的研究（吉田　二〇一二など）、中世寺院史研究（横内　二〇一〇、坂本　二〇一〇）などの進展があり、美術史学では華厳宗元興寺所蔵十一面観音菩薩立像のＸ線透過撮影調査（岩田　二〇〇八）、飛鳥大仏の蛍光Ｘ線分析（藤岡他　二〇一七）など個別資料の調査・分析が進められた。考古学の分野では飛鳥池遺跡の発掘調査・研究（吉川　二〇〇二）や、元興寺の納骨信仰に関する研究（狭川　二〇一六）、年輪年代法による元興寺古材の年代測定（狭川　二〇二〇）、中世都市奈良の成立史研究（佐藤　二〇〇六）などで顕著な成果があげられている。建築史学で元興寺僧房《そうぼう》建築の調査研究を長年にわたって手がけた鈴木嘉吉氏の単著（鈴木　二〇一六）がまとめられたことも特筆されよう。

　元興寺創建一三〇〇年を記念して二〇一八年に開催した企画展『仏法元興』『大元興寺展』は、こうした成果もふまえて元興寺の歴史を概観する試みであった。関連企画として開催したシンポジウムや講演会では、文献史学・考古学・建築史学の各分野から新知見や問題の所在が議論され、その内容は本書の姉妹編である『日本仏教はじまりの寺　元興寺』に収録した。ほかにも、この展示準備のために行った関連寺院での文化財調査で多くの新出資料や新知見を得て、学術的にも大きな成果をあげることができた（元興寺文化財研究所　二〇一八・二〇二〇など）。

　本書はそうした最新研究の成果をふまえ、前身法興寺の時代からの一四〇〇年余りの歴史を通観するものである。以下、その歴史と文化財を特色づけるいくつかの視点から、本書の内容を概観しよう。

日本最初の本格的寺院

崇峻《すしゅん》天皇元年（五八八）、蘇我馬子《そがのうまこ》を発願主として、飛鳥の地で法興寺《ほうこうじ》（飛鳥寺）の造営が始まった（本書１－１）。これが元興寺の前身である。国家をあげて仏法興隆が進められた時代であり、推古《すいこ》天皇や聖徳太子も後に丈六釈迦如来像の造立を共同発願するなど部分的に関わった。

　法興寺は日本で最初の本格的伽藍を備えた寺院であり、『日本書紀』によれば、百済《くだら》から将来した仏像や仏舎利が安置されたほか、造営にあたっては僧侶や大工、瓦職人などの技術者も百済からもたらされた。発掘調査からも、出土瓦に百済系の文様が確認され、その特異な伽藍配置も百済や高句麗《こうくり》などの朝鮮半島に祖型が求められる（１－２）。当時の東アジアの国際関係のなかで法興寺は造営されたのである。そして、こうした寺院造営の最新技術は、法興寺を起点に、その後続々と建立される各地の寺院へと伝播していった。

古代日本仏教の中心

　創建された法興寺には高句麗や百済からの渡来僧や中国から帰国した留学僧が住し、当時の日本仏教の中心となった（１－３）。聖徳太子の師僧ともされる慧慈《えじ》や、日本の三論宗《さんろんしゅう》初祖とされる慧灌《えかん》、唐で三蔵法師玄奘《げんじょう》に学び最新仏典を持ち帰ったとされる道昭《どうしょう》などである。法興寺は三論や唯識《ゆいしき》系の摂論《しょうろん》の教学の中心となり、行《ぎょ》基《うき》をはじめとする多くの僧がここで学んだ。

　また仏教のみにとどまらず、暦法、儒学、医学など大陸や半島からの最新の文化・知識の窓口にもなり、架橋などの社会事業で活躍する僧もあった（１－４）。こうした法興寺の多方面での主導的な役割は、僧尼を統制する仏教行政とも不可分であり、それゆえに乙巳《いっし》の変など政治史の舞台にもなり、蘇我氏の滅亡後も大寺として国家的大寺院の中心でありつづけた。

　和《わ》銅《どう》三年（七一〇）の平城遷都のあと、養老二年（七一八）に法興寺も平城京の地に遷された（2－1）。こうして創建されたのが元興寺である。元興寺はこのとき寺名をはじめ、伽藍、本尊を一新させたが、法興寺の占めた大寺の一角としての地位や、「みなもとのりのおこり」（仏法の元の興り）の寺院たる由緒を継承しており、実際に僧房などの一部の建造物が遷されて瓦や部材が再利用された。南北五町、東西三町という広大な寺地には、金堂・講堂・五重大塔などの主要堂宇《どうう》のほか修理所なども置かれ、七堂伽藍の周囲に多数の子院も展開していた（2－2）。

教学の中心としての役割も奈良の元興寺に引き継がれ、写経が集積されるとともに、入蔵されていた将来仏典は権威を持ち、勘経の中心的な場にもなった（2－3）。三論教学や、唯識系教学の拠点としての機能も法興寺から継承され、三論では学僧智光《ちこう》や聖宝《しょうぼう》、法相《ほっそう》では「仏家の棟梁」と称された護命《ごみょう》などを輩出している（2－4）。寺外でも、文殊会《もんじゅえ》を弘めた泰善《たいぜん》、仏《ぶつ》名会《みょうえ》を弘めた静安《じょうあん》、大堰《おおい》川《がわ》の治水を行った道《どう》昌《しょう》など、国家の政策や社会に大きな足跡を残した修行僧の活動があった。仏教美術においても、玄朝《げんちょう》の不動明王像は一様式として確立して各地に広まり、元興寺中門の二天・八夜叉像も神護寺で模されるなど、いわば「元興寺モデル」が規範性を持った（2－5）。古代元興寺の中心性、求心力を示している。

都市奈良の霊場

こうした元興寺の中心的役割は、封戸《ふこ》などの国家的給付によった経済的基盤の衰退による伽藍の荒廃、三論衆の解体などを経て、権門化した興福寺や東大寺に圧倒されるかたちで平安時代中期から後期に失われていく（3－1）。鎌倉時代の初頭にかけての復興も興福寺勢力の強い影響下進められたものであった。

しかし伽藍周辺における中世都市奈良の形成という社会動向を捕捉して、極楽房（極楽坊）では日本浄土三曼荼羅《まんだら》（浄土変相図《じょうどそうへんず》）のひとつである智光曼荼羅を核とする浄土信仰が高揚し、都市住人層らによる念仏講が成立し、都市の供養空間として独自に発展していく（3－2）。寛元《かんげん》二年（一二四四）の僧房の現本堂への改造は、より多くかつ広範な階層の参加するようになった念仏講の拡充に対応するものであった。また、太子信仰や弘法大師信仰など諸種の信仰も発展し、奈良中でも有数の都市霊場として僧俗を含む住人層の信仰と社会的結合の紐帯となった（4－1～3）。ほかにも中門観音の霊場であった観音堂、律院となった小塔院などの諸堂諸院が堂衆や律僧らの拠点として独自に発展した（3－4）。

宝徳《ほうとく》三年（一四五一）の土一揆で金堂などが焼失し、その後十六世紀後半から十七世紀初頭にかけて元興寺の伽藍中心部での町場化が進行し、江戸時代の奈良《なら》町《ちょう》の景観が確立していく（5－1）。金堂などの主要部分が消滅した元興寺であったが、中世までに独自の社会的基盤を形成していた観音堂・極楽坊・小塔院は独立した寺院として存続し、それぞれ東大寺末元興寺、西大寺末元興寺極楽院、西大寺末小塔院となった（5－2）。

元興寺を継ぐ寺院はこうして小さく分立したとはいえ、元興寺所縁の仏像は都市住人に引継がれたものもあり（4－3）、旧伽藍域に成立した新興寺院や町会所などの信仰空間のなかには、元興寺に関係する堂宇や子院、草庵を前身とするものもあった（5－3）。寺院や周辺各町の拠所とした歴史的由緒は元興寺に結びつけることで権威づけられ、護命や道場法師・鬼の伝説なども展開し、かつての元興寺のすがたは有形無形に奈良町のなかに伝えられた。古代元興寺の存在はこの地域のアイデンティティとして重視されつづけたのである。

法灯と文化財を伝え残す

江戸時代の東大寺末元興寺には、古代以来修復を重ねて維持されてきた五重大塔があり、奈良町のシンボルタワーとして一大観光名所にもなっていた。しかし、安政六年（一八五九）の大火で五重大塔は観音堂とともに灰燼《かいじん》に帰した（6－1）。まもなく明治維新を迎えると、寺領の上知《あげち》による経済基盤の喪失の影響が大きく、実質的に無住となった三ヵ寺はいずれも明治以降大きく衰微する。

昭和期に入ってようやく試みられた復興は、学術研究や芸術文化によって元興寺の歴史と文化財を再評価し、かつ価値づけることを基調とした。こうした苦心の復興の上に、一九九八年には真言律宗元興寺が「古都奈良の文化財」として世界文化遺産に登録されてその歴史的・文化的価値が国内外に共有された。二〇一八年に三ヵ寺共同での開催が実現した「元興寺創建千三百年事業」は、こうした元興寺の価値を再評価する機運の高まるなかでの記念碑的事業となった（6－2）。

こうして前身法興寺からの一四〇〇年余りにわたる歴史を振り返ると、日本仏教の黎明期に元興寺の果たしてきた役割の大きさを評価することはたやすい。しかしその後今日に至るまで、歴史の節目節目には幾多もの困難があり、古代寺院たる元興寺が存続してきたことが決して必然のことではなかったことに気づかされる。

考古学が各地で明らかにしてきた多くの廃寺遺跡の存在からも明白なように、古代寺院が創建当時どれだけ威容を誇ったとしても、そのことのみによってその後も長きにわたって自然と信仰され続け、寺院が維持されていくわけではない。元興寺の場合、中世以降は、都市奈良の郷民や町人の動向を捉えてその信仰と社会的結合の中核となり、地域社会のアイデンティティとして求心力を持ちつづけた。古代寺院元興寺は、歴史都市奈良のなかに有形無形に生きつづけてきたのである。

したがって、小さく分かれていった元興寺の歴史を、国家的大寺院からの衰退の歴史とみることは一面的であるといわねばならない。むしろ、それは都市社会の中に根付く寺院へと発展・深化していった過程と捉えるべきであろう。一三〇〇年前に大伽藍を備えた国家的寺院として創建されたことのみに注目するのではなく、一三〇〇年間にわたって、この寺院の歴史を顧み、法灯、そしてその背負ってきた信仰・文化を価値づけ、後世に継がんとしてきた、その間の意志や営為をこそ評価する必要があるのである。

そして、寺院の存続やそれを核とする地域形成の営為を常に裏づけてきた歴史の具体的な証こそが、文化財である。今日元興寺には、飛鳥時代の法興寺から遷されてきた瓦や木材をはじめとする日本仏教黎明期の文化財とともに、中世の都市住人層の信仰を示す原物資料群としては類を見ない「元興寺庶民信仰資料」など、「二つの顔」を持つ元興寺の歴史を特徴づける文化財が多く伝えられ、それぞれ普遍的な価値が見出されてきた。

元興寺の伝統の力は、こうした文化財と、その価値を認識し、守り伝えてきた人々の見識と意志とによって支えられてきたのである。

（服部）

第1章
仏法元興

1　法興寺創建

「法興の世」を象徴する寺号

元興寺が養老《ようろう》二年（七一八）に平城京の地に創建されるより遡ること一二〇年余り前の推古《すいこ》天皇四年（五九六）、飛鳥の地に日本最初の本格的寺院が創建された（『日本書紀』）。元興寺の前身、法興寺《ほうこうじ》である。

この寺は「飛鳥寺」とも呼ばれるが、「仏法興隆」の語に由来する「法興寺」を正式名称としていた。この「法興寺」が、平城京遷都《せんと》のあと、平城京左京の地に遷された際に、その名が「元興寺」に改められることになる。

「法興寺」という寺号には、当時の時代背景と切り離せない歴史的な意味がこめられている。その由来は「仏法興隆」の語であり、同様にこの語を寺号の由来としているのが、同時代、推古天皇十五年（六〇七）に聖徳太子《しようとくたいし》によって創建された法隆寺《ほうりゆうじ》である。馬子《うまこ》と太子といういずれも当時の政権中枢にあった二人にとって、両寺の名前の由来となった「仏法興隆」の語は、

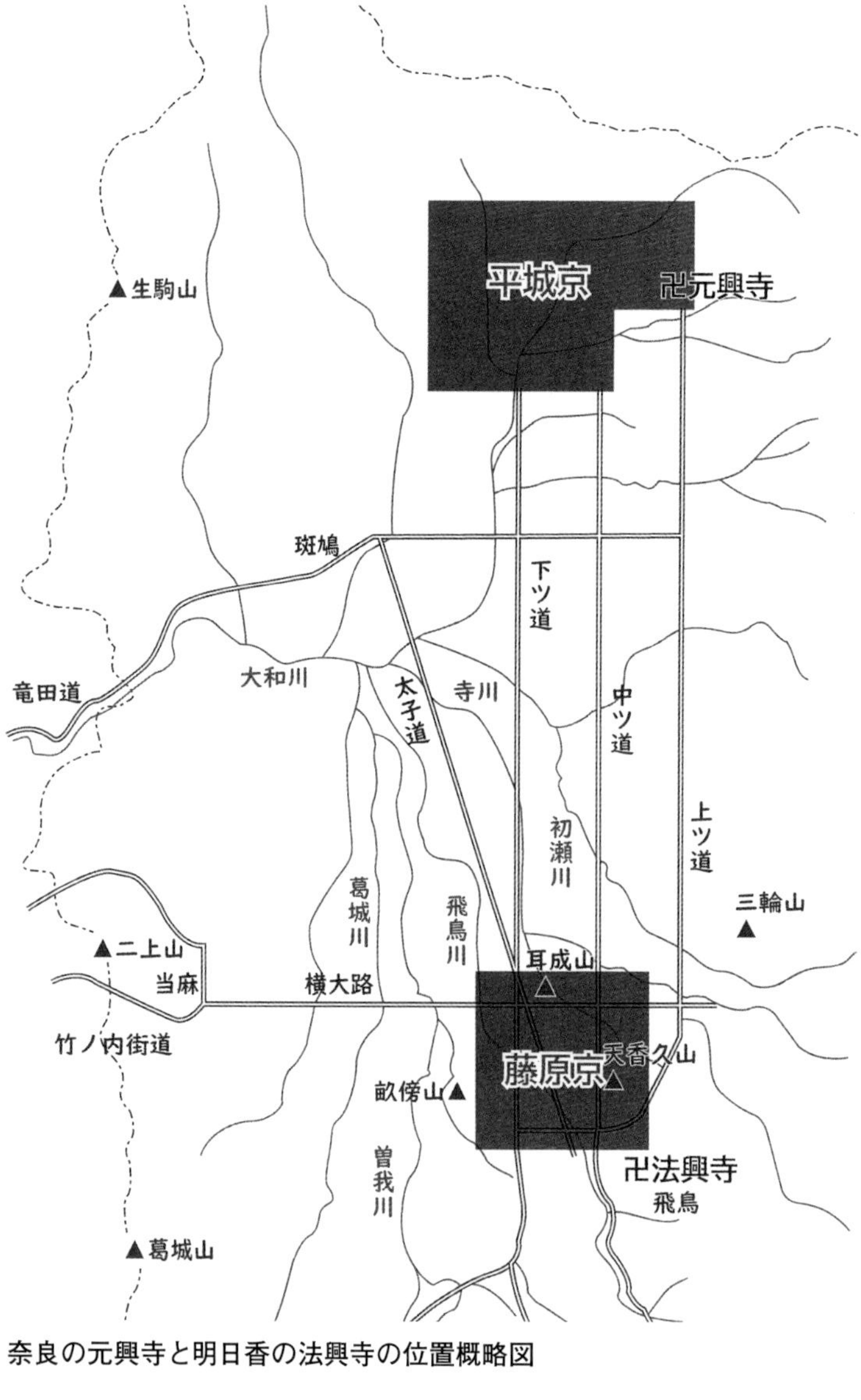

奈良の元興寺と明日香の法興寺の位置概略図

聖徳太子二王子像　江戸時代模写、原本は奈良時代
法隆寺

法隆寺金堂釈迦三尊像光背銘　飛鳥時代　法隆寺
写真提供：奈良国立博物館（撮影 森村欣司）

この時代の政策基調を象徴する大事なスローガンであった。

　推古天皇二年（五九四）二月、推古天皇より「三宝《さんぼう》興隆の詔」が太子と馬子に発せられ、国家として仏教を盛んにすることが奨励された。これを受けて、臣下の豪族たちによって競うように多くの寺院が建立されたという（『日本書紀』）。また、同十二年に制定された『十七条憲法』でも、第二条に「篤《あつ》く三宝を敬《うやま》え」とあるのはよく知られている。第三条の「詔《みことのり》を承りては必ず謹め」という天皇の命令に従うべきことを定めた条目よりも前に、「仏教を厚く信仰せよ」ということの条目が置かれたところに、この時代の特徴を見る見解がある（東野　二〇一七）。まさに、法興寺の造立が進められたこの時代は、推古天皇、太子、馬子を中心に、国家をあげて「仏法興隆」が進められはじめた時代だったのである。

　このような時代の基調を象徴するように、「法興」という私年号があったという見解もある。

　推古天皇三十一年（六二三）、法隆寺金堂本尊の釈迦三尊像が造立された。その光背《こうはい》銘によれば、「法興元卅一年」に太子の母・穴穂部間人《あなほべのはしひと》皇女（用明《ようめい》天皇の后）が、翌年には太子の妃・膳菩岐々美郎女、太子があいついで亡くなり、生前の願いの通り、鞍作鳥《くらつくりのとり》に釈迦三尊像を造立させ、その菩提を弔ったという。ほかにも『伊予国風土記《いよのくにふどき》』逸文《いつぶん》に引用される「伊予道後温湯碑」にも「法興」年号が見られる。近年、この「法興」年号は、当時実際に用いられていたものと再評価されている（東野　二〇〇八）。長寛三年（一一六五）、『元興寺伽藍縁起并流記《がらんえんぎならびにるき》資財帳《しざいちょう》』に考察を加えた僧慈俊も、三宝興隆が図られ、「飛鳥大寺」の造立が始められたこの時代は「法興の世」と呼ばれていたと記している。この時代はまさに「仏法興隆」の時代＝「法興の世」だったのである。

時代の基調となる「法興」の語を寺号とする法興寺は、まさに「仏法興隆」の中心にあって、時代を象徴する存在だったといえよう。

法興寺創建の過程

『日本書紀』によって、法興寺創建の経緯をみてみよう。

用明天皇二年（五八七）七月、蘇我馬子は対立する物部守屋《もののべのもりや》を滅ぼそうと謀った。稲城を築いて立て籠もる守屋軍を前に、太子と馬子の軍勢は苦戦するが、この時に太子は四天王寺建立を誓願し、馬子もまた「凡《およ》そ諸天王・大神王等、我を助け衛《まも》りて、利益《りやく》すること獲《え》しめたまわば、願わくは当《まさ》に諸天と大神王の奉為《おおんため》に寺塔を起立し三宝を流通《るづう》せむ（もしも仏教の守護神たちの助けによってこの戦に勝ったならば、寺塔を建てて仏教を弘めよう）」と誓願した。これが法興寺造立の発願である。

守屋との戦に勝った馬子は、翌崇峻《すしゅん》天皇元年（五八八）、いよいよ法興寺の造営にとりかかった。この年、朝鮮半島の百済《くだら》から使いが送られ、仏舎利や僧侶、さらには寺工、鑪盤《ろばん》博士、瓦博士、画工らがもたらされ、法興寺の造営が始められた。仏舎利や僧侶はいうまでもないが、寺工以下の諸職人らもまた寺院を造営するのに不可欠の存在であり、倭国にとっては初めての本格的な寺院の造営に際し、こうした百済の支援は重要な意味をもった。

同三年十月には山に入って寺造営の建築材が採られ、同五年十月に仏堂と回廊《かいろう》の造営が起工された。推古天皇元年（五九三）正月には塔の礎石《そせき》の下に仏舎利が埋められ、ついで心柱《しんばしら》が礎石の上に建てられた。

こうして着々と造営工事が進められ、同四年十一月にようやく「法興寺造り竟《おわ》りぬ」とある。一応の完工を果たしたらしい。馬子の子・善徳が寺司となり、高句麗からの渡来僧で太子の師でもあった慧慈《えじ》と、先に百済から遣わされてきた恵聡《えそう》の二人が法興寺に入寺した。

このときの本尊ははっきりしないが、敏達《びだつ》天皇十三年（五八四）に百済からもたらされ、馬子が仏殿に安置していた弥勒石仏《みろくせきぶつ》であったと伝えられる（『扶桑略記《ふそうりやつき》』）。

法興寺完工後の推古天皇十三年（六〇五）には、推古天皇の勅により、太子、馬子と諸王諸臣の共同で発願《ほつがん》して、銅と刺繍の丈六仏それぞれ一体を鞍作鳥に命じて造らせた。これは翌年四月八日に完成し、金堂に安置された。この時、銅の丈六仏は金堂の戸よりも高く、堂内に納めることができなかったが、鞍作鳥が優れた仏師であったため戸を壊すことなく丈六仏を堂内に納めることができた、という何ともふわふわとした逸話も載せられている。

この日には斎会《さいえ》も設けられ、多くの人々が集った。この年から四月八日と七月十五日に斎会が設けられることとなった。これは日本におけ

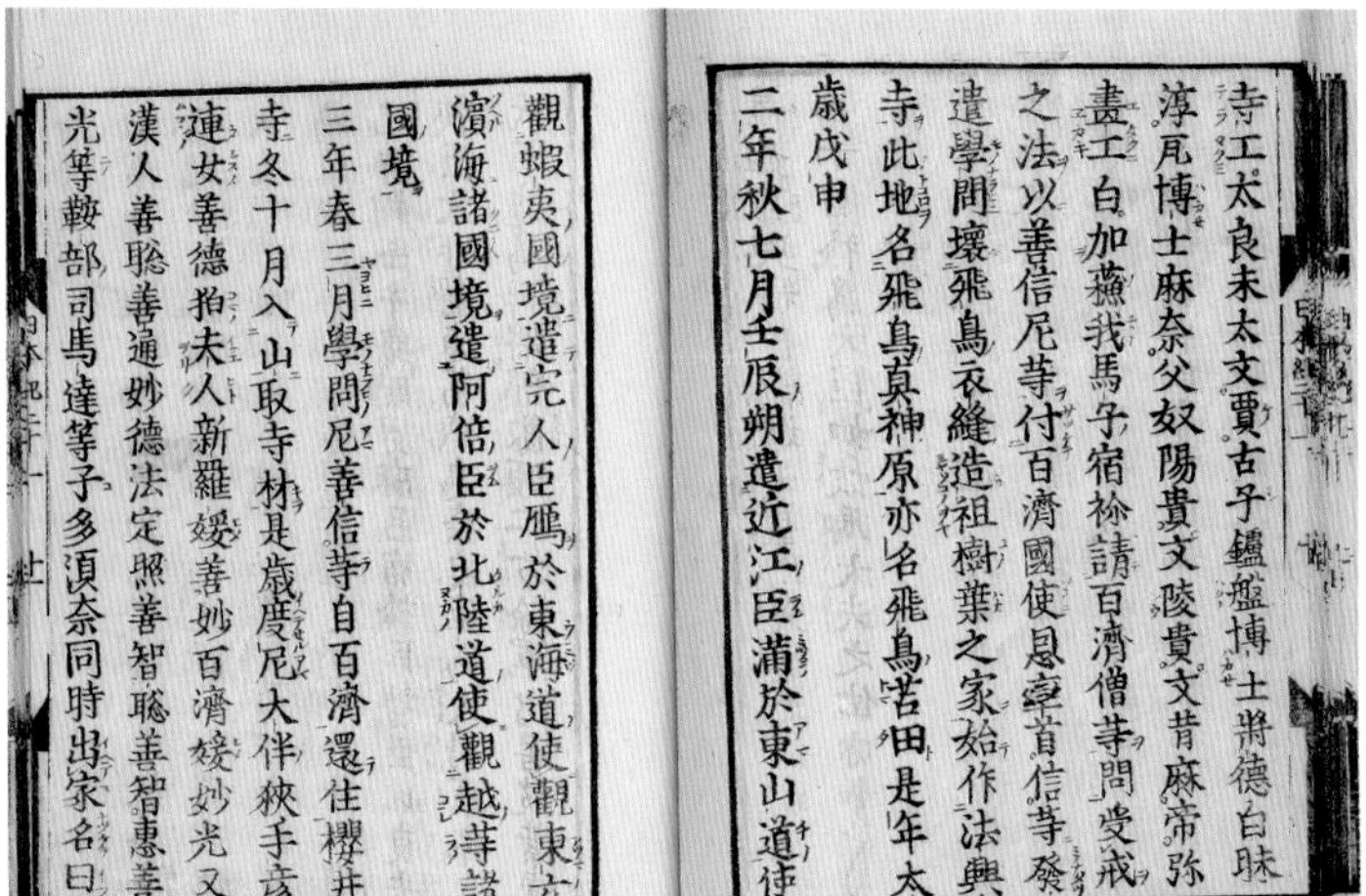
寺工太良未太文賈古子鑪盤博士將德白昧淳瓦博士麻奈父奴陽貴文陵貴文昔麻帝弥畫工白加蘇我馬子宿祢請百濟僧等問受戒之法以善信尼等付百濟國使恩率首信等發遣學問壞飛鳥衣縫造祖樹葉之家始作法興寺此地名飛鳥真神原亦名飛鳥苫田是年太歳戊申

二年秋七月壬辰朔遣近江臣滿於東山道使觀蝦夷國境遣宍人臣鴈於東海道使觀東方濱海諸國境遣阿倍臣於北陸道使觀越等諸國境

三年春三月學問尼善信等自百濟還住櫻井寺冬十月入山取寺材是歳度尼大伴狹手彦連女善德拍夫人新羅媛善妙百濟媛妙光又漢人善聡善通妙德法定照善智聡善智惠善光等鞍部司馬達等子多須奈同時出家名曰

『日本書紀』巻第二一　元治元年（1864）刊　奈良県立図書情報館

る仏生会《ぶつしょうえ》と盂蘭盆会《うらぼんえ》の始まりとされる。

聖徳太子と法興寺

史料的信憑性に疑義が出されており注意が必要ではあるが、法興寺創建の様相を伝えるもう一つの史料、『元興寺伽藍縁起幷流記資財帳』所引の丈六仏光背銘は、法興寺の造営が太子と馬子の共同で行われたかのように記している。先に『日本書紀』を見た限りでも、太子の師・慧慈が入寺し、丈六仏が推古天皇の勅によって太子も共同で発願されるなど、法興寺の性格は蘇我氏の一氏寺を超え、国家的性格を持った寺院として創建されたようにみえる。太子の関与も直截的ではなかったにせよ、少なからざるものがあったことを推測させる。

こうした一定の史実や記録をもとにして、諸種の太子伝においては、法興寺の創建は太子の事績の一つとして数えられるに至った。

初期の太子伝として知られる『上宮聖《じょうぐうしょう》徳法《とくほう》王帝説《おうていせつ》』では、早くも太子の事績として、政治を補佐し、三宝を興隆し、法興寺などの諸寺を建立したことが伝えられている。各種の太子伝の集大成である『聖徳太子伝暦《でんりゃく》』（十世紀頃成立）では、推古天皇元年に法興寺塔心柱が建てられた際には太子がこれに臨んで礼拝《らいはい》し、同四年の法興寺落慶《らっけい》では推古天皇に奏上して無遮会《むしゃえ》（参集者への施しを行う法会）を執り行わせ、同十三年には太子の妙説により推古天皇が丈六仏造立を発願したとするなど、造営過程の各局面における太子の関与が明確に記される。

『聖徳太子絵伝』では、太子二五歳の事績として「法興寺落慶」の場面があり、紫雲の覆う仏堂の前で施しが行われている様子が描かれている。これは、法興寺造営が完工し、聖徳太子の奏上により無遮会を執り行ったところ、紫雲がたなびいて堂塔を覆ったという『聖徳太子伝暦』に基づくものである。後に、法興寺が平城京移転後に元興寺と改称し、中《ちゅ》宮寺《うぐうじ》が法興寺を名乗りはじめたため、太子伝では混乱も見られ、法興寺は中宮寺と混同されることもあったが（東野 二〇一三）、一方で法興寺の寺基を継いだ元興寺や本元興寺（飛鳥寺）などでは後に寺の由緒に太子による創建伝承を採り入れており、太子を法興寺創建の重要人物に位置づける見方も受け継がれていった。

「聖徳太子絵伝」第４幅より「法興寺落慶」
江戸時代模写、原本は鎌倉時代　法隆寺

現在の飛鳥寺に祀られる聖徳太子立像

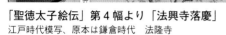

本願蘇我馬子の人物像

一方、法興寺創建の実際の本願主は蘇我馬子であった。近年の政治史研究によれば、当時の馬子の立場は君主そのものであったとする見解もある。法興寺が国家的寺院の様相を呈したのは、そうした一豪族にとどまらない馬子の政治的立場に関わるかもしれない。

馬子から蝦夷《えみし》、入鹿《いるか》と続いた蘇我本宗家は乙《いっ》巳《し》の変（「大化の改新」）で滅ぼされ、敵対した藤原氏の時代に編纂された『日本書紀』で王権への反逆者として描かれた。馬子自身も、近年の研究では否定されているが、崇峻天皇暗殺を単独で企てた首謀者とされ、「逆臣」としてイメージされた。

しかし、馬子の事績として後世否定されがたく伝えられたことが二つある。一つは、推古天皇二十八年（六二〇）に推古天皇の命で馬子と太子が行った歴史書『天皇記』『国記』の編纂である。九世紀頃に編纂された『先代旧事《せんだいくじ》本《ほん》紀《ぎ》』は、それに仮託され、馬子の序文が冒頭に付されている。

もう一つが仏法興隆である。推古天皇十四年（六〇六）に推古天皇の詔により聖徳太子が『勝鬘経《しょうまんぎょう》』を講じた場面を描く『聖徳太子勝鬘経講讃図《こうさんず》』には、聴聞者の一人として、蘇我馬子が必ず描かれた。歴史的な蘇我馬子の人物像は、政治的な側面からのみ一面的に評価されてきたわけではない。聖徳太子の仏法興隆の立役者としてもイメージされ、その事績が伝えられていたのである。

（服部）

蘇我馬子像（『聖徳太子勝鬘経講讃図』より）
江戸時代　法隆寺

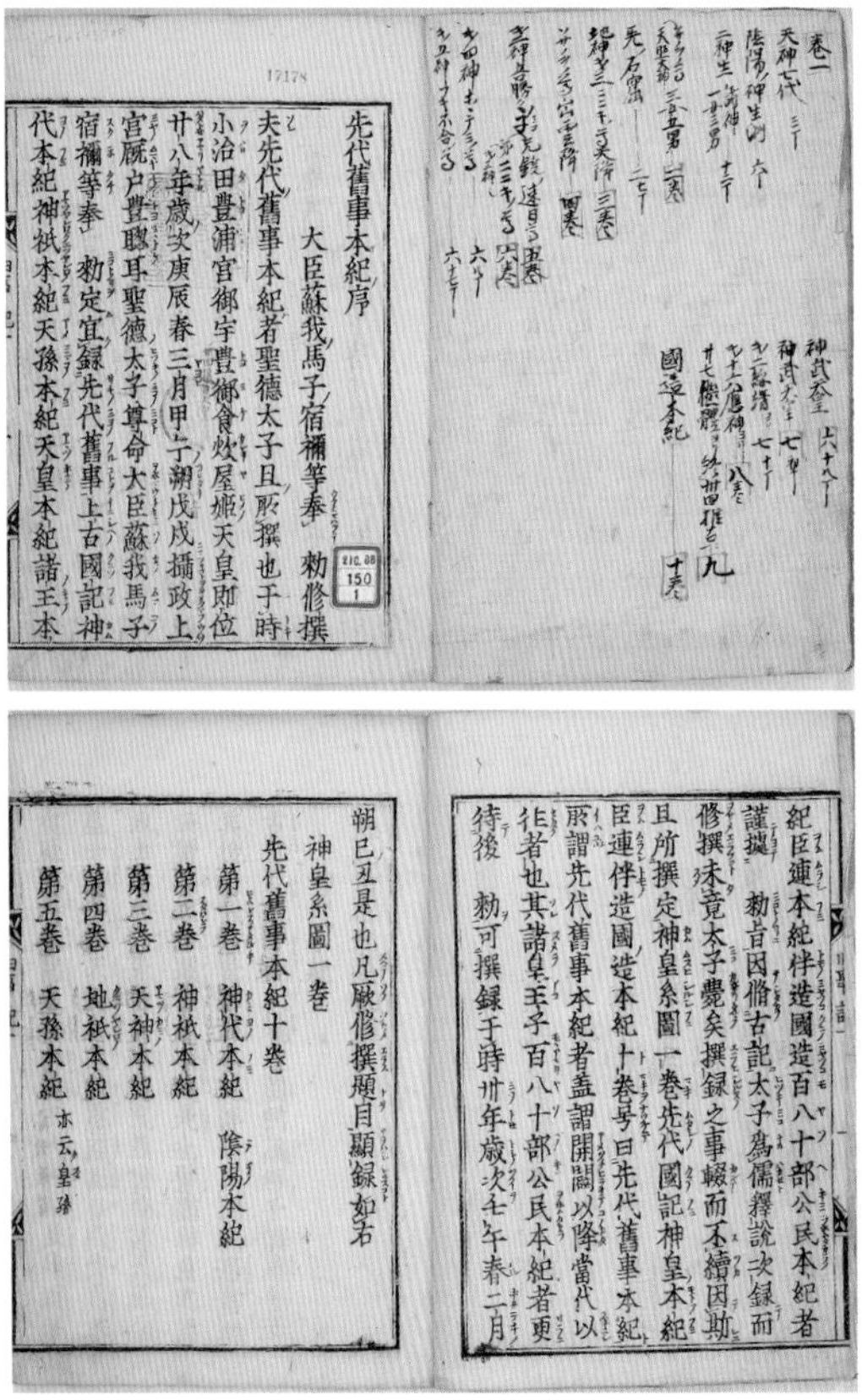

先代舊事本紀序
大臣蘇我馬子宿禰等奉　勅修撰
夫先代舊事本紀者聖徳太子且所撰也于時
小治田豊浦宮御宇豊御食炊屋姫天皇即位
廿八年歳次庚辰春三月甲午朔戊戌攝政上
宮厩戸豊聰耳聖徳太子尊命大臣蘇我馬子
宿禰等奉　勅定宜録先代舊事上古國記神
代本紀神祇本紀天孫本紀天皇本紀諸王本

紀臣連本紀伴造國造百八十部公民本紀者
謹擬　勅旨因脩古記太子為儒釋説次録而
修撰未竟太子甍矣撰録之事輟而不續因斯
且所撰定神皇系圖一巻先代國記神皇本紀
臣連伴造國造本紀十巻号曰先代舊事本紀
所謂先代舊事本紀者蓋謂開闢以降當代以
往者也其諸皇王子百八十部公民本紀者更
待後　勅可撰録于時卅年歳次壬午春二月
朔巳丑是也凡厥修撰題目顯録如右
神皇系圖一巻
先代舊事本紀十巻
第一巻　神代本紀　陰陽本紀
第二巻　神祇本紀
第三巻　天神本紀
第四巻　地祇本紀
第五巻　天孫本紀　亦云皇孫

先代旧事本紀 巻第一
寛永21年（1644）刊　奈良県立図書情報館

（全体）

（「法興寺落慶」部分）

旧絵殿本「聖徳太子絵伝」第三隻　国宝

綾本著色　縦一九〇・五　横一四八・〇　延久元年（一〇六九）　東京国立博物館所蔵
出典：Colbase（https://colbase.nich.go.jp）

現存最古の聖徳太子絵伝として知られる。法隆寺東院伽藍に建てられた絵殿の障子絵であったが、明治初頭に皇室に献納され、現在は東京国立博物館の法隆寺宝物館に納められている。

諸種の「聖徳太子絵伝」では太子二五歳の事績として「法興寺落慶」の場面が描かれており、現存最古の本作品にもみられる。『聖徳太子伝暦』に基づき、落慶に際して太子の奏上により無遮会（施しを行う法会）を行ったところ、堂塔に紫雲がたなびいた、という描写がされている。ただし、法興寺が平城京移転に伴い元興寺と改称して後、奈良時代後半には中宮寺が「法興寺」を称しており、聖徳太子伝の「法興寺」も中宮寺と混同された。本作品に描かれた伽藍も、制作当時の中宮寺伽藍が描かれているようである（東野　二〇一三）。

（服部）

重要文化財

聖徳太子勝鬘経講讃図

絹本著色　縦一九五・五　横二二五・〇
鎌倉時代　斑鳩寺
写真提供：奈良国立博物館（撮影 佐々木香輔）

推古天皇十四年（六〇六）、推古天皇の詔により聖徳太子が『勝鬘経』を講讃した場面を描く。この場面モチーフとする画像は平安時代後期には描かれていたようで、本作品も鎌倉時代前期に遡るものとみられている。

聖徳太子を囲む聴聞者は、右から小野妹子、蘇我馬子、博士学架（呵）、慧慈、山背大兄王で、それぞれ聖徳太子の側近やブレーンとされる人物である。政治的には「逆臣」とされた馬子も、太子信仰の世界では仏法興隆の中心人物と評価されていた。

（服部）

聖徳太子勝鬘経講讃図

絹本著色　縦一一三・七　横五二・〇　鎌倉時代
所蔵・写真提供：四天王寺

聴聞者に蘇我馬子のみを描く勝鬘経講讃図である。文永二年（一二六五）の紀年銘を有する木版画をはじめ、同じ図柄のものは、鎌倉時代以来いくつか知られている。本作品は鎌倉時代末期のものとみられている。

聖徳太子信仰の高まりを背景に、聖徳太子がひときわ大きく、蘇我馬子が小さく描かれているが、それでも馬子だけが描かれた点からは、聖徳太子の仏法興隆を支えた代表的人物として馬子がことさらに認識されていたことがうかがえる。（服部）

2 最古の寺院のすがた

空からみた発掘調査の様子　写真提供：奈良文化財研究所

法興寺の伽藍

一九五六年五月、奈良国立文化財研究所（当時）によって法興寺（飛鳥寺）の発掘調査が始められ、法興寺に考古学のメスが入れられることとなった。発掘調査が行われるまでは、法興寺の伽藍配置は、四天王寺式であるか、法隆寺式であるかと考えられていたが、発掘調査はそのどちらでもない未知の伽藍配置を明らかにした。塔・中金堂・東金堂・西金堂・南門・東門・西門・回廊の一部が発掘され、法興寺の中心伽藍の様子が確認されたが、括目すべきはその配置であった。回廊内の中心に塔を置き、その北および東西へ金堂を配する形式はそれまで確認されたことがなく、飛鳥寺式伽藍配置と呼ばれることになった。

飛鳥寺式伽藍配置は日本列島内ではみられな

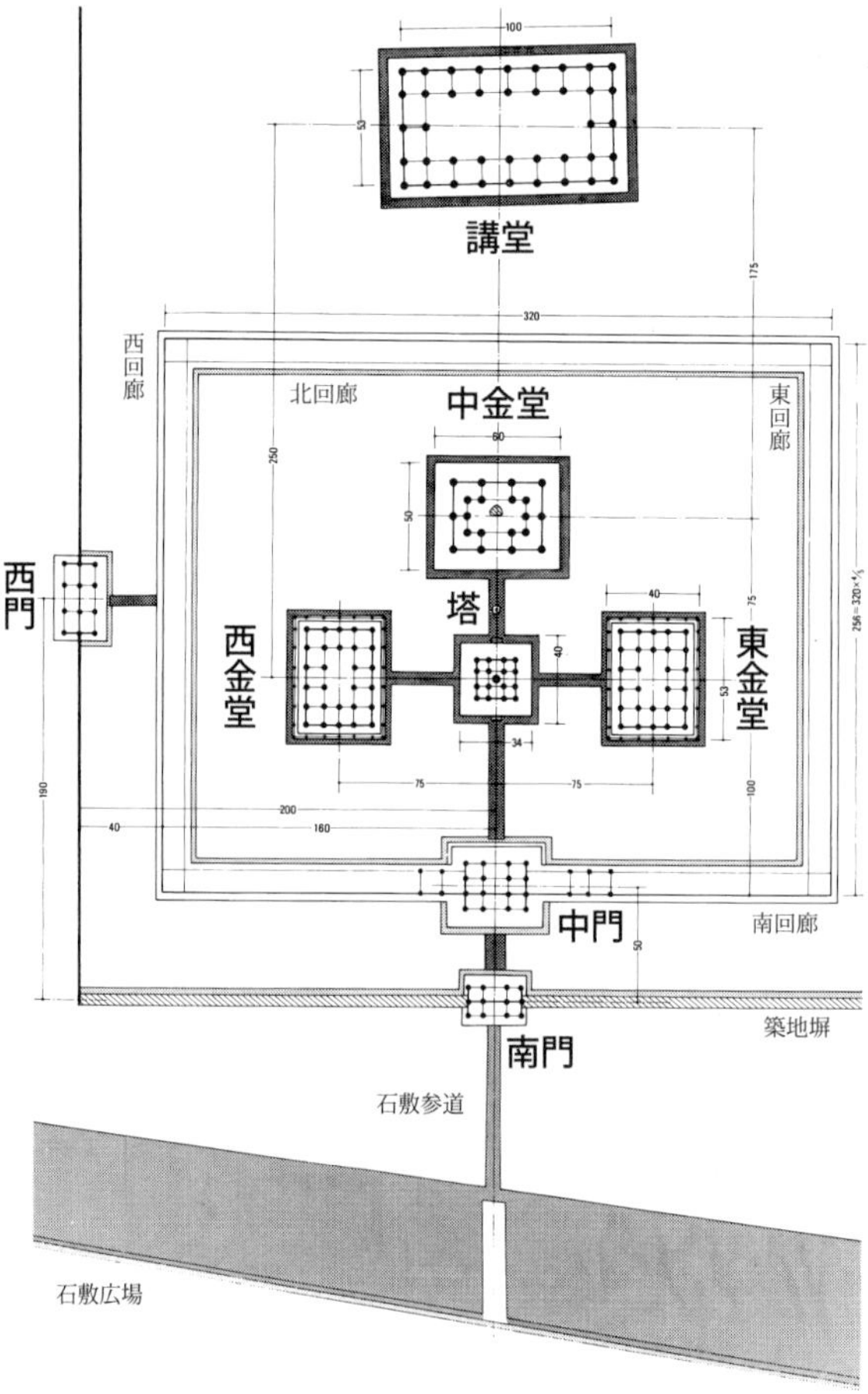

法興寺伽藍復元図（飛鳥資料館編　1986より）

いことから、その祖型は仏教伝来に大きな影響を与えた朝鮮半島に求められた。高句麗の清岩《せいがん》里廃寺《りはいじ》、定陵寺《ていりょうじ》が一塔三金堂式という飛鳥寺式伽藍配置との共通点を持つことから、その有力な候補となったが、いずれも塔基壇の平面形が八角形を呈するなどの相違点も指摘される。近年では、百済地域での発掘調査や過去の調査の再調査が進み、飛鳥寺式伽藍配置の成立に百済の影響が考えられるようになっている。法興寺の創建に際して、百済から多くの援助があったことと整合的であるが、彼我の差はまだ大きい。東西の金堂にみられる二重基壇や、法興寺完成後に入寺した高句麗僧・慧慈の存在などは、高句麗との関わりの強さを依然として示すものである。

『日本書紀』の伽藍建築についての記事では、崇峻天皇五年（五九二）に仏堂と歩廊《ほろう》が起工、翌年には塔心礎への仏舎利の安置、心柱立柱がなされる。推古天皇四年（五九六）には法興寺完成の記事があり、一応の寺観は整ったものと考えられる。しかし、その後も造仏の記事が散見されることから、これで工事が完全に終わったわけではないようである。この段階では少なくとも金堂のいずれか、塔、回廊は完成していたものと考えられるが、三金堂すべてが揃っていなかった可能性は否定できない。中金堂と東西金堂の基壇の違いを建築時期の違いとすれば、法興寺を整備する過程で、当初の百済に加えて、高句麗からの援助が大きくなったことを示しているのかもしれない。

伝中国出土軒丸瓦（左）**・伝韓国出土軒丸瓦**（右）
元興寺文化財研究所（藤澤一夫氏旧蔵）

瓦の系譜

法興寺の屋根には瓦が葺かれた。日本初の瓦葺きの建物である。その軒を飾るのは、蓮の花をモチーフとした素《そ》弁蓮華《べんれんげ》文軒丸瓦《もんのきまるがわら》である。同様の文様を持つ軒丸瓦は、朝鮮半島のかつて百済と呼ばれた地域に出土がみられ、百済系の文様とされる。先にみた『日本書紀』の記述にあったように、百済から来た瓦工人が製作に携わったようである。

創建当初の軒丸瓦には二つの系統が知られる。文様の特徴から「花組」と「星組」と呼ばれており、いずれも百済に系譜が求められる。両者は文様以外の部分でも違いが大きい。瓦当と丸瓦部分の接合部分方法や、屋根に葺く際に丸瓦と連結する部分が、「花組」が行基葺《ぎょうきぶき》式であるのに対し、「星組」が玉縁《たまぶち》式であるなど、違いは製作技法のみにとどまらない。この違いについては、瓦の生産体制との関連が指摘され

飛鳥寺創建期の軒丸瓦（上：花組、下：星組）
所蔵・写真提供：奈良文化財研究所

ており、少なくとも二つの工人集団が瓦製作に関わっていたと考えられている。

軒丸瓦以外についてもふれておこう。創建期の屋根には軒平瓦《のきひらがわら》は使用されず、軒平瓦が使用されるようになるのは、後の天武《てんむ》朝の修理以降のことである。平瓦と丸瓦は板タタキによる成形がなされ、平瓦には須恵器《すえき》にみられるような当て具痕が確認できるものもある。

瓦製作にあたっては、百済の工人とともに、須恵器を製作していた在地の土器製作工人が含まれていたことを示している。

「聖徳太子絵伝」第七幅（部分）　右上は法興寺丈六仏造立の場面。
室町時代　橘寺　写真提供：奈良国立博物館（撮影 佐々木香輔）

鞍作鳥と丈六仏

現在の飛鳥寺の本尊は釈迦如来坐像であり、一般には飛鳥大仏として親しまれている。『日本書紀』推古天皇十三年に推古天皇により発願《ほつがん》され、翌年に完成し、金堂に置かれた「銅」の「丈六仏」がこれにあたると考えられている。鞍作鳥《くらつくりのとり》により制作され、造仏に際しては、高麗より黄金の献上があったとされている。

造像の時期が、推古天皇四年の法興寺完成の時期より遅れることから、当初は弥勒石仏が本尊とされていたと考えられている。

現在は法興寺中金堂のあった場所に安置されており、発掘調査の際に、金銅仏の台座は創建当初からの原位置を保つものと理解されていることから、「丈六仏」の完成後、中金堂の本尊が変更されたものと考えられる。像の脇の台座には円孔《えんこう》が穿たれており本来は脇侍《わきじ》があったと推定されている。

塔の造立

三金堂の中心に位置する塔は、法興寺の伽藍の中心であるともいえよう。『日本書紀』では、推古天皇元年（五九三）、塔心礎《しんそ》に仏舎利《ぶっしゃり》を納め、その翌日には心柱を立て、同四年には塔は完成している。当時としては最も高い建築物であっただろう。

塔は都が平城京へ遷ってからも存立していたが、鎌倉時代の建久《けんきゅう》七年（一一九六）の落雷による火災により焼け落ちてしまった。

発掘調査では、すでに基壇上部は失われており、柱の礎石の痕跡も確認できなかった。ただ、基壇のほぼ中央には心礎が残っており、そこからは多くの埋納品が出土している。

心礎は地表面から約三メートル下に据えられ、東西約二・六メートル、南北約二・四七メートルの平面規模で、上面には舎利孔と排水のための細い溝がある。法興寺の塔の心礎の配置は、地下式心礎と呼ばれるもので、地中に礎石を設置する形式のものである。仏塔の心礎は、地中に納める地下式心礎から、半地下式を経て、地上式へと変化していく。法興寺の心礎は、古い特徴をとどめていると言えよう。

心礎上面に穿たれた舎利孔は、仏舎利を納めるためのものである。心礎に舎利孔を設けることは百済で発達したもので、ここでも法興寺の創建と百済の深いかかわりを指摘することができる。

基壇の下部には、深さ三メートルにも及ぶ掘《ほり》込《こみ》地業《じぎょう》と呼ばれる基礎工事が施されている。飛鳥川沿いの軟弱な地盤を取りのぞき、版築《はんちく》によって改良されたことで、この地に高さのある塔を建てることが可能となったのである。

塔心礎埋納品の性格

鎌倉時代の建久七年の落雷による火災により焼失した翌年に、塔の心柱の下が掘り返され、舎利が発見されたことが、東大寺権大僧都弁暁上人により『本元興寺塔下掘出御舎利縁起』に記録されている。このとき発見された舎利は、その後、新たに新調された舎利容器に入れられ、ふたたび埋納されたことが発掘調査で明らかになっている。

塔心礎の埋納品には、玉類（勾玉《まがたま》、管玉《くだだま》、切《きり》子《こ》玉《だま》、空玉《うつろだま》、山梔玉《くちなしだま》、丸玉《まるだま》、トンボ玉、小玉《こだま》）、金《きん》環《かん》、金銀延板《のべいた》と小粒、金銅製金具、鍔付半球形金銅金具、金銅鈴、金銅製瓔珞《ようらく》、馬鈴《ばれい》、挂甲《けいこう》、蛇行状鉄器《だこうじょう》、刀子《とうす》、雲母《うんも》片《へん》などがある。これ以外に鎌倉時代に再埋納した際の舎利容器、その外容器である木箱、石櫃《いしびつ》がある。

これら埋納品は、その性格によって舎利荘厳具と鎮壇具の大きく二つに分けることができる。舎利孔に納められたであろう金銀延板と小粒などが舎利荘厳具にあたり、心礎縁辺部より出土した馬鈴、挂甲、蛇行状鉄器、刀子、金銅製金具、玉類などが心柱を立てた際に納められた鎮壇具である。後者が古墳の副葬品と共通するものがみられる一方、前者にはその例がみられない。五七七年に建てられた百済の王興寺の塔跡では、舎利荘厳具として金銀延板や玉、金環、ガラス玉などが確認されており、法興寺の舎利荘厳具と共通したものがみられる。法興寺では新旧の儀礼が融合されて行われていたことが想像できる。

舎利供養にあたっては、供養者自身が身につけたものを供えることがあり、坪井清足は、挂甲や刀子などが蘇我馬子所用のものである可能性を示している（坪井　一九五四）。

（村田）

塔心礎の発掘状況　写真提供：奈良文化財研究所

塔心礎出土挂甲　所蔵・写真提供：奈良文化財研究所

釈迦如来坐像（飛鳥大仏）

重要文化財

銅造　像高二七五・二　飛鳥時代　飛鳥寺

写真提供：奈良文化財研究所

鞍作鳥（止利仏師）によって制作された法興寺中金堂本尊像で、日本最初の本格的寺院創建時の本尊として極めて重要である。建久七年（一一九六）の火災によって大規模な修理が施されているが、近年の光学的調査によって従来指摘されていた面部や右手などに加え、肉髻にも当初部分が残ることが指摘されている。

（植村）

花組

星組

法興寺創建時の軒丸瓦

瓦製　瓦当径一五・二〜一六・二　飛鳥時代
所蔵・写真提供：奈良文化財研究所

創建当初の軒丸瓦には主に二つの系統が知られる。蓮弁の先端の表現を端的に言い現わした「花組」と「星組」という名称で知られる。「花組」は蓮弁の先端入れた切り込みで、一方の「星組」は蓮弁の先端に珠文を付すことで、先端の反りを表現している。（村田）

塔心礎埋納品

鉄製・金銅製ほか　飛鳥時代　所蔵・写真提供：奈良文化財研究所

一九五六年の発掘調査により塔心礎より出土した。百済の舎利荘厳具にみられるものと、日本列島の古墳での副葬品にみられるものとがあり、我が国における仏教揺籃期の新旧儀礼の融合を示すものである。（村田）

舎利容器

金銅製　舎利容器直径二・八　高三・三　鎌倉時代
所蔵・写真提供：奈良文化財研究所

東大寺の弁暁上人が建久八年（一一九七）に舎利を再び埋納する際に使用した容器である金銅製の舎利容器は木箱に入れられ、石櫃の中に納められた。木箱側板には墨書があり、「本元興寺」の名が見える。（村田）

3 日本仏教の礎を築いた僧侶たち

法興寺に集う渡来僧

六世紀の朝鮮半島では、高句麗、百済、新羅の三国は緊張状態にあり、仏教公伝で日本に仏像を送ったとされる百済の聖明王《せいめいおう》も、五五四年に新羅との戦いで戦死するという状況にあった。欽明天皇十五年（五五四）、百済はすでに日本に派遣していた道深《どうじん》などの僧侶七人に代わって、曇慧《どんえ》など九人の僧侶を送った（『日本書紀』巻第十九）。僧侶だけでなく五経博士や暦博士なども交代しており、百済はさまざまな人材を日本へ送りこんで関係を強化しようとしていた。その後、新羅や五八一年に建国された隋《ずい》などとの関係もあり、崇峻天皇（在位五八七～五九二）から推古天皇（在位五九二～六二八）の頃には、百済や高句麗から多くの僧侶が日本に渡来した。『三国仏法伝通縁起《さんごくぶっぽうでんずうえんぎ》』（一三一一年成立）によれば、慧慈《えじ》・慧聡《えそう》・観勒《かんろく》・慧灌《えかん》はみな三論の傑僧で、成実《じょうじつ》にも通じ、慧灌以外の三人は聖徳太子の仏教の師だったとしている。彼らについてみていこう。

高句麗僧慧慈は、推古天皇三年（五九五）五月に渡来した。『日本書紀』巻第二十二によれば、法興寺が翌五九六年に完成すると百済僧慧聡とともに住み、「三宝の棟梁」と称された。また、「内教を高麗僧慧慈に習う」とあり、聖徳太子が「内教」（仏教）を慧慈から学んだことがわかる。

慧慈が聖徳太子に伝えた仏教とは、どのようなものだっただろうか。

四～五世紀の中国華北では、鳩摩羅什《くまらじゅう》が『妙法蓮華経』『大智度論《だいちどろん》』『成実論』などの仏典を訳出し、のちに江南にもそれらが伝わり、梁《りょう》代には『成実論』を研究する成実宗が流行した。『成実論』はインド仏教の部派の一つである経量部《きょうりょうぶ》の立場で記された論書で、法（あらゆるものごと）は空《くう》（固有の本質をもたない）であると説くものである。

慧慈の故郷高句麗でも、中国華北と江南の仏教とが混在した形で受け入れられていた（福士二〇一〇）。六世紀には三論祖師の一人である僧朗《そうろう》を輩出したように、三論や成実が盛んに学ばれていたようである。慧慈も三論や成実に通じていたと考えられている（『三国仏法伝通縁起』）。

『上宮聖徳法王帝説』には、聖徳太子は慧慈を師として、「涅槃《ねはん》常住五種仏性の理」（『涅槃経』、『勝鬘経《しょうまんぎょう》』とも）、「法花三車・権実二智《ごんじつにち》の趣」（『法華経』）、「維摩《ゆいま》不思議解脱之の宗」（『維《ゆい》摩経《まぎょう》』）、「経部薩婆多《さつばた》両家の弁」（『成実論』）について理解し、法花等の義疏を撰述したとある。これは、聖徳太子撰述とされる『勝鬘経義《ぎ》疏《しょ》』『法華義疏』『維摩経義疏』の三経義疏を念頭に置いた記述であるが、最後に『成実論』が併記されていることは注目される。師の慧慈が成実僧であったからであろう。『法華義疏』撰述の際にも、中国南北朝時代の成実僧・光宅寺《こうたくじ》法雲《ほううん》による『法華経義記』も参考にされており、聖徳太子が学んだ仏教の中心は、三論・成実の教えであったと考えられる。

推古天皇二十三年（六一五）、慧慈は帰国する。同三十年（『日本書紀』では二十九年）、聖徳

恵慈法師像（聖徳太子及び侍者像のうち）
平安時代　法隆寺　写真提供：奈良国立博物館（撮影 森村欣司）

聖僧像（伝観勒僧正像）　平安時代　法隆寺
写真提供：奈良国立博物館（撮影　森村欣司）

太子が亡くなったことを聞き、慧慈は大いに悲しみ、翌年二月五日に「自分も亡くなって浄土で聖徳太子と出会い衆生を導きたい」と誓いを立て、その通りに亡くなったと伝わる（『日本書紀』巻第二十二）。

　慧慈と同じく推古天皇三年（五九五）に百済僧慧聡も日本に渡来し、法興寺が完成すると慧慈とともに住して「三宝の棟梁」と称された。当時の百済の仏教では、謙益が五二六年に律典をインドより伝えたことにより戒律が重視されており、玄光が南岳慧思《なんがくえし》のもとで修学したことから法華信仰が流行したほか、弥勒信仰もみられる（福士　二〇一〇）。『元亨釈書《げんこうしゃくしょ》』（一三二二年成立）には慧聡は戒学に通じており蘇我馬子に戒を授けたとあり、百済仏教の様相どおり戒を学んでいたことが知られる。『三国仏法伝通縁起』では、慧聡は、慧慈・観勒と共に三論の師で成実にも通じているとするが、他に『法華経』などの教えも伝え、聖徳太子に影響を与えたのかもしれない。

　推古天皇十年（六〇二）には、百済から観勒が来訪した。観勒は、暦、天文、地理、遁甲《とんこう》、方術の書を伝えた。観勒がそれらを書生に教えると、みな習得したという（『日本書紀』巻第二十二）。遁甲とは式盤《しきばん》を用いた占術の一種で、方術とは占術・医術・呪術などを指すと思われる。これらについては道教との関係も指摘されている（石田　一九九七）。観勒は暦法などを伝えただけではない。『三国仏法伝通縁起』によれば観勒も聖徳太子の師とされており、そうであれば百済僧であるので三論や成実も伝えたと思われる。

　高句麗僧慧灌は、中国で三論宗を大成した吉《きち》蔵《ぞう》に学び（『三国仏法伝通縁起』『東大寺具書』）、その後、推古天皇三十三年（六二五）に日本に渡来する（『日本書紀』巻第二十二）。『扶桑略記《ふそうりゃくき》』（十二世紀末成立）等によれば、その頃旱魃《かんばつ》があり、慧灌が青衣《しょうえ》を着て三論を講じると雨が降ったという。また、僧正に任ぜられ、元興寺（法興寺）に住み三論を弘め、井上寺を建立したとされる。慧灌は三論の第一伝とされ、その教えは元興寺流とも称された。第二伝は慧灌の弟子福亮《ふくりょう》の子である智蔵《ちぞう》、第三伝は智蔵の弟子道慈《どうじ》という（『三国仏法伝通縁起』）。慧慈なども三論僧とされるが、慧灌が三論第一伝とされるのは、吉蔵の弟子である点が大きいのであろう（平井　一九八六）。

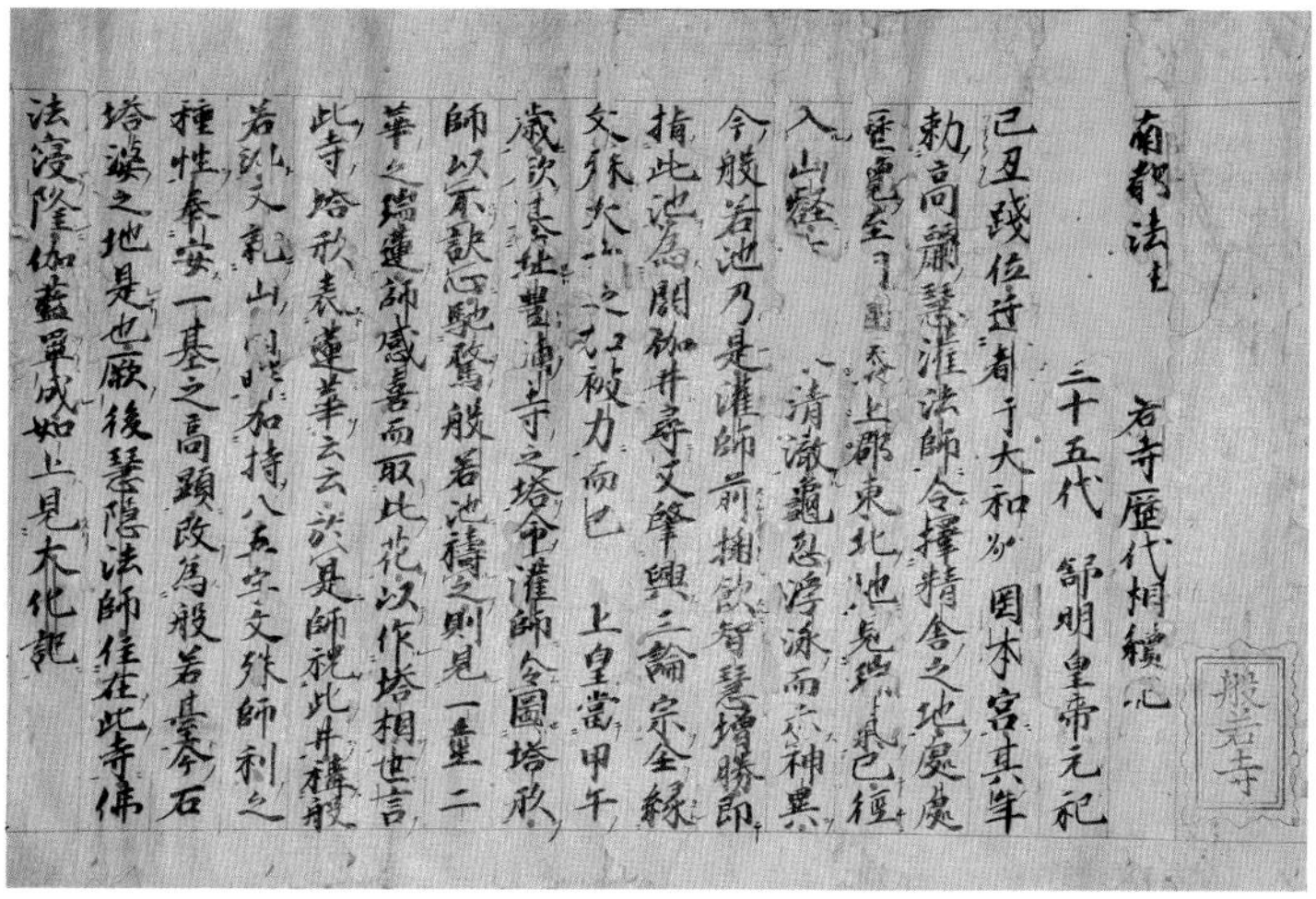
般若寺歴代相続記　江戸時代　般若寺　慧灌による草創を伝える

　『日本書紀』などを見れば、飛鳥時代には彼ら以外にも多くの僧侶がやって来ていたことが知られる。東アジアの国際情勢とともに日本に渡った僧侶たちによって、仏教や技術が伝えられ、日本仏教の礎となった。その後、仏教は政治に利用されながらも、渡来僧や入唐僧などが最新の仏教を伝え、躍進していくのである。

玄奘三蔵の弟子道昭

　道昭は玄奘三蔵の弟子で、日本に法相を初めて伝えた僧侶とされる。『続日本紀』巻第一に道昭の伝記がある。道昭は河内国丹比郡《かわちのくにたじひぐん》の生まれ、船氏《ふねうじ》出身で父親は船恵釈《えさか》という。白雉《はくち》四年（六五三）に中臣鎌足の子定恵《じょうえ》などと入唐した。玄奘に師事すると気に入られて同部屋に住み、玄奘から、経論の内容は奥深く極めることは難しいので禅を学ぶように言われ、禅を習い始めると得心することが多かったという。帰国時に玄奘より舎利や経論を授かり日本に戻った。天智天皇元年（六六二）に法興寺の東南に禅院を建て、禅や唯識の教えを研鑽し弟子を育てた。持ち帰った経論も禅院に納めている。その後、道昭は各地をめぐり井戸を掘ったり橋を架けたりして、十数年後に禅院に戻った。七二歳で寂し、日本で初めて火葬にされたという。

　道昭が留学した頃の中国では、「世の中のものごとはすべて認識によって心に現れたにすぎない」という唯識教学も流行していた。六世紀にはインドから中国にきた真諦《しんたい》らが『摂大乗論《しょうだいじょうろん》』を翻訳して摂論宗（真諦が訳出した無著《むじゃく》の『摂大乗論』と世親《せしん》の『摂大乗論釈』を学ぶ学派で、最終的に見るものと見られるものの区別がなくなる無相唯識を説く）が広まり、七世紀にはインドに行って多くの経典をもたらした三蔵法師玄奘が『成唯識論』を翻訳し、その弟子基《き》（慈恩大師《じおんたいし》）によって新しい法相宗（護法の解釈を主とした『成唯識論』、その註釈書である『成唯識論述記』によって確立。最終的にも見るものと見られるものの区別はあるという有相唯識を説く。）が大成された。

　道昭は唐より経論《きょうろん》を持ち帰ったが、その中に

推定東南禅院跡の遺構　写真提供：奈良文化財研究所

は玄奘訳の『成唯識論』原稿本があったのではないかとされる（米田　二〇〇四）。しかし、基の法相宗大成を待たずして帰国した道昭は、基本的には摂論宗の立場での唯識の理解にとどまっていたのではないかと考えられている（田村　一九八二など）。先に引用した道昭伝では、「経論は難解だから禅を学べ」と玄奘から勧められたとあるが、これは「確立途上にある最新の法相宗の理解は現段階では難しいから瞑想の実践をせよ」との意にもとれる。後に元興寺（法興寺）の摂論宗について「始興の本、白鳳年より淡海天朝まで、内大臣、家財を割取し、講説のために資す（摂論衆の始まりは、白鳳年間より天智朝頃で、中臣鎌足が援助した）」（『類従三代格』所収天平九年三月十日「太政官奏」）とされ、道昭や鎌足の子定恵らが唐から帰国した頃に法興寺の摂論衆が創始されたと考えられている（田村　一九七四）。道昭が学んできたのは禅が中心で、唯識の理解としては摂論を出なかったようである。

道昭がもたらした経論は、東南禅院に納められた。当時唐では書物輸出制禁策が行われており、欽定一切経を取得することは難しいであろうから、唐や経由地である新羅で個別に集めた経論ではないかとされる（上川　二〇〇八）。それでも、この道昭将来の経論は、奈良時代になっても誤りのない良本だとして、写経事業などで珍重された（2－3）。新しい法相宗の将来については後代の僧に託されたが、摂論宗・経論・禅など、中国から日本に多くの教えをもたらしたことは間違いなく、道昭の足跡はまことに大きなものがあったといえる。

道昭の弟子行基

帰国後の道昭は、法興寺東南禅院で多くの弟子を育てた。東南禅院に関わると考えられる飛鳥池《あすかいけ》遺跡北地区から出土した木簡には、僧侶の名が多数見えるが、その中に道昭に関わるとみられる僧侶もいる。智調は、『日本霊異記』巻上第二十二に登場し、道照（道昭）を看取った弟子の「知調」とみられ、物語上だけはなく、実際にその存在が確認された。智照は、その名から道昭に関わる僧侶かと思われる。智達は、入唐し玄奘らに法相を学び、道昭に続く法相第二伝とされる僧侶である（吉川　二〇〇一）。智調や智達らは、説話や僧伝などでしか知られていなかったが、木簡が見出されたことで、東南禅院に住んだ実在の人物であることが確認された。

また行基《ぎょうき》も、道昭の弟子であったとされる。行基が道昭の弟子ならば、行基も摂論の教えを学んでいたということになる。『続日本紀』には「行基は出家した当初「瑜伽唯識論《ゆがゆいしきろん》」を読んで理解した」とある。「瑜伽唯識論」は『瑜伽師地論』『唯識二十論』『唯識三十頌』のことで、このうち『唯識二十論』『唯識三十頌』は摂論宗ではなく法相宗の論書であるとされるが判然としない。単に唯識の論書を学んだということかもしれない。

道昭と行基が子弟関係にあったことは、ともに橋を架けるなどの社会活動を行っているところにもあらわれている。

『続日本紀』によれば、道昭は天下を巡って井戸を掘り橋を架け、宇治橋《うじばし》も道昭が架けたという。現存する「宇治橋断碑《だんぴ》」には大化《たいか》二年（六四六）に道登《どうとう》が架橋したとあるが、道登が造った後、七世紀末に頽廃した宇治橋を造替したというのが実情ではなかったかという説があ

赤外線撮影写真

飛鳥池遺跡出土木簡　飛鳥・白鳳時代　所蔵・写真提供：奈良文化財研究所

□月卅日智調師入坐糸卅六斤半

赤外線撮影写真

飛鳥池遺跡出土木簡　飛鳥・白鳳時代　所蔵・写真提供：奈良文化財研究所

□（智カ）照師前謹白昔日所

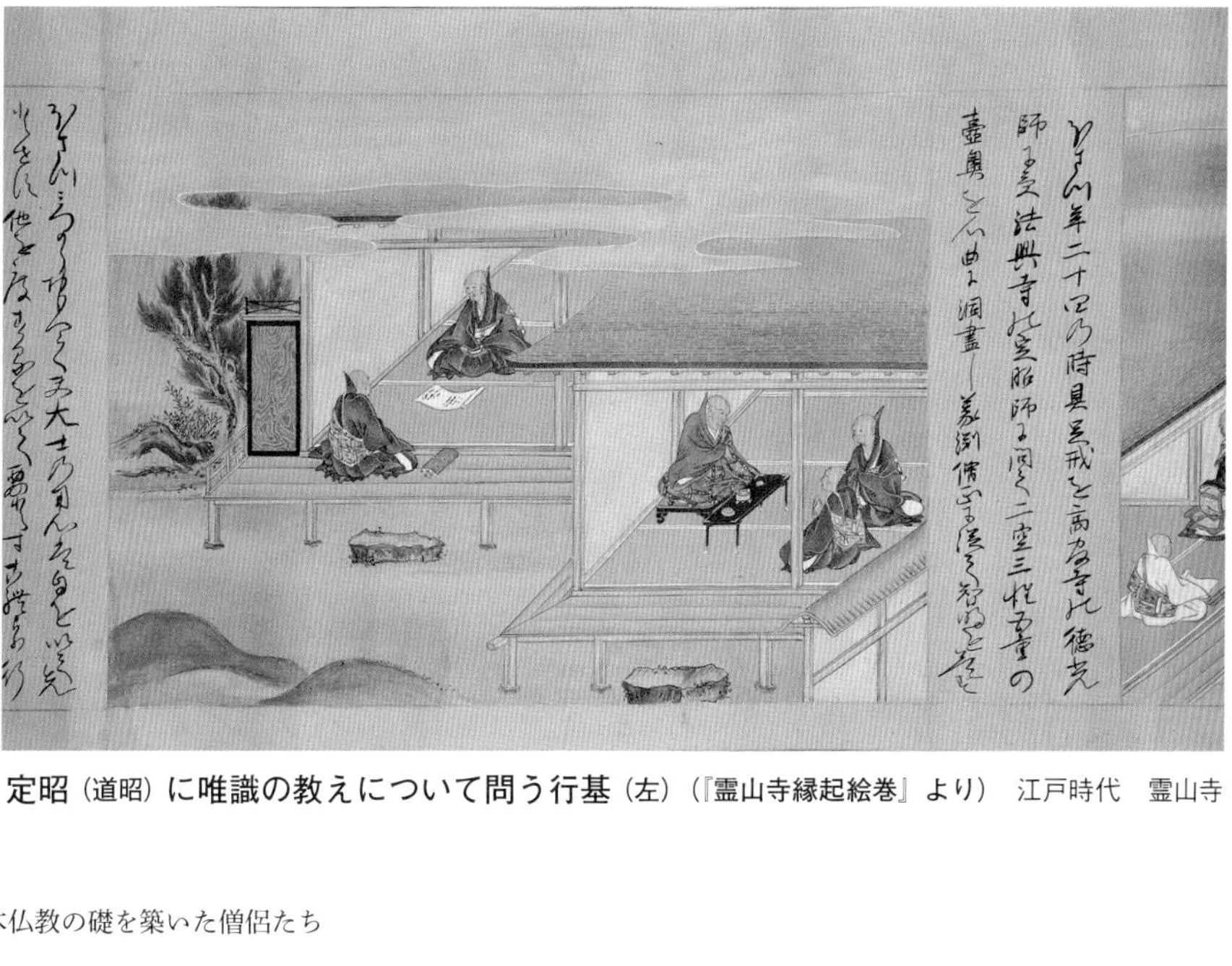

定昭（道昭）**に唯識の教えについて問う行基**（左）（『霊山寺縁起絵巻』より）　江戸時代　霊山寺

る（中井　一九九一）。行基もまた各地で橋や港、池の修築などの社会事業を行ったことが伝えられるが、京都府大山崎町の淀川に架けられていた山崎橋《やまさきばし》建立の伝承は、道昭との関係を示唆している。『行基年譜』によれば、神亀《じんき》二年（七二五）、山崎川に柱が残っており、それが「老旧尊船大徳」つまり船氏出身の僧侶道昭が昔橋を架けたときの柱である、と聞いた行基が発願して橋を架けたようである。橋の北側の山崎院は、行基が天平三年（七三一）に建立したとされる。これらの伝承を裏付けるように、山崎院推定地において、法興寺東南禅院で用いられたものと同じ瓦や、長安大慈恩寺大雁塔《だいがんとう》と関連する塼仏《せんぶつ》が出土した。道昭と行基はやはり実際に師弟関係にあり、行基の数々の土木事業も道昭から大きな影響を受けていたのであろう。

仏教界を牽引した義淵

　義淵《ぎえん》は、中国法相宗三祖智周《ちしゅう》に師事した新羅僧智鳳《ちほう》に唯識を学んだとされる（『元亨釈書』）。智鳳は日本に法相を伝えた第三伝とされる法興寺僧なので、義淵は摂論の教えではなく、玄奘・基の始めた法相学を法興寺で学んだとみられる。大宝三年（七〇三）に僧正となったということもあり、僧綱所《そうごうしょ》が置かれたとみられる法興寺に住していたのであろう。義淵の弟子には、玄昉《げんぼう》、行基、宣教《せんきょう》、良敏《ろうびん》、行達《ぎょうたつ》、隆尊《りゅうそん》、良《ろう》弁《べん》、道慈がいたといい（『三国仏法伝通縁起』）、後の行基伝では行基は義淵に法興寺で学んだとするものもある。事実ならば、奈良時代の法相宗隆盛を担った僧侶を多数法興寺で育てたということになるが定かではない。

　義淵は大宝三年に僧正となってから神亀五年（七二八）に寂すまでの二十五年もの間、仏教界の最高位にあった。ちょうどその間、政界で権勢を振るった藤原不《ふ》比《ひ》等《と》とも関係が深かったという説もある（横田　一九七九）。一方、草壁《くさかべ》皇子追悼のために龍蓋寺《りゅうがいじ》（岡寺）を建立するなど、義淵は皇族と密接な関係にあったとされる（牧　一九九七）。亡くなる前年には聖武《しょうむ》天皇より岡連姓を賜っている。政権中枢に重用され、当時の仏教行政を主導的に担った僧であった。

（三宅）

山崎廃寺ほか出土軒丸瓦

土製　最大幅一三・〇　飛鳥・白鳳時代　大山崎町教育委員会

火頭形塼仏

土製　縦一八・八　飛鳥・白鳳時代　大山崎町教育委員会

行基四十九院のひとつである山崎院推定地からは、複弁蓮華文で中房が大きな飛鳥寺XⅨ型式の軒丸瓦が出土している。この型式の瓦は、法興寺でも中心部分から出土することはほとんどなく、道昭が住した東南禅院において集中的にみられる瓦であることから、東南禅院創建瓦と位置づけられている。山崎院への道昭の関与については、これを疑う意見も見られるが、飛鳥寺XⅨ型式瓦の存在は行基四十九院としての山崎院の前身に、道昭の関与を色濃く示している。ただし、山崎院からは七世紀第2四半期に遡る単弁蓮華文軒丸瓦も出土しており、道昭の関与以前から信仰拠点として位置づけられていた可能性が高い。

このほか、山崎院では頭部を山形に造り出し、頂部をとがらせる「火頭《かとう》形三尊塼仏《せんぶつ》B類」とよばれる塼仏が出土している。この塼仏は玄奘三蔵がインドから持ち帰った教学に基づいて作られた、中国西安市大慈恩寺大雁塔出土のものにルーツを求めることができる。山崎院出土の火頭型三尊塼仏と同じ文様のものは淀川流域を中心に分布しており、道昭の天下周遊ルートとの関係も指摘されている（網　二〇一三）。道昭が玄奘三蔵の直弟子であることを考えると、「火頭形三尊塼仏B類」の存在は山崎院における道昭の活動を示す遺物と考えてよいだろう。

（佐藤）

道昭法師坐像

木造彫眼素地　像高五〇・五　平安時代
華厳宗元興寺

左手に経巻をとり、袈裟を着け右肩から横被をかける。頭体幹部を一木から彫出し、膝前に横一材、裳裾《もすそ》が台座より垂下《すいか》する材を寄せる。面部や体部左前面部、膝前材は後補となる。当初部分は総じて浅い彫りがみられ、平安時代後期頃の制作と考えられる。X線CTスキャナー調査によれば、内刳《うちぐ》りはいずれも後補部分から行われており、当初は内刳りのない一木造であったと考えられる。道昭像としては唯一となるが、像主および霊木とみられる特殊な用材による制作背景を含め、なお検討が必要である。

（植村）

行基菩薩坐像　重要文化財

木造彫眼彩色　像高八三・三
鎌倉時代　唐招提寺
写真提供：奈良国立博物館（撮影　佐々木香輔）

眉を寄せた厳しい面差しの老相を示し如意をとる行基菩薩像である。文暦《ぶんりゃく》二年（一二三五）に行基の遺骨が発見された生駒の行基墓竹林寺《ちくりんじ》に伝来したもので、本像もそれに大きく隔たらない頃に制作されたと考えられる。

額《ひたい》に血管をあらわし、筋張った頸部や肋骨の浮き出た胸部などに実在感をみせ、大ぶりで深く自在に流れる衣文《えもん》表現が対照的である。

（植村）

義淵僧正坐像　国宝

木心乾漆造彩色　像高九三・〇　奈良時代　岡寺
写真提供：奈良国立博物館（撮影　森村欣司）

　同寺開基で法相教学を広めた義淵僧正像と伝えられる。頭体部を一木から彫出し体側材及び膝前材を矧《は》ぎ寄せ、表面に木《こ》屎漆《くそうるし》を盛って成形する木心乾漆造で制作される。

　眉根を寄せ大きく目尻の下がる面貌や胸元を開いた著衣などは絵画的な誇張がうかがわれ、手本となる図像が伝存していたと考えられる。

（植村）

4 法興寺の社会的環境

政治史の舞台として

法興寺は、基本的には蘇我氏の氏寺《うじでら》であったとみなされる。しかし、先駆的に創建された仏教寺院であり仏法興隆を指導的に担ったこと、そして馬子が大臣という政治上重要な地位にあったことから、法興寺は蘇我氏の氏寺に留まらない、国家的な機能をも事実上あわせ持っていた。

推古天皇三十二年（六二四）、ある僧が斧で祖父を殴るという事件が起こり、僧尼を監督、統制する僧正《そうじょう》・僧都《そうず》・法頭《ほうず》が置かれることとなった（『日本書紀』）。このときに僧正に任じられたのは百済僧・観勒《かんろく》であった。観勒は法興寺に止住していたといわれる（『三国仏法流通伝記』）。観勒の後も、僧正の地位には慧灌・福亮らいずれも法興寺に止住していたとみられる僧侶がついている。また、俗官である法頭に任じられたのは阿曇連《あずみのむらじ》で、これも蘇我氏と親しい関係にあった。法興寺には、当時三六カ寺、

飛鳥池遺跡出土木簡
（「観勒」）
飛鳥・白鳳時代
所蔵・写真提供：奈良文化財研究所
赤外線撮影写真

飛鳥寺の西にある伝「入鹿の首塚」

一三八五人にも及んだという僧尼の全体を統制する、国家的機関が事実上置かれたのである。

皇極天皇三年（六四四）六月、「剣池《つるぎのいけ》」に双頭の蓮が開花し、蘇我馬子の孫で大臣であった入鹿が「蘇我氏将栄の祥瑞《しょうずい》である」として金字で書いて法興寺の丈六仏に献供《けんく》したという（『日本書紀』）。しかし入鹿の見当に反してまさにその一年後、中大兄皇子《なかのおおえ》らによって入鹿、父蝦夷が滅ぼされる「乙巳《いっし》の変」が起きる。

中大兄皇子は、飛鳥板蓋宮《あすかいたぶきのみや》で行われていた朝鮮諸国から皇極天皇への貢納の儀式で入鹿を急襲して殺害した。そして蝦夷の邸宅に迫り、すぐさま法興寺に入って陣を置き、諸皇子、諸王以下をことごとく従えると、ついに蝦夷は翌日自邸に火を放ち、自害に追いこまれるに至った。氏寺法興寺は蝦夷を攻める中大兄皇子の拠点となったのである。

変の後、蘇我氏の後ろ盾を得ていた古人大兄皇子は法興寺の仏殿と塔の間に詣で、出家して吉野に落ちた。そして、新しく即位した孝徳《こうとく》天皇と皇祖母皇極《こうぎょく》、そして皇太子となった中大兄皇子は、法興寺の西の広場にあった大槻の下に群臣を集めて君臣関係を約させ、大化の元号を定めたという。この間、法興寺は政治史の中心でありつづけた。

そもそも、乙巳の変に先立って、変の舞台回しをした中臣鎌足と中大兄皇子とが出会ったのも、法興寺の西の槻の下で行われた蹴鞠《けまり》であった。「飛鳥真神原《まかみがはら》」、「苫田《とまた》」などと呼ばれたこの寺地は、神の依代《よりしろ》である大槻を中心とする儀礼の場、斎庭《ゆにわ》であったという見解もある（藤澤一九八七）。この広場は後には隼人や蝦夷への饗応の場にもなり、壬申《じんしん》の乱の際にはふたたび戦場となった。法興寺は国家的な儀礼、政治の舞台だったのである。

氏寺から官寺へ

同年八月、孝徳天皇は使いを「大寺」（＝法興寺）に遣わして僧尼を呼び集め、蘇我稲目・馬子による仏法興隆を振り返り、今後は天皇がこれを主導していくこと、衆僧を教導する十師を置くこと、天皇や豪族によって造営されている寺院を援助することなどを詔した（『日本書紀』）。十師には福亮、慧雲、霊雲《りょううん》、僧旻《そうみん》、道登《どうとう》ら法興寺の僧も多く任命された。後に、朱鳥《しゅちょう》元年（六八六）、天武《てんむ》天皇により官人らが法興寺に遣わされ、天皇の病気平癒《へいゆ》のために僧正・僧都・衆僧に祈らせており、僧尼の統制機関として成立した僧綱所も法興寺に置かれていたようである（加藤　一九九九）。法興寺は仏教行政の中心的位置を占めつづけていた。

しかし、蘇我氏の滅亡により、氏寺という性格には明確に変化が生じた。先の大化の仏法興隆詔から、法興寺は天皇家に接収され、天皇の保護統制下に入ったものとみられている（吉川二〇〇一）。天武天皇九年（六八〇）、寺院造営への援助が天皇家勅願《ちょくがん》の「国大寺」を除き停止されることになった。法興寺はその対象外ではあるが、これまでも大寺として官司が治めてきた寺院であり、また功績もあるので、「官治の例」に入れられることとなったのである。これにより法興寺には造寺司が置かれて、天皇家の保護統制下、造営、経営されるようになった（吉川　二〇〇一）。やがて持統朝以後に至り、天皇の詔によって行われた国家的な法会は、「国大寺」たる大官大寺《だいかんだいじ》、川原寺《かわらでら》、薬師寺《やくしじ》に、法興寺を加えた「四大寺」で行われることが恒例となっていった。

さまざまな技術・知識の集積と宗教的実践

こうして飛鳥・白鳳期の日本仏教の中心であった法興寺には、大陸から仏教以外にもさまざまな技術や知識がもたらされ、この時代の文化や知の一大拠点となった。

すでに前節までみてきたように、法興寺造営にあたっては、百済から寺工、瓦博士らの技術者が献上された。法興寺に伝播した技術は、その後の各地での寺院造営に移植されていったことは、瓦などの出土遺物が語るところである。蘇我氏のもとには『元興寺伽藍縁起幷流記資財帳』所引の「塔露盤銘」で法興寺造営の総責任者として見える東漢氏《やまとのあやうじ》がおり、法興寺の工人集団を編成していた（市　二〇一二）。

また、隋で易学を学んだ僧旻は法興寺の寺主を勤めたほか（『日本書紀』）、日本に暦法や天文学を伝えた高句麗僧の観勒も法興寺に住したといわれ（『聖徳太子伝暦《でんりゃく》』）、彩色や紙墨、などを伝えた高句麗僧の曇徴《どんちょう》も同様であったという指摘もある（吉川　二〇〇一）。飛鳥池遺跡北地区からは、暦に関わる用語や、『論語』の引用、漢詩、和歌、薬品の出納などを記した木簡も出土している（寺崎　一九九九、吉川　二〇〇一、市　二〇一二）。これらの木簡は、東南禅院によって統括された法興寺の管理機関によって作成されたものとみられ、法興寺・東南禅院に、暦学・天文学、儒学、医学・薬学など仏教にとどまらないさまざまな知が集積されていたことを示している。

飛鳥池出土木簡の一つに、「又五月廿八日飢／者賜大俵一　道性」「六月七日飢者下俵二／受者道性女人賜一俵」などと記されたものあり、道性という僧が取りついで、飢者や女人に支給する米を出納した際の記録と考えられている。法興寺や東南禅院、寺僧らによって飢者への救恤《きゅうじゅつ》活動が行われていた。法興寺が完工した際に、聖徳太子が奏上して無遮会《むしゃえ》（参集者への施しを行う法会）が執り行われたという伝がある（『聖徳太子伝暦』）。朱鳥元年（六八六）には崩御した天武天皇のために大官大寺、川原寺、小墾田《おはりだ》豊浦《とゆら》寺、坂田寺とともに無遮大会を執行している例もあり（『日本書紀』）、そうした仏事と結びついた救恤活動は実際に行われてい

飛鳥池遺跡出土木簡　飛鳥・白鳳時代　所蔵・写真提供：奈良文化財研究所

又五月廿八日飢　六月七日飢者下俵二
者賜大俵一 道性　受者道性女人賜一俵

浪速の橋を造る行基（『元興寺極楽坊縁起絵巻』より）　元禄14年（1701）　真言律宗元興寺

たのであろう。先述した薬品の出納は、医療行為を行っていたことも示している。

こうした社会的な活動として他に特筆されるのが、法興寺僧による架橋や港津整備などの土木事業である。前節で取り上げたように、道昭は、山崎橋の懸架をはじめ、諸国を周遊して路傍に井戸を穿ち、港津《こうしん》に船を設けて橋を造ったとされ（『続日本紀』）、社会事業の実践に挺身した僧侶であったらしい。道昭の弟子ともいわれる、法興寺に学んだ行基もまた同様であったことは周知のとおりである。また大化二年（六四六）には法興寺僧の道登が宇治橋を架けたという記録もある（宇治橋断碑）。道登は大化元年に十師に任じられた一人であり、法興寺でも指導的な立場にある僧侶であったといえる。

さまざまな技術や知識が集積されていた法興寺に学ぶ僧侶は、宗教活動とも不即不離の関係で多彩な社会的活動を行い、この時代の文化や生活に大きな影響力を持っていたのである。

寺院ネットワークのなかの法興寺

道昭らの活動に明らかなように、法興寺僧の活動や社会的関係は寺内で完結していたわけではない。持統天皇八年（六九四）、法興寺の弁聡は、法隆寺の徳聡、片岡王寺の令弁とともに父母報恩のために観音菩薩像を造立した（「観音菩薩造像記」）。この造像を発願した弁聡ら三人の僧は百済王族の大原博士氏の同族であったという。それぞれ出家し、入寺した後も「父母報恩」という在俗の血縁を紐帯とする社会的な関係が持続し、寺院を超えた人的ネットワークが形成されていたようである。

飛鳥池遺跡北地区から出土した木簡の一つに、「軽寺　波若寺　瀆尻寺　日置寺　春日部　矢口　石上寺　立部　山本　平君　龍門　吉野」と記され、軽寺《かるでら》、瀆尻寺（池尻寺）、平君（平群寺）など大和国内の寺院名が書き連ねられる。これも法興寺・東南禅院の寺院管理に関わる機関で作成された木簡とみられるので、こ

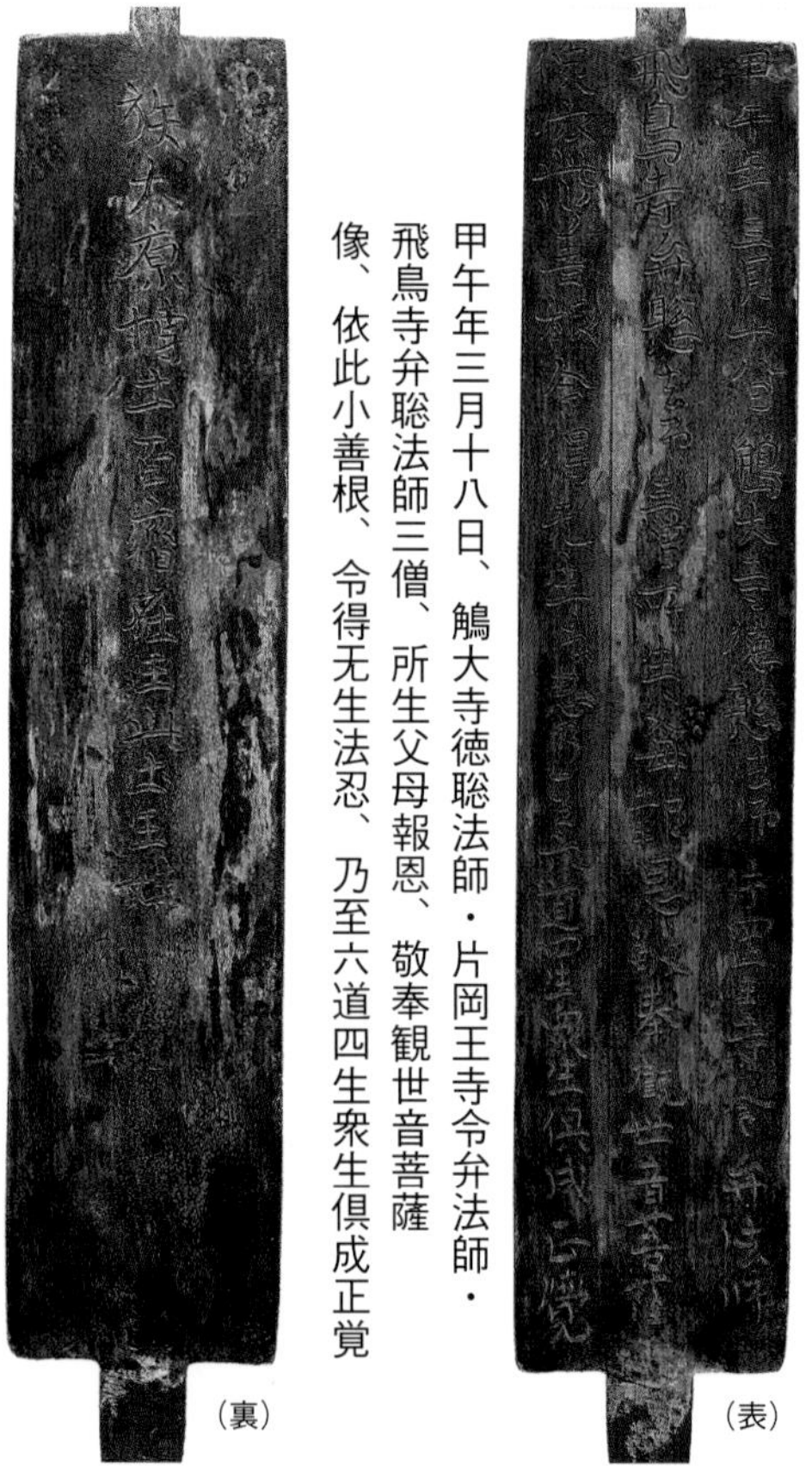

（表）　（裏）

甲午年三月十八日、鵤大寺徳聡法師・片岡王寺令弁法師・飛鳥寺弁聡法師三僧、所生父母報恩、敬奉観世音菩薩像、依此小善根、令得无生法忍、乃至六道四生衆生倶成正覚

族大原博士、百済在王、此土王姓

観音菩薩造像記
694年　法隆寺
写真提供：奈良文化財研究所

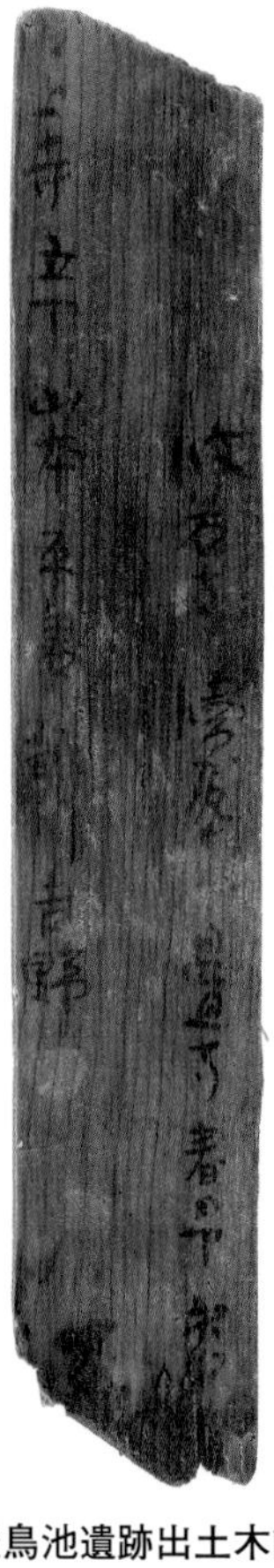

飛鳥池遺跡出土木簡
飛鳥・白鳳時代
所蔵・写真提供：奈良文化財研究所

こに名が書き記された寺院は法興寺と関係の深い寺院であったとみられている。法興寺から個別王家や諸氏族を檀越《だんおつ》とし、修行僧らが住した小規模寺院への写経の配送先リストとも考えられている（伊藤・竹内　二〇〇〇）。

飛鳥時代以降各地に多くの寺院が建立されていたが、七世紀後半には山林修行の拠点として山岳寺院も創建されはじめる。木簡にみえる「龍門」（龍門寺《りゅうもんじ》）は龍蓋寺《りゅうがいじ》（岡寺）とともに義《ぎ》淵《えん》によって創建されたと伝えられ（『諸寺縁起集』）、同じく「吉野」（吉野寺）に比定される比蘇山寺（現光寺・世尊寺）も七世紀末から八世紀初頭にかけて二十年間にわたって神叡が入山したといい（『延暦僧録』、逵　一九九一）、いずれも法興寺僧の活動舞台となったことが伝えられている。明確な一次史料は欠くが、壺阪山寺《つぼさかやまでら》（壺阪寺・南法華寺）も大宝三年（七〇三）に「本元興寺僧」弁基《べんき》によって創建されたといい（『南法花寺古老伝』）、法興寺と同形式の白鳳期の軒瓦も出土している。白鳳期から奈良時代にかけて発展するこれら山岳修行の拠点が、法興寺ゆかりの僧侶と深く関わるとされていることは興味深い。

法興寺は、周辺の山岳修行の拠点をはじめとする関係寺院と密接なネットワークを形成し、各地でこの時代の仏教の担い手となる僧侶を輩出していた。各豪族の氏寺などの諸寺は、法興寺を核に結びつけられ、支配集団全体の結束がはかられていたのである。

（服部）

元正天皇・長屋王・弁基大徳像　江戸時代　南法華寺

壺阪寺出土瓦　白鳳時代　南法華寺

宇治橋断碑　重要文化財

石製　高四五（断碑部分）　飛鳥時代
橋寺放生院

宇治川に近接する宇治市橋寺放生院《はしでらほうじょういん》の境内で江戸時代の寛政年間初期に発見された石碑の一部で、全体の三分の一程度が残っている。寛政五年（一七九三）には『帝王編年紀』に残された原文を加えて、全体が復元されている。

宇治橋造営の経緯を語る銘文によれば、大化二年（六四六）に、僧道登により宇治橋が架構されたとする。『続日本紀』によれば、道昭による事業とされ、内容に齟齬がみられる。これについて『帝王編年紀』では道登・道昭の共同事業と解釈している。

道登は法興寺三論宗の僧、道昭は法興寺法相宗の僧であり、法興寺僧の社会的活動を示す資料である。（村田）

神叡像（法相六祖像のうち）　国宝

木造玉眼彩色　像高八一・二
文治五年（一一八九）
興福寺　写真提供：飛鳥園

奈良時代から平安時代初期に活躍した法相宗の高僧像六軀のうち伝神叡《しんえい》像である。柄香炉《えごうろ》を執り、片膝を起てて坐す姿で、面貌は壮年相、深く彫りこまれた捻塑《ねんそ》的な著衣をあらわしている。文治五年（一一八九）に南円堂不空羂索《ふくうけんじゃく》観音《かんのん》像・四天王像とともに仏師康慶《こうけい》とその工房によって制作された。

なお、像主に異同が指摘されており、伝行賀像を神叡像、伝神叡像を基（喜）操像とする説があるが、ここでは寺伝によった。（植村）

コラム　道昭法師像のひみつ

唯一の道昭像

華厳宗元興寺に伝来する道昭法師坐像は、平安時代後期頃の制作と考えられ、同僧唯一の肖像としていまに伝えられている。

X線CTスキャンを実施したところ、興味深い点が見いだされた。頭部と体部および膝前部などの修理箇所から内刳りが施されていたこと、さらにきわめて特異な材を用いて制作されていた点である。当初は頭体幹部をとおして内刳りを施さない一材から彫り出し、膝前部に横木一材を寄せていたのだろう。CT画像では木目が観察できるが、通常仏像の制作には木目がまっすぐ通った良質のものが調達されるのに対し、本像は大きく湾曲する材を用いていることがわかった。しかも側面からみるとまるで前傾する姿勢に沿うように湾曲し、頭部の前面に木目が集中していくようなきわめて特徴的な木取りであった。木目の状況に鑑みると頭体幹材に木心を含み、面部および体部前面に大きな干割れが起こったために修理が行われたと考えられる。

霊木で制作された？

彫刻に向かない材をわざわざ用いた背景として、ひとつに霊木が用いられた可能性が考えられる。

霊木（神木）は、聖域にあるうろ（空洞）のあるような古い巨木や雷が落ちた神聖な木（霹靂木《へきれきぼく》）が代表的な例としてあげられる。用材の聖性を考慮して、当初は内刳りなどが施されなかったのだろう。

このような特徴から、本像をめぐるもうひとつの疑問が浮かび上がってくる。

道昭法師？　道場法師？

同寺では近代において賓頭盧《びんずる》尊者像を護命僧正像とするなど、既存の僧形像にゆかりの高僧をあてていたようだ。

本像は現在、寺伝によって道昭法師像として信仰されるが、同寺に伝来する明治頃の什宝物《じゅうほうもつ》目録に道昭像はなく、代わりに道場法師像があがる。道場法師は『日本霊異記』に登場する雷神の子として元興寺鐘楼堂に住む鬼（元興神・がごぜ）を退治し、その後元興寺僧となった伝承が語られる。

道昭像が制作されることも元興寺創建期の高僧として疑問はないが、一方で平安期に道昭像を顕彰しようとする積極的な理由に乏しいことは否めない。

本像のすがたは、後補部分を差し置いても強《ごう》力《りき》で知られる道場法師のイメージとは異なるものの、特殊な霊木（霹靂木か）を用いたと考えられる本像が雷神の子たる道場法師像であったとも推測される。

（植村）

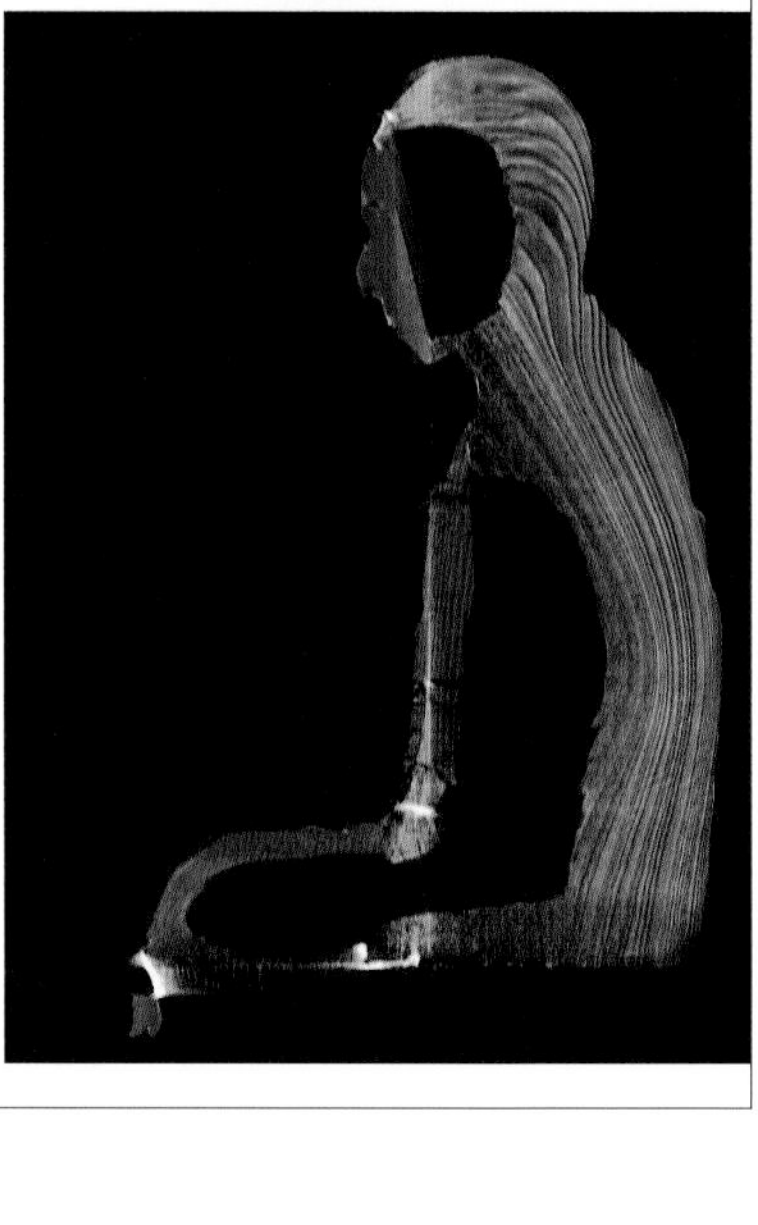

第2章

元興寺創建

1 平城京への移建

禅院寺の移建

和銅《わどう》元年（七〇八）、都を藤原京から「平城之地」に遷す詔《みことのり》が発せられ、元明《げんめい》天皇による平城への行幸、造平城京司の設置を経て新都の造営が進められ、同三年に平城遷都《せんと》が行われた。実際には同四年九月の段階で「今宮垣未《いま》だ成《な》らず」（『続日本紀《しょくにほんぎ》』）とあるように、この遷都の段階では平城京の造営は未完成であったらしい。

新都平城京には、薬師寺《やくしじ》、大安寺《だいあんじ》、紀寺《きでら》をはじめ飛鳥・藤原から多くの寺院が遷されたが、大規模な寺地の造成工事をともなう諸寺の移転は、遷都後にかけて行われたようである。

法興寺《ほうこうじ》・元興寺に関わっては、寺の本体に先立って、東南禅院《とうなんぜんいん》が和銅四年（七一一）に平城京に遷された（『日本三代実録』）。前章で見たように東南禅院は道昭《どうしょう》の帰国後の天智《てんじ》天皇元年（六六二）に創建された法興寺の一院であったが、法興寺に対して独立性の高い院であった

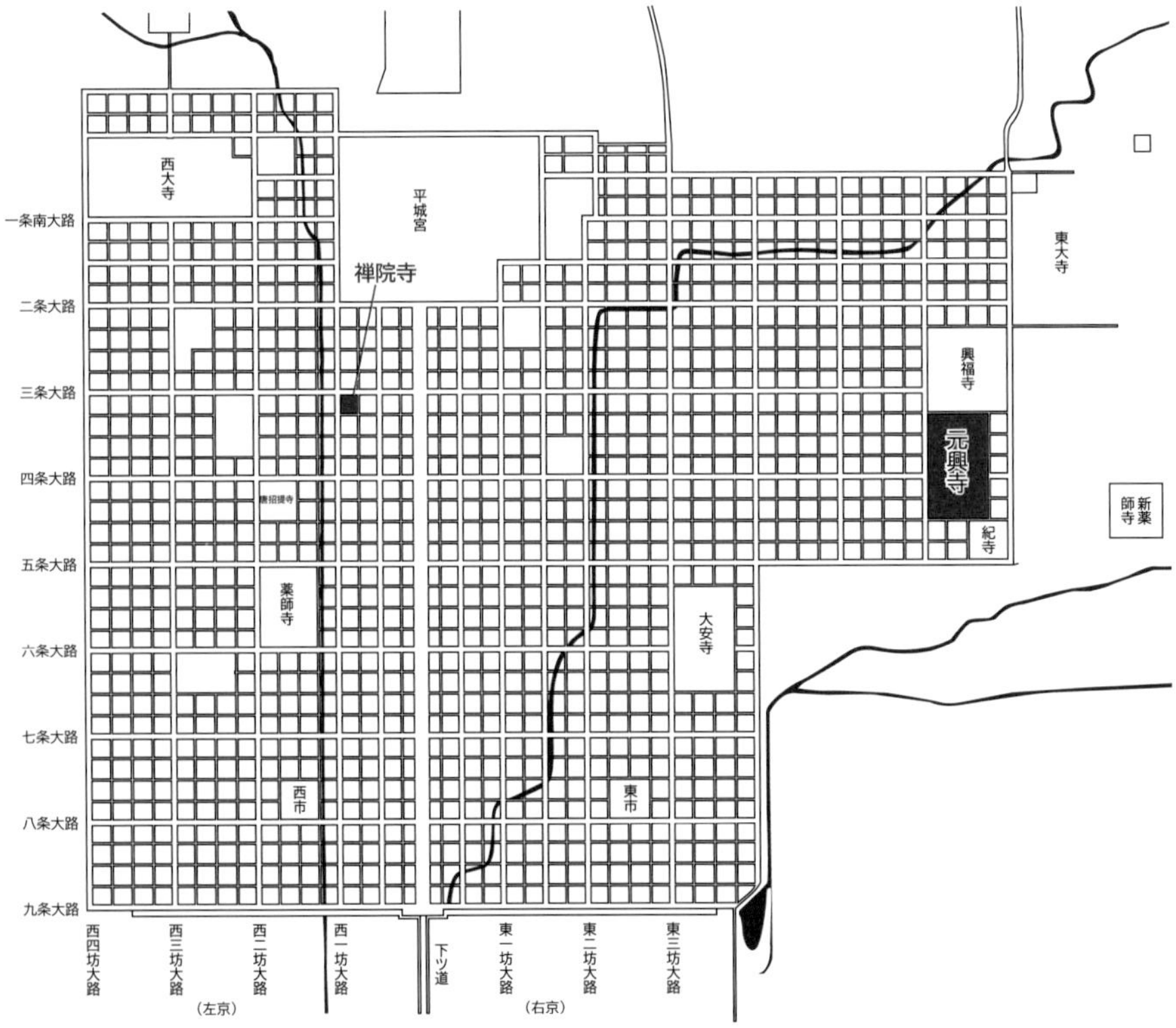

平城京の諸寺配置図

右京三条一坊一四坪出土の推定禅院寺所用瓦
奈良・白鳳時代　奈良市教育委員会

仏足石（国宝）　天平勝宝５年（753）　所蔵・写真提供：薬師寺

（吉川　二〇〇一）。天武天皇の推進した写経事業の協力者として道昭には強大な権限が与えられ、東南禅院が法興寺全体を統括していたという説もある（市　二〇一二）。

こうした経緯を背景に、道昭の弟子らの奏聞により、東南禅院は法興寺とはいったん切り離されて、禅院寺《ぜんいんじ》として平城京の右京四条一坊という一等地に先行して移建されることとなった。一九九四年の発掘調査で、右京三条一坊一四坪（奈良市三条大路町五丁目）の地点から法興寺東南禅院出土のものと同じ特徴を持つ瓦が出土しており、寺地はこれに近接する四条一坊の北半に想定されている。

新都で禅院寺が特に重視されたのは、「この院、多く経論あり、書跡の楷好く、並びに錯誤せず、皆和上の将来するところのものなり」（『続日本紀《しょくにほんぎ》』）と評されるように、天武朝以来重視された道昭将来の一切経の存在と無関係ではないだろう。この一切経は禅院寺にも遷され、三節で述べるように奈良時代の写経事業でも権威ある経典としてしばしば禅院寺から貸し出されて参照された。現在薬師寺大講堂に安置される仏足石（国宝）のもととなった仏足跡図も禅院寺に納められていた。唐からインドに遣わされた王玄策《おうげんさく》がインド鹿野園《ろくやおん》で写して唐・普光寺に納めた仏足跡《ぶっそくせき》を、日本からの遣唐使黄書本実《きぶみのほんじつ》が転写したものだという（「薬師寺仏足石記」）。禅院寺は、道昭将来の一切経をベースにその後も蔵書を集積させるなど平城京における仏教図書館的な機能を有し、独特の存在感を高めていたとみられる。仏足跡図が禅院寺に納められたのも、こうした機能を有していたことが前提となったと考えられる。

「法興寺を新京に遷す」

法興寺の平城京への移建は、諸寺に比べてや

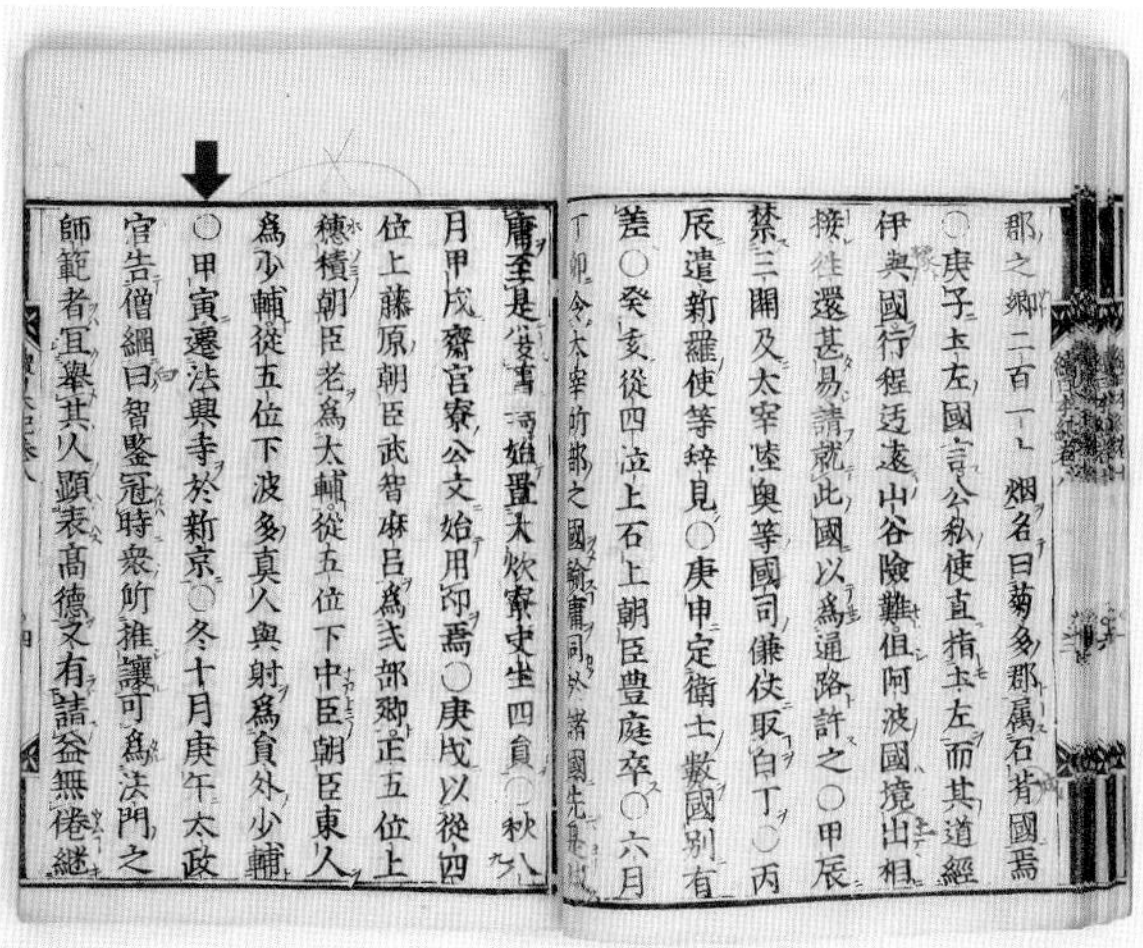
郡之郷二百一十烟名曰菊多郡屬石背國焉
○庚子土左國言公私使直指土左而其道經
伊與國行程迂遠山谷險難但阿波國境土相
接往還甚易請就此國以為通路許之○甲辰
禁三關及太宰陸奥等國司傔仗取白丁○丙
辰遣新羅使等拜見○庚申定衛士敷國別有
差○癸亥從四位上石上朝臣豐庭卒○六月
丁卯令太宰府部之國[illegible]庸同外諸國先是[illegible]
庸至是[illegible]始置大炊寮史生四員○秋八
月甲戌齋宮寮公文始用印焉○庚戌以從四
位上藤原朝臣武智麻呂為式部卿正五位上
穂積朝臣老為大輔從五位下中臣朝臣東人
為少輔從五位下波多真人與射為員外少輔
○甲寅遷法興寺於新京○冬十月庚午太政
官告僧綱曰智鑒冠時衆所推讓可為法門之
師範者宜舉其人顯表高德又有請益無倦繼

続日本紀　江戸時代　奈良県立図書情報館

や遅れた。『続日本紀』で法興寺の移建のことを示す記事は、養老《ようろう》二年（七一八）九月二十三日（甲寅）条と考えられている。そこには「法興寺を新京に遷す」とあり、飛鳥にあった法興寺が新京すなわち平城京の地に遷されたことが、端的に記録されるのみである。次節で問題とされるように、平城京での伽藍造営は、実際には奈良時代末期まで長期にわたって行われつづけたようであり、この段階では金堂や五重塔も完工していなかったとみられる。この時点で「法興寺を新京に遷す」と表現されることの内実についてはなお考究の余地があるが、ひとまずこれをもって法興寺が平城京に移建されたとみられる。

平城京に遷された法興寺は、その名を「元興寺」に改めた。後に天平勝宝《てんぴょうしょうほう》四年（七五二）の東大寺大仏開眼供養《かいげんくよう》で元興寺僧が東大寺に献じた歌の一種に「みなもとの　のりのおこりの　とぶやとり　あすかのてらの　うたたてまつる」とあるように、元興寺が「みなもとの法の興り」の寺、すなわち仏法興隆のもととなった寺であったということは認識されていた。新しい「元興寺」という名称は、こうした「仏法の興りの元になった」というすでに歴史となりつつあった寺の来歴、由緒をふまえたものであったのであろう（東野　二〇二〇）。後に、法興寺以来の歴史が顧みられたときに「仏法元興の場、聖教最初の地」（『類聚三代格《るいじゅうさんだいきゃく》』所収貞観四年〈八六二〉太政官符）と表現されたのも、法興寺への同様の認識に基づいている。

法興寺があわせ持っていた「飛鳥寺」の通称も、元興寺に引き継がれた。天平二年（七三〇）、『瑜伽師地論《ゆがしじろん》』を書写した僧賢証は「飛鳥寺僧」を名乗っているのをはじめ（石山寺一切経）、正倉院文書でも平城京の元興寺が「飛鳥寺」と称される例は少なくない。

興味深いのは、「飛鳥」という地名もまた平城京の元興寺周辺に遷されてきていることである。『万葉集』を代表する女流歌人の一人、大《おお》伴坂上郎女《とものさかのうえのいらつめ》は、「元興寺の里の歌」として、「ふるさとの　あすかはあれど　あおによし　ならのあすかを　みらくしよしも」という一首を詠んだ。「故郷の飛鳥」と比べながら新しい「平城《なら》の飛鳥」の様子を称えるものである。「元興寺の里」は、「平城の飛鳥」と呼ばれていたことが知られる。平安時代成立の説話集『今昔物語集』にも、「今は昔、元明天皇、奈良の都の飛鳥の郷に元興寺を建立し給《たま》う」とあって、元興寺の所在地を「飛鳥の郷」と呼ぶ表現が見られる。こうして移植された「平城の飛鳥」の地名は、現在も「飛鳥小学校」「飛鳥橋」などの名前に残されている。

飛鳥の故京に残された本元興寺

法興寺が平城京に遷されたといっても、堂舎

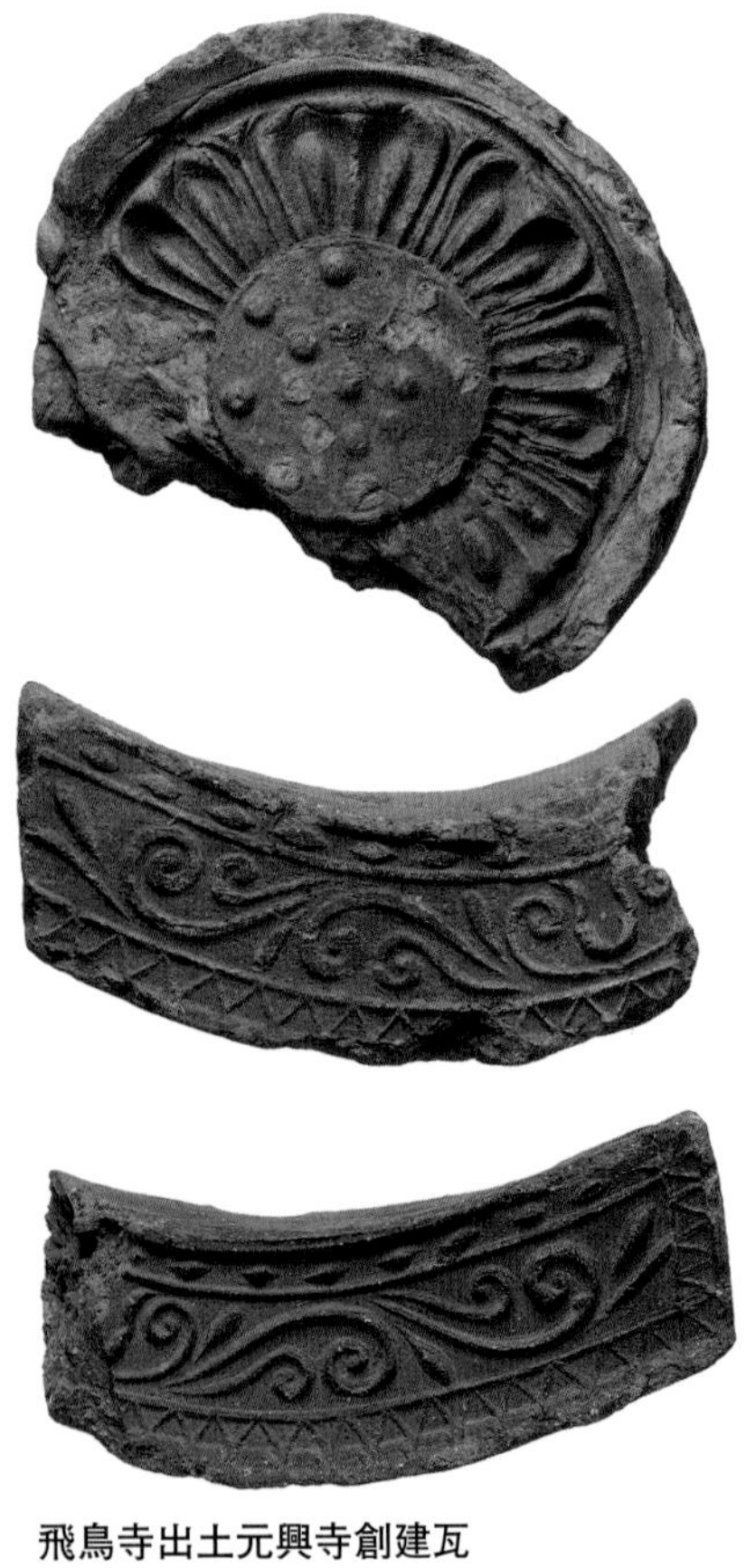

飛鳥寺出土元興寺創建瓦
奈良時代
所蔵・写真提供：奈良文化財研究所

現在の飛鳥寺

のすべてが遷されて飛鳥に何も残されなかったわけではない。むしろ、現在の「飛鳥大仏」につらなる丈六仏をはじめ、本尊や金堂、塔などの寺院の枢要な部分の多くは飛鳥に残されていたとみられる。

飛鳥に残されたかつての法興寺は、平城京に移建された元興寺に対応するかたちで、「本元興寺《もとがんごうじ》」を名乗ることとなった。本元興寺は、承和《じょうわ》四年（八三七）、元興寺などとともに京都や南都の大寺二〇カ寺の一つとして、天変地異災異の消除のための仏事を勤めることが命じられている（『続日本後紀』）。本元興寺も、平安時代には七大寺につぎ、新薬師寺や崇福寺《すうふくじ》などと並ぶ「廿ヶ寺」などの大寺として国家的大寺院の一角を占めていた。

本元興寺の活動が見えはじめるのが平安時代初頭以降であることから、本元興寺はこの時期に復興されたとの説もあるように（中井　一九八五）、奈良時代の状況は不明である。飛鳥の法興寺の遺跡からは、奈良時代の元興寺の創建期瓦も出土しており、奈良時代に法興寺跡・本元興寺でも瓦の差し替えなどの堂舎の修復は行われていたようである。

こうして平安初期には大寺としての活動が顕著になる本元興寺であったが、平安後期になると、かつての東金堂本尊であった弥勒石仏《みろくせきぶつ》が多武峯《とうのみね》の衆徒に売られる（『古今目録鈔』）など衰退しており、建久《けんきゅう》七年（一一九六）には落雷で塔なども全焼してしまう。その後いったんは復興されたが、室町期には藁で仮に葺いた程度の小庵に丈六釈迦仏（飛鳥大仏）が安置される状態となっていた（『太子伝玉林抄《たいしでんぎょくりんしょう》』）。江戸時代になって、寛永九年（一六三二）に大和今井町（奈良県橿原《かしはら》市）の富井孺光・妙心夫妻によって仏堂が造られ、ついで天和元年（一六八一）に秀意が新たに草庵を結んで「安居院《あんごいん》」と称し、丈六釈迦仏を補修したという（岩城　一九九九）。この安居院による中興が、今日の飛鳥寺、飛鳥大仏に引き継がれることになる。

再利用された瓦と木材

法興寺が飛鳥から遷されたとはいっても、本尊の丈六釈迦仏をはじめとする寺院の枢要部分が「本元興寺」として飛鳥に残されたらしいことはこれまでに見てきたとおりであり、寺院としての外形は本尊、伽藍構成、名前などのあらゆる面で元興寺は法興寺から面目一新していた。平城京の元興寺に、飛鳥法興寺から何が遷されたのかという点は、内実を問うていねいな議論が必要なところである（上原　二〇二〇）。

天平七年（七三五）に災害の消除と国家安寧のために『大般若波羅蜜多経《だいはんにゃはらみったきょう》』の転読会《てんどくえ》が宮中と、大安寺、薬師寺、元興寺、興福寺で執行された（『続日本紀』）のをはじめ、奈良時代の前半にはこの四寺が「四大寺」として国家的法会を勤めている。これは、白鳳期の大官大寺《だいかんだいじ》、薬師寺、法興寺、川原寺《かわらでら》の四大寺を引き継ぐものであり、元興寺は法興寺の地位を継承していた。後に東大寺などが出そろうといわゆる七大寺の一角をなして国家的法会を勤めた。天平十五年（七四三）の墾田永年私《こんでんえいねんし》財法《ざいほう》を受けて、天平勝宝元年（七四九）に諸寺の所有する墾田の上限が定められると、元興寺は東大寺の四〇〇〇町につぐ二〇〇〇町とされた（『続日本紀』）。大安寺、興福寺、薬師寺などが一〇〇〇町とされたことを考慮すると、元興寺は大寺のなかでも有力な位置にありつづけていたことが知られる。先に「みなもとの」の歌や「飛鳥寺」の通称についてみたように、元興寺が法興寺の由緒や寺格、さらには4節でみる三論《さんろん》や唯《ゆい》識学《しきがく》のような教学など、ソフト面を継承していたことは間違いない。

飛鳥時代の瓦が残る元興寺の瓦屋根　真言律宗元興寺

元興寺古材・巻斗　飛鳥時代　真言律宗元興寺

　堂舎・塔などの伽藍の建造物についても、法興寺の金堂など主要堂宇《どうう》は遷されなかったとはいえ、元興寺の僧房（現在の本堂・禅室）に、飛鳥時代の軒瓦《のきがわら》や材木が使用されつづけていることはよく知られている（狭川　二〇二〇）。古材については、年輪年代法によって五八八年頃に伐採されたものであることが判明し、法興寺の造営が行われた時期（1－1参照）と一致することから、これらがもとは法興寺に使われ、元興寺創建とともに平城京に運ばれて再利用されたものであることが科学的に裏付けられた。

　寺格・由緒、教学を法興寺から引き継いだ元興寺には、これらのソフト面を実態的に担った僧侶たちもまた遷されてきたに違いない。それにともない、諸堂のなかでも彼らのための学業、生活拠点である僧房だけは、移建されたということであろう。奇しくもこの飛鳥時代から引き継いだ僧房は、そこを舞台とする新たな信仰を奈良時代に生み、今日にまで元興寺が法灯《ほうとう》を永らえていくうえでひときわ大きな意味を持つことになる（3－2参照）。

（服部）

2 寺域と大伽藍のすがた

元興寺の伽藍

元興寺は春日断層によって区分される台地上に位置する。元興寺移建前の状況は詳らかではないが、西僧房推定地の調査では脇戸《わきど》古墳と呼ばれる古墳が見つかっているほか（元興寺旧境内第三九次調査）、南西行大房《みなみせいぎょうだいぼう》基壇下からは基壇形成以前の掘立柱《ほったてばしら》建物が見つかっている（元興寺旧境内第五七次調査）。寺域周辺では弥生時代の遺構・遺物も散見され、平城京遷都以前から人々の居住する場所であったようである。

元興寺の伽藍域は、中世以降その大半が街区《がいく》となり、現在の地形等より復元することが難しいが、寺院伽藍の現状を詳細に書き留めた長元《ちょうげん》八年（一〇三五）「堂舎損色検録帳《どうしゃそんしきけんろくちょう》」の記載が参考になる。これは東大寺東南院文書の一つで、現在は正倉院に納められている文書であり、かつては東大寺の伽藍を記述したものと考えられていたが、鈴木嘉吉氏の研究によって元興寺の伽藍を記録したものであることが明らか

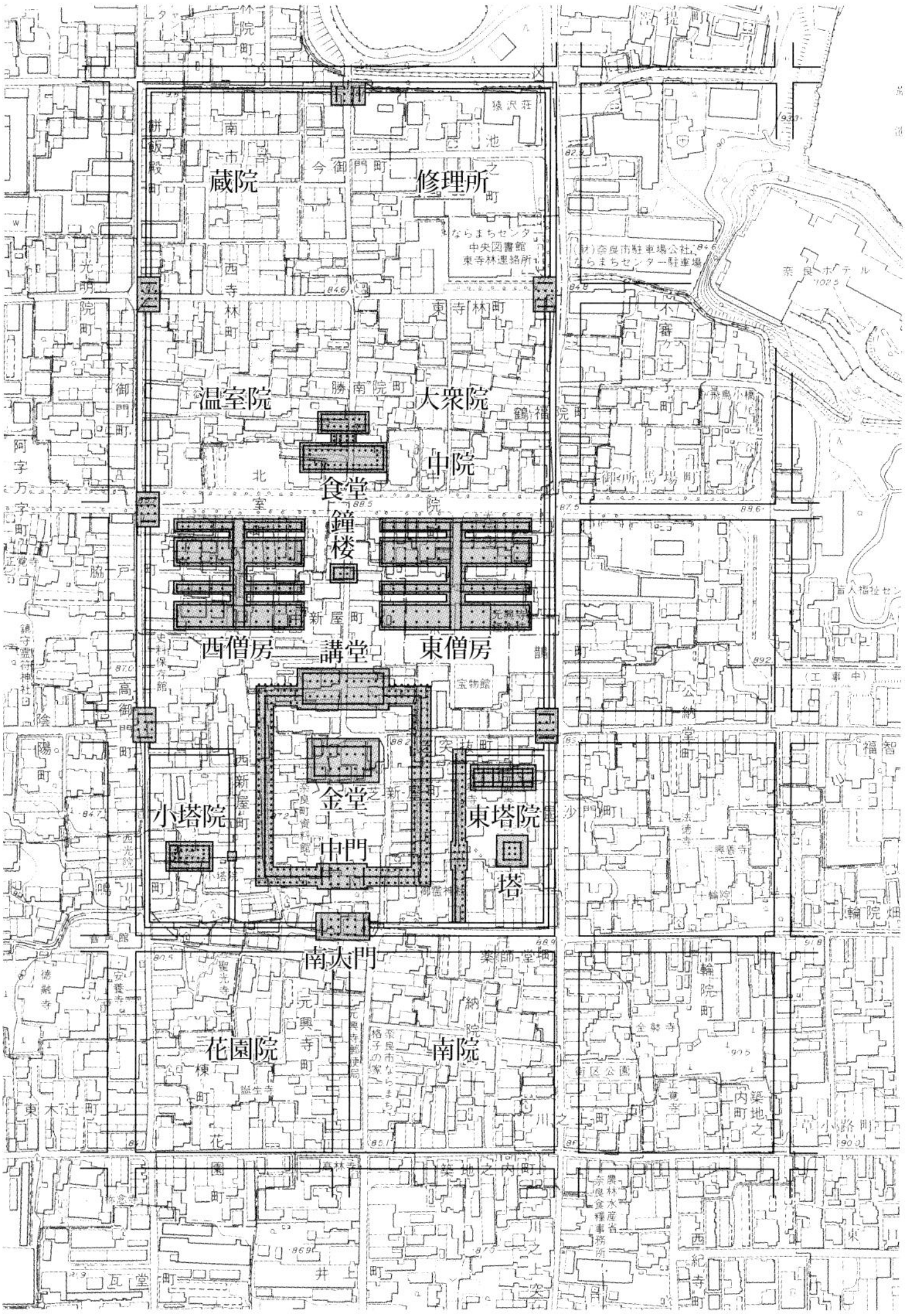

元興寺伽藍復元図

になっている（奈良国立文化財研究所　一九五七）。
「堂舎損色検録帳」を参考に伽藍を復元してみると、瓦葺《かわらぶき》一一間四面庇《しめんびさし》の食堂、その北側にとりつく瓦葺の軒廊《こんろう》と食殿があり、その南にそれぞれ小子坊《しょうしぼう》を持つ北階・南階大坊が東西に存在している。僧房の東西幅は均等でなく、東が東西一二房であるのに対し西は一〇房しかなく、対称性を重んじる古代寺院においては異質な配置である。これについて狭川真一氏は、伽藍の設計基準を七坊坊間西小路に正確に合わせ、かつ東西の築地《ついじ》から僧房妻部の距離を均等にした結果、幅の広い六坊大路に面する西側僧房が、道路幅分寺地を削られ、二房分切詰めた設計となったと分析する（狭川　二〇〇三）。この事実は、元興寺が僧房の対称性を損なってまで厳密に伽藍中軸線を七坊坊間西小路に整合させたことを意味しており、外京《げきょう》の設計と元興寺伽藍の設計は一連のものであったことを示す。

　さて、僧房の中間には瓦葺三間四面の鐘楼《しょうろう》がある。鐘楼に納められた鐘としては新薬師寺鐘楼の伝元興寺鐘が有名であるが、嘉祥《かしょう》元年（一一〇六）撰大江親通《おおえのちかみち》『七大寺日記』には元興寺鐘楼の鐘について、「鐘頂龍頭之下穴アリ可見」と記しており、田村吉永氏はこれについ

元興寺弥勒菩薩像（『弥勒菩薩図像集』）　平安時代　仁和寺
写真提供：奈良国立博物館（撮影 佐々木香輔）

真言律宗元興寺に移設された講堂跡出土礎石
奈良時代　真言律宗元興寺（撮影 桑原英文）

て旗挿を持つ朝鮮鐘と推定している（田村一九五三）。この鐘はその後京都室町殿に移されたのち、火災にあったようで、残念ながら現在は所在不明である。

鐘楼の南には講堂が配置される。講堂は一一間瓦葺で、丈六薬師如来坐像を本尊としていた。講堂には瓦葺の回廊《かいろう》がとりつき、これは金堂の南に位置する中門に接続する。金堂は七間入母《いりも》屋造《やづくり》で、弥勒《みろく》坐像が本尊である。芝新屋《しばのしんや》町《ちょう》で行われた金堂跡推定地の調査では金堂の基壇が見つかっており（奈良県教育委員会一九七五）、周辺民家にのこる礎石も含め、金堂位置推定の正しさを証明している。中門と南大門の記録は欠けているが、他寺の例から南大門は重層入母屋造と考えられている（太田一九七七）。南大門周辺の調査では凝灰岩切石《ぎょうかいがんきりいし》がみつかっており（元興寺旧境内第一六次調査）、切石基壇を持つ壮麗な門の存在が想定できる。このほか、講堂や鐘楼については、近世に片づけられた礎石が発掘調査によって発見されているが（現在真言律宗元興寺境内に安置）、その規模は記録に残る堂舎にふさわしい巨大なものである。

五重大塔基壇と礎石　華厳宗元興寺

修理所推定地出土瓦　奈良時代　奈良市教育委員会

金堂南の東西には東塔院と小塔院が存在する。東塔院は五重大塔（「堂舎損色検録帳」には五重瓦葺宝塔と記載）を中心に檜皮葺《ひわだぶき》五間二面堂があり、さらに瓦葺の一二間僧房一行がともなっていた。そしてこれらを、西面瓦葺三間規模の中門、それにともなう脇門二カ所を持つ回廊が取り囲んでいた。小塔院は瓦葺七間の小塔堂と、九間、六間、三間の檜皮葺建物がそれぞれ存在しており、小塔堂は南に礼堂《らいどう》を付属させていたことが記される。通常、伽藍寺院は東に塔があれば西にも対になる塔を持つが、元興寺の場合は当初から小塔院が設けられていたようである。小塔院の由来については『七大寺巡礼私記』に称徳《しょうとく》天皇発願の小塔（いわゆる百万塔）を納めたことや、本来の名称は吉祥堂《きっしょうどう》であったことが書かれているが、いずれも事実とは認められず、小塔院の建立目的についてはなお検討の余地がある。また、現在真言律宗元興寺に納められている五重小塔を納めていたという説も、明確な根拠がないのが現状である。

主要伽藍以外の子院

主要伽藍部の主な建物は上記の通りであるが、このほかにも新堂院《しんどういん》、温室院《おんしついん》、蔵院《ぞういん》、大衆院《たいしゅういん》、修理所《しゅうりしょ》、南院《なんいん》、花園院《はなぞのいん》などの記述がみられる。いずれも瓦葺や檜皮葺の建物を持ち、新堂院には檜皮葺五間僧房、大衆院には檜皮葺一五間酢殿《すどの》、同一五間西醤殿《にししょういん》、蔵院には双蔵《ならびくら》や客房・厠がともなっているほか、南院にも僧房がともなっているなど、かなりの規模を持つ施設が見られる。残念ながらこれらの配置は明確ではないが、一九八六年に寺域東北隅で行われた発掘調査（元興寺境内第七次調査）では古代の瓦生産に関連する遺物や、法興寺の瓦を含めた多種多様な瓦が見つかり、この部分が修理所である可能性が指摘されている。

元興寺の寺域

こうした元興寺の伽藍が収まる寺域の規模については、『大乗院寺社雑事記《だいじょういんじしゃぞうじき》』文明《ぶんめい》十五年（一四八三）九月十三日条に猿沢池南から南北四町、東西二町の記述があり、この南北四町という記述は延暦《えんりゃく》年間（七八二～八〇六）の資財帳を引用した『興福寺流記《るき》』の記述と一致する事から、南北四町、東西二町が伽藍域と考えられている。ただし、発掘調査では真言律宗元興寺境内の防災調査で東築地の痕跡が確認されている以外、外郭については未確認である。

さらに、平城京内の他寺院同様、元興寺も伽藍外に寺地を有していたと考えられる。現在「花園町」として地名に残る花園院は南大門推定地の南にあり、南院もまた花園町の東に「納《のう》院町《いんちょう》」として名を残すことから、伽藍域から南一町幅分が寺地であったと考えられる。さらに伽藍域東側も十輪院《じゅうりんいん》など元興寺ゆかりの子院であった伝承を持つ寺院が多く、また平城京内の他寺院の事例から一町幅分が寺地であった可能性は高い。したがって、元興寺の寺地は南北五町東西三町と考えることができる。ただし、北東隅については西大寺のように切り欠きをしていた可能性もある。寺地についてはなお検討すべき課題が多い。

元興寺旧境内は七〇次以上の発掘調査が行われているが、長らく人が住み続けた都市遺跡のため、古代遺構の残存が非常に悪い。しかし、堂舎の基壇痕跡や僧房整地層の発見、礎石の出土など、その成果は着実に積みあがっており、元興寺伽藍と寺地の復元は今後の調査研究に期待する部分が大である。

（佐藤）

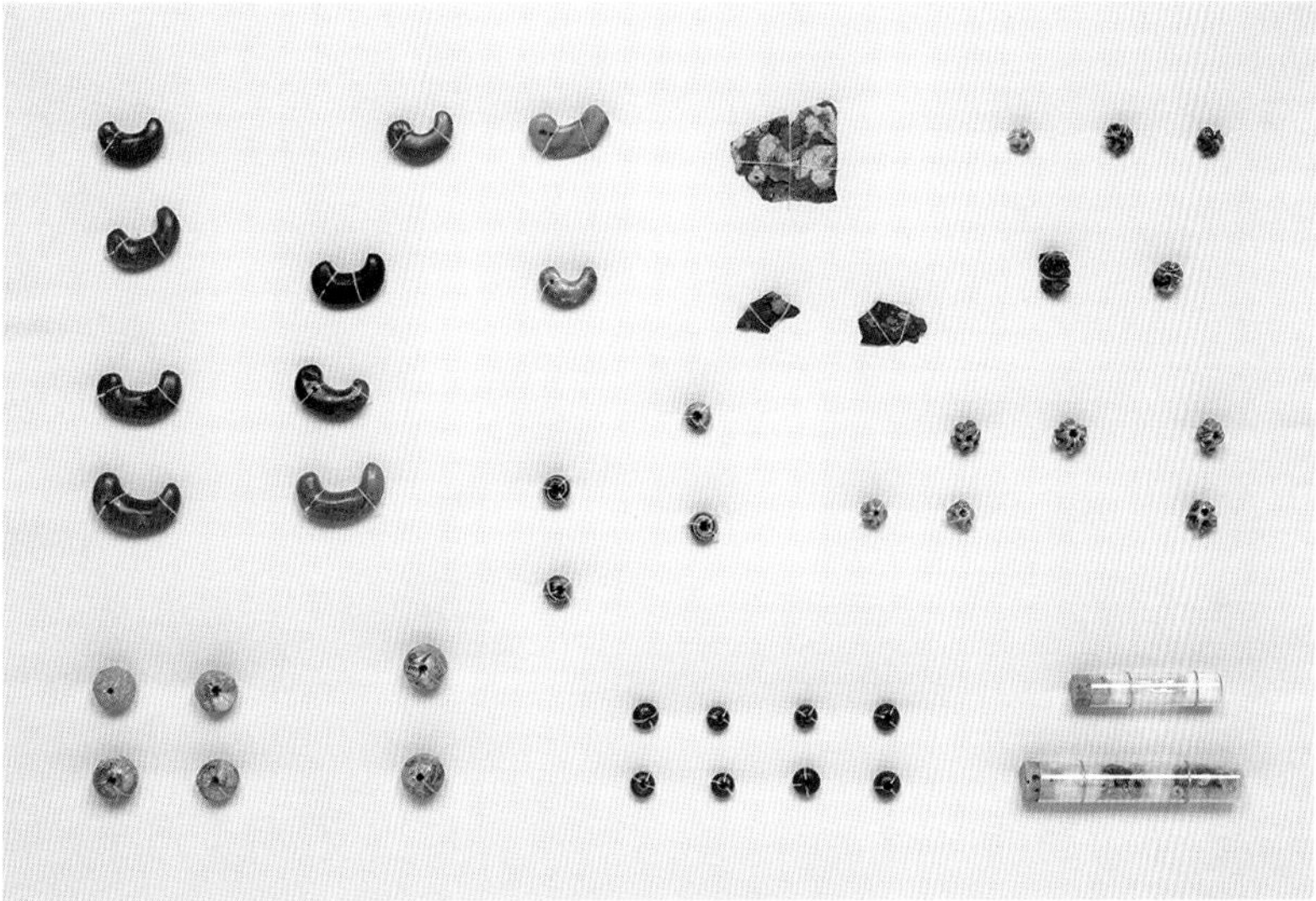

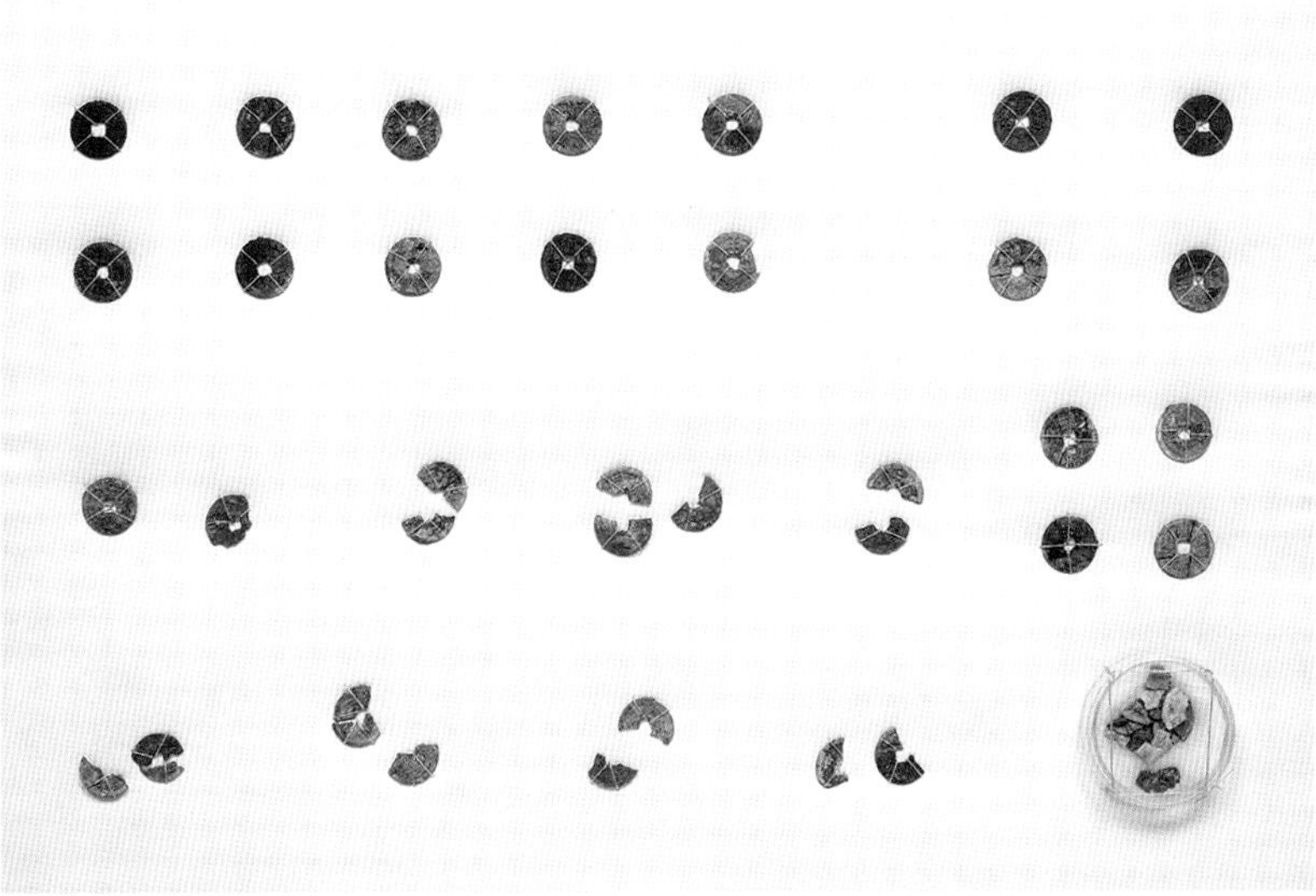

五重大塔心礎埋納品（一部）

重要文化財

銅、ガラス、金製ほか　奈良時代

華厳宗元興寺

昭和二年（一九二七）に行われた基壇実測調査に際して、礎石の厚さや形状を記録するために簡単な発掘調査が行われた。その際に出土したのが本品である。勾玉一〇個、ガラス丸玉六五個、ガラス小玉九四個、蜻蛉玉四個、捩玉一一個、水晶玉九個、琥珀玉残欠含め複数、金小粒一個、金延板一枚、真珠一個、銭貨多数、そのほか金箔、紙片などで構成される。壺などに納めたものではなく、特に銭貨は広く散乱していることから、基壇造成の過程で版築《はんちく》粘土に文書（経典?）を練り込み、四方に玉を配し、銭貨を散布する儀式が想定されている。銭貨の中には初鋳七六五年の神功開宝《じんぐうかいほう》が含まれており、塔の建設がこのころまで遅れることがわかる。近年の元興寺文化財研究所と奈良国立博物館によるX線CT撮影によって、銹着していた緡銭の銭文の判読が行われ、和同開珎《わどうかいちん》と神功開宝であることがわかり、銭の構成が確定した。

（佐藤）

五重小塔　国宝

木製　高さ五・五メートル　奈良時代
真言律宗元興寺　写真提供：便利堂

高さ五・五メートルを測り、細部まで精密に再現した小塔である。もともとは本堂内に据えられていたと考えられるが、明治三十年（一八九七）に奈良国立博物館へ寄託され、その後昭和四十年（一九六五）宝物を納める収蔵庫の完成に際して元興寺へ戻された。

建築の細部意匠、部材の形状、彩色顔料の分析などから奈良時代末のものと考えられており、貴重な古代小塔の遺例として国宝に指定されている。建立目的や来歴は不明であるが、一般的な大塔の一〇分の一サイズであること、細部意匠まで正確に作られていることなどから、大型の塔を建設する際の雛型《ひながた》である可能性が指摘されているが、ただし元興寺東大塔とは意匠、形態が異なっている。一般的に畿内の古代五重塔が中央間を広く設計しているのに対し、元興寺小塔は等間になっており、同様の柱間《はしらま》をもつ諸国国分寺大塔との共通性が指摘されている。

（佐藤）

薬師如来立像　国宝

木造彫眼素地　像高一六四・八
奈良時代後期〜平安時代初期　華厳宗元興寺
写真提供：奈良国立博物館（撮影　森村欣司）

螺髪《らほつ》と両手首先を除いて、頭頂から台座蓮肉《れんにく》まで一材より彫出し、背面より内刳《うちぐ》りを施す。

螺髪《らほつ》および両手首先は別材を貼りつけている。充実した体部の量感に比して頭部がやや小ぶりとなり、衣文線は渦文や翻波式《ほんぱしき》を加えた自在なもので、腹部より弧線を連ね、両脚部の厚みによって股間にY字形の衣文をなすなど、平安時代初期彫像の代表作のひとつに数えられる。

制作当初の安置堂宇は明らかでないが、『大和巡画日記』に記載されることから、少なくとも寛政八年（一七九六）には五重大塔本尊像であったことが知られる。近年では、平安期の金堂本尊背面にあった厨子《ずし》入りの半肉彫十二神将像との関連を重視し、元興寺別院の本尊像であった可能性も説かれている。（植村）

菩薩形立像残欠

木心乾漆造漆箔　全長一五〇・二（現状、足枘含）
奈良時代　徳融寺

元興寺高林院《こうりんいん》前身と伝える徳融寺《とくゆうじ》に伝来する木心乾漆造《もくしんかんしつづくり》で制作された菩薩立像の右半身である。腕の背面や背中に平滑面が見られることから脇手のある多《た》臂《ひ》像であったと考えられる。腹部の明快なくびれ、脛《すね》部分に残された翻波風の衣文は乾漆ならではの柔らかみのある質感をよく伝えている。旧境内域に残る奈良時代作例としても注目される。（植村）

正面　内刳面　背面

3 古代元興寺の経蔵を開く

一切経の書写事業と元興寺

奈良時代には一切経《いっさいきょう》書写が頻繁に行われた。聖武天皇勅願経《しょうむてんのうちょくがんきょう》、藤原夫人《ふじわらぶにん》願経、光明皇后《こうみょうこうごう》発願経（五月一日経、五月十一日経など）、称徳《しょうとく》天皇勅願経、善光朱印経《ぜんこうしゅいんきょう》などである。天皇や皇后が発願したものが多く、国家事業として行われた。当時、東アジアでは仏教が共有されており、日本も唐の仏教の導入を目指し、その政策として写経事業がなされたのである（上川　二〇〇八）。

光明皇后が発願し、禅院寺《ぜんいんじ》や元興寺も大きく関わった五月一日経を例に、当時の一切経書写事業の流れをみてみよう。

奈良時代初期の写経は、ふつう一部四二四三巻というモデルとなる一切経を書写していた。日本には、渡来僧や道昭《どうしょう》などの入唐僧《にっとうそう》が将来した経典の蓄積があり、それらが書写の底本となっていたのであろう。特に道昭将来の経典は、法興寺の東南禅院に納められ、それらの経典は誤りのない良本といわれていた（『続日本紀』）。平城京への遷都とともに、和銅四年（七一一）、東南禅院は法興寺に先立って平城京右京の地に移転し禅院寺と呼ばれるが、道昭将来経典もそこに納められることとなった。

五月一日経も、天平五年（七三三）頃の事業開始当初は、従来通り四二四三巻の一切経を書写する方針であった（山下　二〇〇〇）。しかし、天平七年（七三五）、玄昉《げんぼう》が唐より当時最新の経典目録であった『開元釈教録《かいげんしゃっきょうろく》』（以下『開元録』と略す）を持ち帰ったことで、翌年から『開元録』所収の入蔵録に基づく経典の書写に方針が変更された。

そして書写に用いる手本も、玄昉が『開元録』とともに持ち帰ってきた約五〇〇〇巻の経典類が使われることとなったが、これらは『開元録』入蔵録に載る経典とは一致しなかった。唐の書禁《しょきん》政策（最新の文物などが持ち出される場合は皇帝からの下賜《かし》を原則とする政策）のもと、収集が困難な状況のなかで玄昉がかき集めてきたため、経典そのものではなく章疏類《しょうしょるい》（注釈書）を半数近くも含んでいたのである。また、『開元録』入蔵録に記載される経典には日本に将来されていないものもあった（上川　二〇〇八）。

そこで、ふたたび方針が変更され、天平十五年（七四三）頃からは章疏類を含めるとともに、玄昉が請来したもの以外にも日本に伝わっていた経典・章疏類をできるだけ書写することとなった。このとき、禅院寺からも手本が貸し出されている。このように諸寺院や僧侶が所有していた経典・章疏を書写していき、最終的には約七〇〇〇巻といわれる一切経が完成した。写経とともに、後述するように元興寺などで勘《かん》経《きょう》（本文校訂作業）もなされ、ここに権威ある勅定《ちょくじょう》一切経が誕生したのである。

元興寺に納められた一切経

元興寺に納められた代表的な一切経に、藤原夫人願経がある。これは、藤原房前《ふささき》の娘で、聖武天皇の后である藤原夫人が、亡くなった父房前の冥福と存命中の母牟漏《むろ》女王の幸福を祈るために書写させた一切経である。すべて天平十二年（七四〇）三月十五日の日付だが、書写自体は天平十一年（七三九）頃から始まっていたようである。光明皇后も、兄房前の冥福を祈るための一切経書写だったので、この写経事業を支援した（栄原　二〇〇〇）。

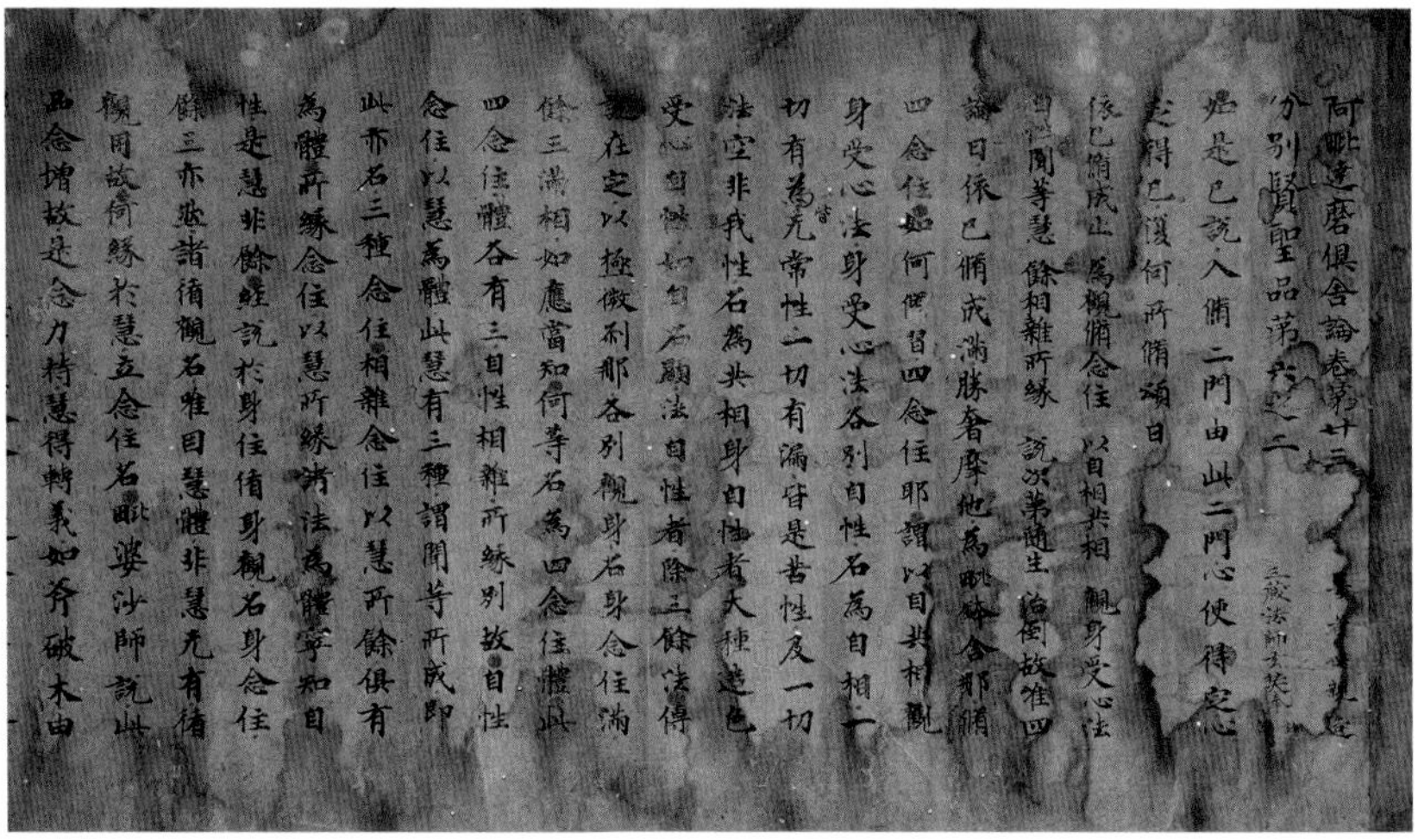

阿毘達磨倶舎論　巻第二十三　奈良時代　真言律宗元興寺

当初は、五月一日経と同様に、一部四二四三巻というモデルとなる一切経を書写していたようであるが、経律論などでも章疏でも、底本となる経典が見つかりしだい写して含めていくような、総集段階の一切経であったのではないかとされている（山下　二〇〇〇）。基本的には玄昉以前に将来された経典が底本となっており、五月一日経とは底本が異なっていた。そのため、藤原夫人願経の勘経（本文校訂作業）のときには主に五月一日経が用いられた。

完成した藤原夫人願経は、天平十五年（七四三）八月までには元興寺に納められた。表紙と第一紙の紙継部分紙背《しはい》に「元興寺印」の複廓朱文円印が押されており、「元興寺経」とも称される。現在、京都国立博物館所蔵『阿難《あなん》四事経《しじきょう》』（重要文化財）、香川県八栗寺《やくりじ》所蔵『道《どう》行《ぎょう》般若経』巻第二など、約二〇点が残されている。

元興寺印（『集古十種』より）
江戸時代　奈良県立図書情報館

一切経の校訂事業と元興寺

勘経とは、経典を書写する際の底本とは別の本を用いて、経文《きょうもん》を比較し校訂することである。底本をふたたび見返して誤写を正す校正作業とは異なる点に意義がある。

天平勝宝六年（七五四）、鑑真《がんじん》来日とともに入唐廻使がもたらした経典群が図書寮《ずしょりょう》に入った。この頃、一切経論の校正の勅があったといい（『続日本紀』）、五月一日経や藤原夫人願経の校正も始められた（山下　二〇〇一）。図書寮経という唐から将来された経典に基づく五月一日経の勘経事業もまた、一切経書写事業と同様に唐仏教の導入政策の一環とみられている（上川　二〇〇八）。

五月一日経の勘経は、元興寺・大安寺・薬師寺・興福寺などで行われた。五月一日経と、校本の図書寮経がセットで各寺院に貸し出され、僧侶がそれぞれ分担して勘経作業を行った。たとえば、京都国立博物館所蔵『持心梵天経《じしんぼんてんきょう》』巻第四（五月一日経、重要文化財）の巻末には、勘経の際の跋文《ばつぶん》が紙を継いで記されており、そこから、元興寺僧勝叡《しょうえい》らが官人上野毛君立麻呂《かみつけのきみたちまろ》とともに勘経に携わったことが知られる。実際に五月一日経を見ると朱書による訂正がある。おそらくこれが勘経の跡ではないかと思われる。

勘経が完了した五月一日経は、その後は書写の底本や校本に用いられた。善光朱印経の底本は、勘経済の五月一日経であった。その後、称徳天皇勅願経事業では、五月一日経は底本にはならなかったが、勘経の校本にされた。勘経を経た五月一日経は、正確な経文を持つ最高の一切経として権威を持ったのである。

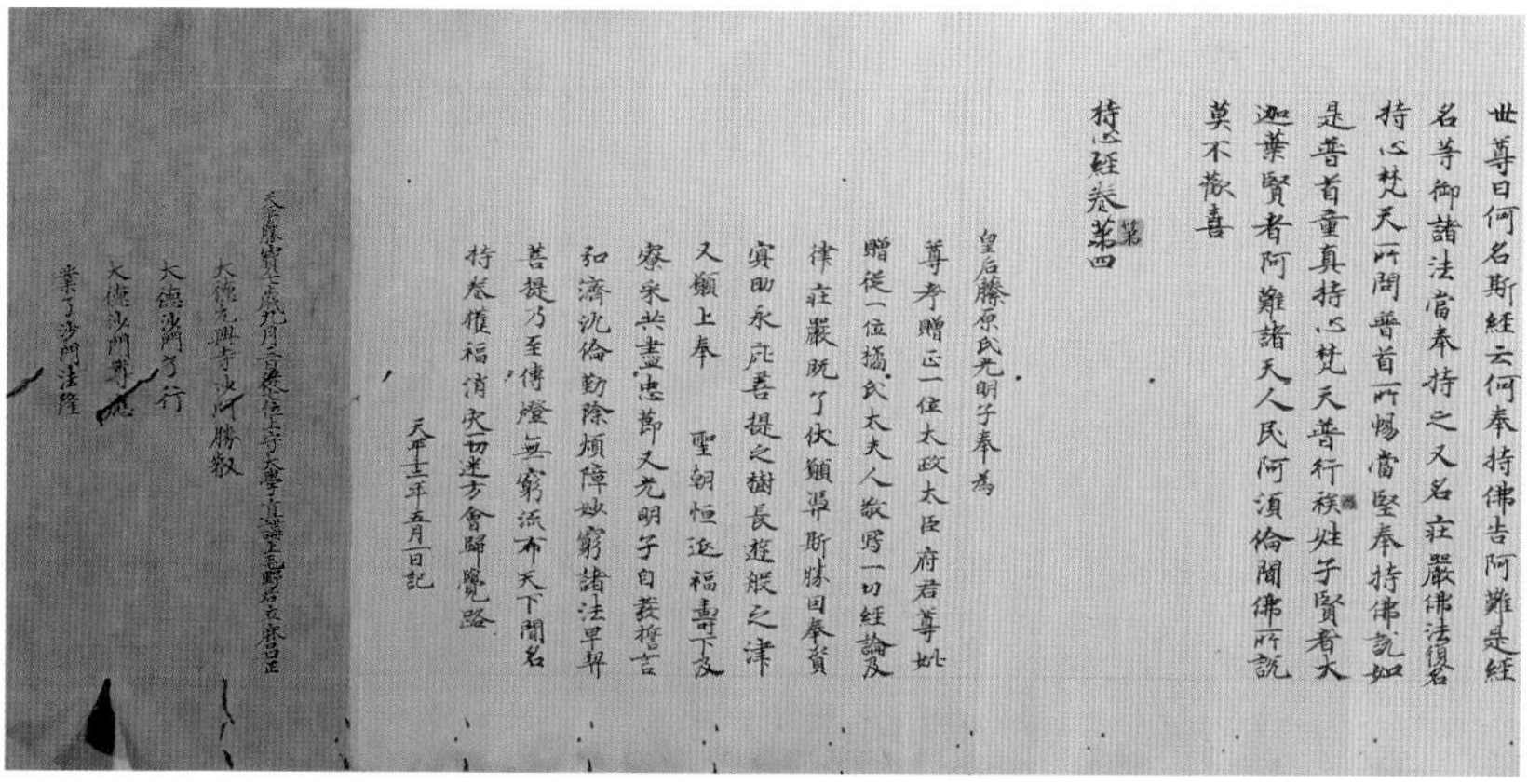

持心梵天経　巻第四　奈良時代　所蔵・写真提供：京都国立博物館　重要文化財

明詮の経典解釈を受け継ぐ

明詮《みょうせん》は八～九世紀の元興寺僧で、元興寺別当《べっとう》も勤めた。法相《ほっそう》や因明《いんみょう》に勝れたといわれている。そのためか、明詮が訓点を加えた本が近世頃まで伝えられていった。

明詮が記したのは「導点《どうてん》」、つまり、漢文の注を行間に記入した「導」と、漢文の読みの補助である「点」（訓点）である。本来明詮自身が手控えのために記していたものと思われる。

しかし、明詮寂後一〇〇年以上も経ってから、明詮本から「導点」までそのまま書写されて伝えられるようになる。明詮の点はその字形まで古体のままで写して伝えられたようである（築島　一九九七）。明詮の学識の高さなどの名声が伝えられ、権威を持ったのであろう。『妙法蓮華経』、『成唯識論《じょうゆいしきろん》』、『因明正理論疏《しょうりろんしょ》』、『因明正理論義纂要《さんよう》』などに明詮の点を写した旨の奥書がある。『妙法蓮華経』については他本からの移点も見られるが、因明関連書では明詮の点が中心に伝えられたようである（築島　一九七五）。難解な因明学文献を解読するに当たっては明詮の訓読法が尊重されたのであろう（河野　二〇〇六）。

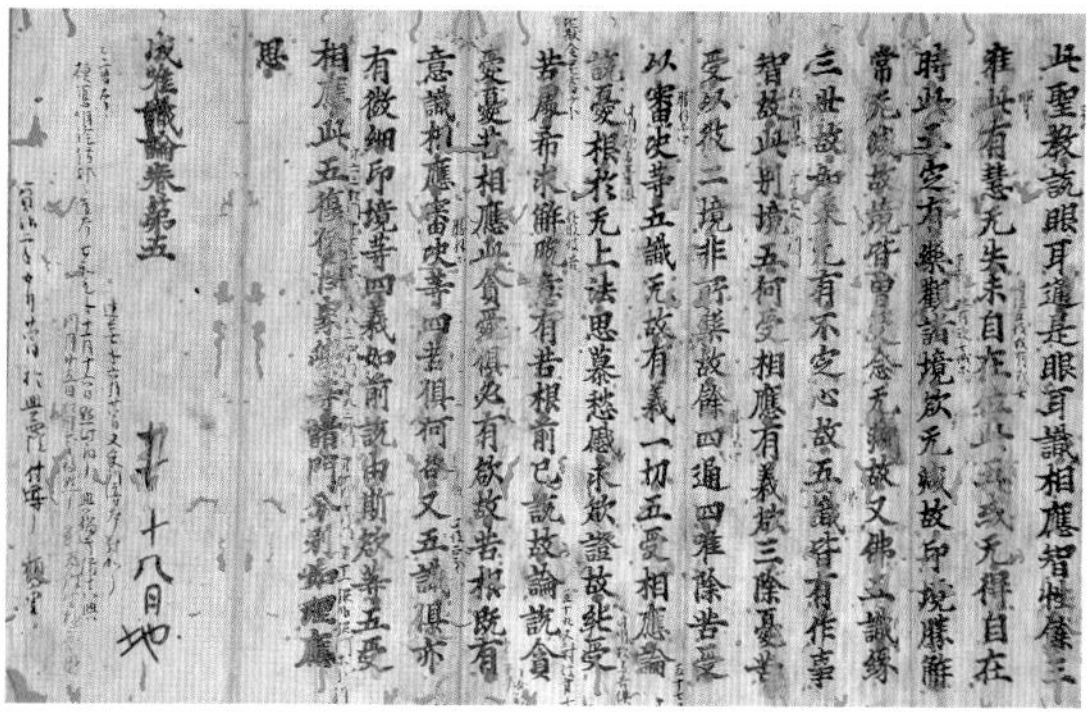

成唯識論　巻第五　鎌倉時代　薬師寺

こうした明詮の点を重視し書写して伝えていったのは興福寺僧であった。十一世紀には法相学の中心は興福寺となっていたためである。元興寺の法相宗は衰退していったが、明詮の残した遺産は、興福寺によって担われた法相宗の本流へと脈々と受け継がれていったのである。

（三宅）

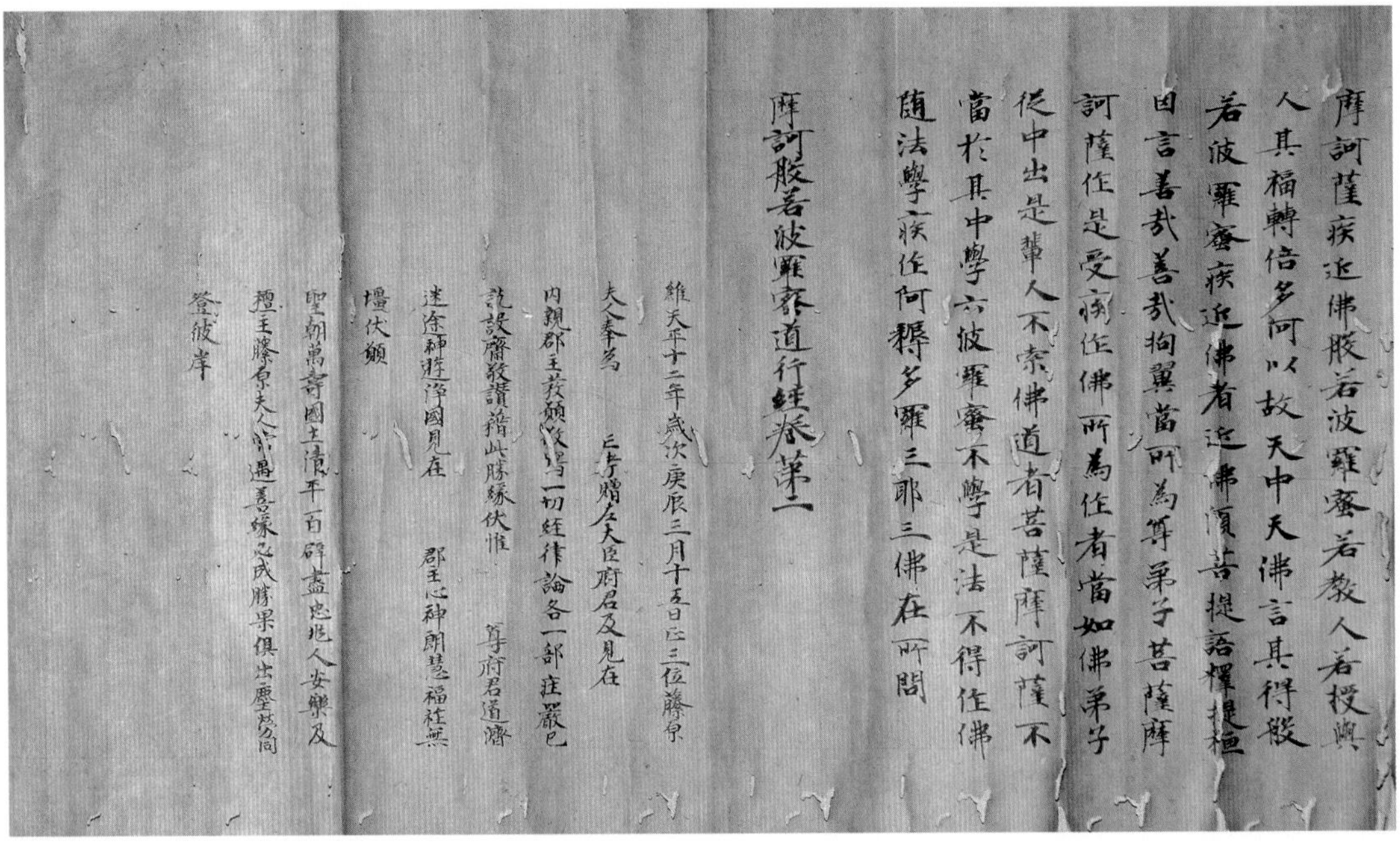

道行般若経 巻第二

紙本墨書 縦二六・三 横五四・八（第二紙）
奈良時代 八栗寺

本経は明治三十年（一八九七）に高雄山神護《じんご》寺《じ》から八栗寺に寄贈されたものである。巻末に他経典にも見られる藤原夫人の奥書があり、表紙と本紙の継ぎ目紙背に「元興寺印」があるので、元興寺に収められた藤原夫人願経の一本であることがわかる。元興寺印が表紙側にも残り表紙が本来のものであると考えられる。内題下にある「神護寺」印は、紺紙《こんし》金字《こんじ》神護寺経の内題下に見える印と同形である。神護寺に同経巻第五があるが（奈良国立博物館編 一九八三）、藤原夫人の奥書が記されており、本経の僚巻であるとわかる。

経文を見ると、聖語《しょうご》蔵《ぞう》唐経の同巻とは異なる部分が多く、藤原夫人願経と唐経とでは本文が別系統の可能性がある。藤原夫人願経『道行般若経』の底本は、唐ではなく朝鮮半島などから将来された経典である可能性が考えられる。

本経は、元興寺文化財研究所が香川県の委託を受け調査し、確認した元興寺経である。

（三宅）

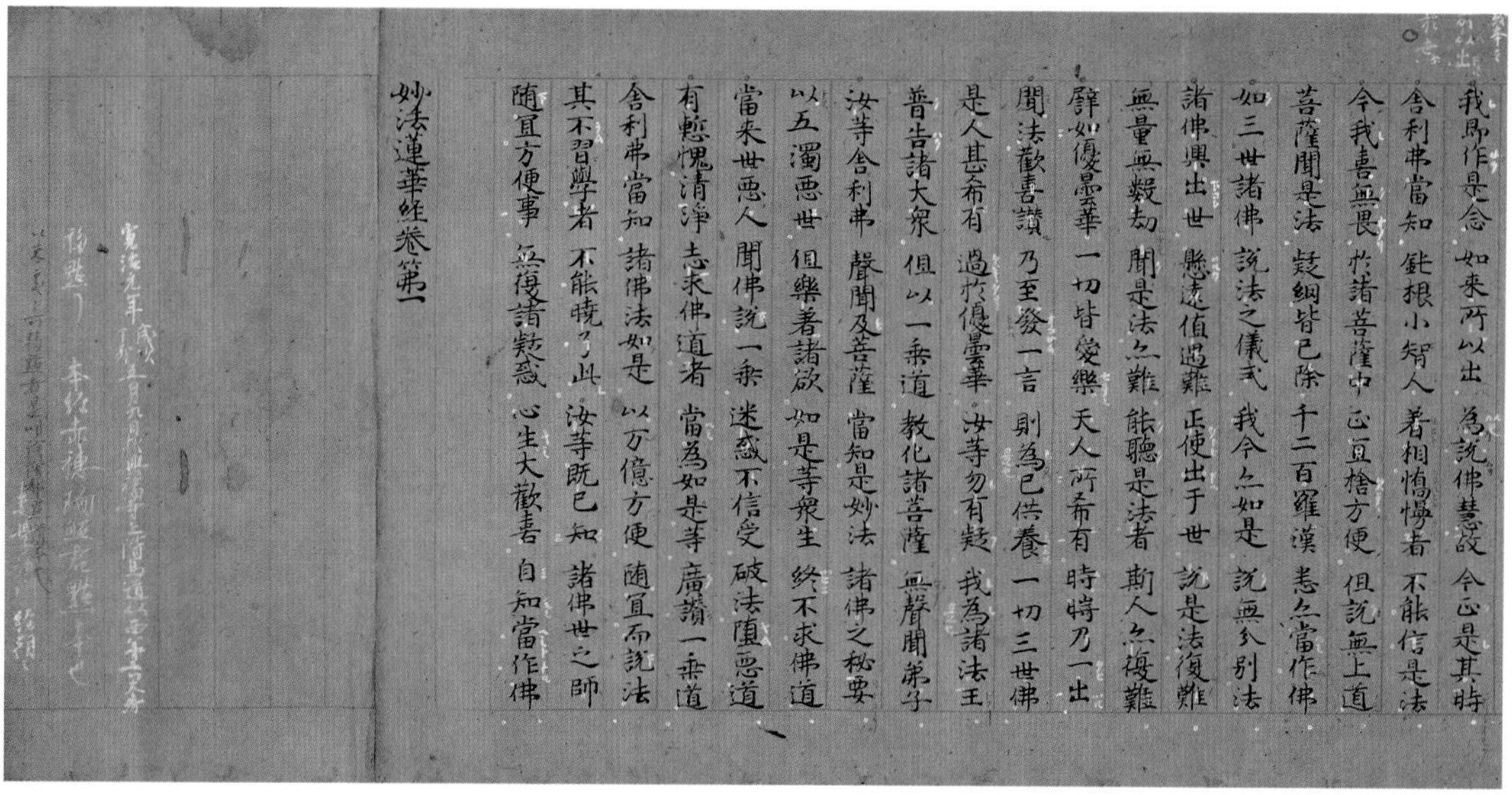

妙法蓮華経　巻第一（藍紙本）

重要文化財

紙本墨書　縦二六・一　横九七七・三（全長）
平安時代　立本寺　写真提供：京都国立博物館

平安時代中期に書写されたと思われる『妙法蓮華経』に、興福寺経朝が、寛治元年（一〇八七）より承徳三年（一〇九九）にわたり、明詮の訓点を朱で、赤穂珣照本を白で、興福寺寿慶本を墨で移点したものである。全八巻および開結二経のうち、巻第二・六と開経の『無量義経』を欠く（赤尾　二〇〇四）。

巻第一には、巻尾に白書の寛治元年（一〇八七）の移点奥書と、朱書の明詮点の移点奥書が記されている。他巻にある奥書から、明詮点の移点は寛治二年正月頃になされたことが知られる（中尾　二〇〇〇）。明詮点を移した朱書のうち、ヲコト点は平安時代に主に法相宗で用いられていた喜多院点である。明詮が九世紀頃に付した喜多院点が後世に伝えられた貴重な例である。立本寺所蔵『法華経』は、平安時代後期書写の京都府亀岡市千手寺所蔵『法華経』の底本となり、経文のみならず朱・白・墨の点も伝えている（赤尾　一九九三）。（三宅）

4 三論・法相の教えと寺勢の興隆

智光の伝説

奈良時代の元興寺僧として、最も人口に膾炙《かいしゃ》している人物の一人は智光《ちこう》であろう。

智光といえば、後世に流布されたいくつかの説話に登場することで知られる。たとえば、平安初期成立の『日本霊異記《にほんりょういき》』に収載された次のような説話である。

智光は天平十六年（七四四）に大僧正となった行基を妬んで河内鋤田寺《すきたでら》に引退し、そのまま病没したが、行基を誹謗したことによって地獄で責めを受ける。許されて蘇生した後に行基のもとに詫びを入れたところ、行基は「歓《よろこば》しきかな、尊《とうと》きかな」と言ってこれを許した。それから後、改心した智光は仏法を弘め、迷いのある者を導いていった。

この説話は、『日本霊異記』が成立した平安初期の段階における「行基菩薩」への信仰の高まりや、三論と法相、元興寺と薬師寺の対抗関係などを背景に取り入れられたと考えられている。この説話に『今昔物語集』で智光幼少期の麻福田丸《まぶくだまる》説話なども付加され、独自に展開していった。

一方、十世紀末までに成立した『日本往生極楽記』には、次のような智光の極楽往生の伝記が載せられている。

智光法師坐像　桃山時代　真言律宗元興寺

地獄で責めを受ける智光（『元興寺極楽坊縁起絵巻』より）　元禄 14 年（1701）　真言律宗元興寺

智光と頼光（礼光）は元興寺の僧房で少年時代より同室修学していたが、頼光は晩年に及んで人とまったく語ることがなくなり、そのまま亡くなった。多年の親友を亡くした智光は、頼光の死後の行き場所を知りたいと祈念したところ、夢の中で頼光のもとに至り、そこが極楽浄土であることを知る。極楽往生のための方法を尋ねる智光に、仏は「浄土の荘厳を観想せよ」と告げて掌中に小浄土を現した。夢から覚めた智光は、画工に浄土の様子を描かせて、一生これを観想し、極楽往生を得た。

この説話は、浄土三曼荼羅《まんだら》の一つとして信仰を集めることになる浄土変相図「智光曼荼羅」の成立を物語る説話である（3－2参照）。

大きくこの二系統の説話は中世以降も行基信仰と智光曼荼羅信仰の高揚によって盛んに流布され、これによって説話のなかでは地獄にも極楽にも行った智光の伝説に彩られた人物像が形成されていくこととなる。

近世に至ってもこれらの説話は寺側でみずからの由緒に組み込まれて広められていった。元禄十四年（一七〇一）『南都元興寺別院極楽坊縁起絵巻』は、まさにこの二系統の説話を組み合わせたものであり、絵巻物によって視覚的に広めることが企図された。智光曼荼羅が各地の念仏講に受容される中で、和泉国稲葉村《いずみのくにいなばむら》（大阪府岸和田市）では智光（麻福田丸）がこの村の出身であるとする伝承が生じるなど（嘉永四年「泉州稲葉村麻福山大門坊極楽寺縁起」）、智光の説話は各地域に根強く自己展開していった。

頼光法師坐像　桃山時代　真言律宗元興寺

智光の実像

このように伝説に富む智光であったが、彼は紛れもなく実在した僧侶であり、実際の事績についても知りうることが少なくない。

極楽浄土に至った智光（『元興寺極楽坊縁起絵巻』より）　元禄14年（1701）　真言律宗元興寺

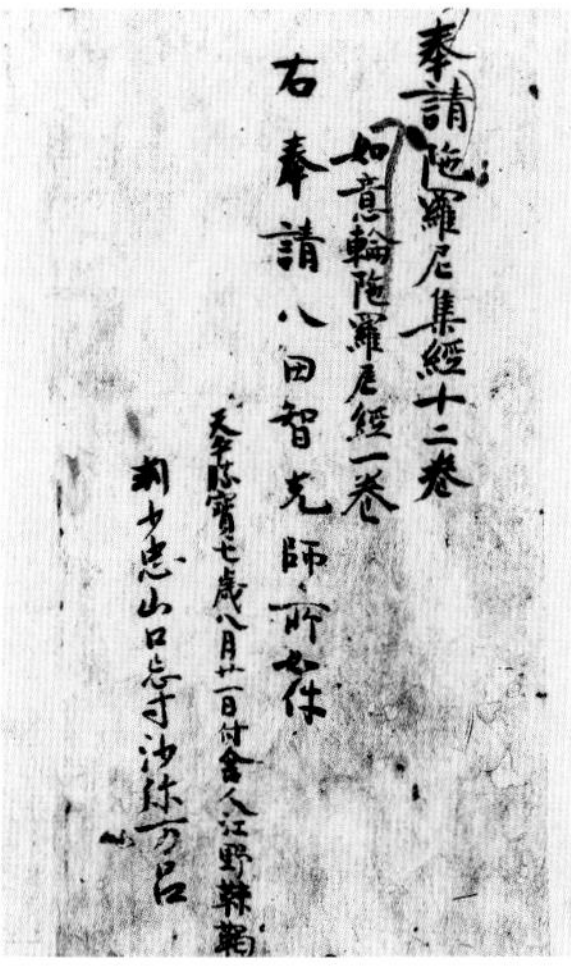

紫微中台請経文
天平勝宝七歳（755）　正倉院文書
写真提供：宮内庁正倉院事務所

河内国安宿部《あすかべ》郡《ぐん》出身で「鋤田連《すきたのむらじ》」（次田氏）の出身であったという智光は、河内国鋤田寺の沙門《しゃもん》ともされるが（『日本霊異記』、大西一九八七）、その著書『般若心経述義』に「日東元興教寺沙門智光撰」と記されるように、主には元興寺三論衆に属したようである。法隆寺の学僧智蔵《ちぞう》から三論を学び、元興寺では仙光院《せんこういん》を建てて、また極楽坊を荘厳したともいわれる。（『三国伝法伝通縁起』）。天平勝宝七年（七五五）、紫微中台《しびちゅうだい》が「八田智光」のもとから「陀羅尼集経《だらにじっきょう》十二巻」と「如意輪陀羅尼経一巻」を借り受けたことを示す文書が正倉院文書に残されており、この「八田智光」が智光のことを指すとされる。智光は和泉国大鳥郡《おおとりぐん》八田寺（蜂田寺）に住していた時期があったようである。

著書として、玄奘訳『般若心経』への注釈書である『般若心経述義』や、隋で三論教学を大成した吉蔵《きちぞう》の著作への注釈書である『浄名玄《じょうみょうげん》論略述《ろんりゃくじゅつ》』『法華玄論略述』『盂蘭盆経《うらぼんきょう》疏述義』など一四部はあったことが知られる（平井一九八六、伊藤　二〇一八）。当時の日本の三論教学を代表する学僧であったことはまちがいない。『般若心経述義』などでは慈恩大師基ら法相への批判も展開している。

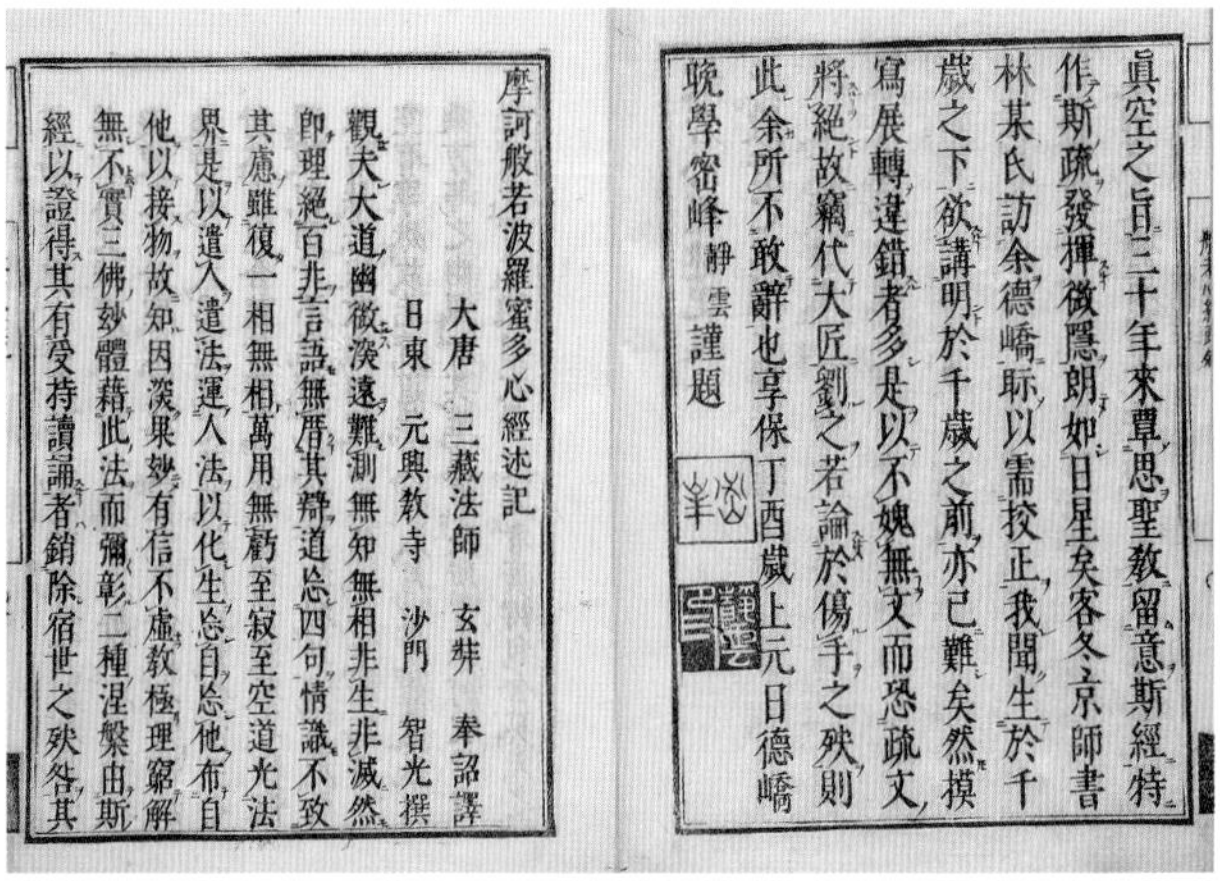

般若心経述義　江戸時代　真言律宗元興寺

また、曇鸞《どんらん》ら中国浄土教の主流的理解に基づいて記された『無量寿経《むりょうじゅきょう》論釈《ろんしゃく》』は、日本の浄土教文献では嚆矢《こうし》をなすものであり、後に智光は日本における浄土教の第一祖とされた（『浄《じょう》土源流章《どげんるしょう》』）。

先にみた智光関連の説話のなかで、行基を引き立てる役割を担うに堪え、また極楽浄土への往生者としても信仰されたのは、その前提となるだけの三論学僧・浄土教家としての智光の確かな足跡があったとみられるのである。

法相宗の形成

奈良時代の元興寺で盛んになった教学は、今みた智光に代表される三論と、法相であった。

前章でみたように、法興寺に最初に住した渡来僧慧慈《えじ》や慧聡《えそう》、法興寺に住して僧正となった観勒はともに三論の学僧であり、隋で吉蔵に学んだ慧灌を第一祖とする日本における三論教学の流れは、弟子福亮《ふくりょう》ら法興寺僧に伝えられるなど、三論教学は法興寺でも最も盛んに学ばれていた。その伝統は平城京の元興寺にも引き継がれ、福亮の子で法隆寺僧であった智蔵から元興寺僧の智光・頼光へと伝えられ、同じく智蔵に師事した道慈の大安寺とともに元興寺は奈良仏教における三論教学の主要拠点となった。元興寺三論供衆《さんろんくしゅう》は、奈良時代半ばには伊賀国柘植郷《つげごう》や近江国愛智荘《えちのしょう》で水田を買得して独自の経済基盤も得ていた。

一方、唯識教学系の法相衆は、奈良の仏教界では奈良時代の半ばには確立していたようである。これより先、天武天皇の時代、法興寺に「摂大乗論門徒」が興され、中臣鎌足の私財を割いて講説の財源とされて以来（『類聚三代格』）、同じ唯識学派の摂論衆《しょうろんしゅう》が法興寺で盛んとなっていた（1－3）。天平七年（七三五）に玄昉が帰国すると、同九年には元興寺摂論衆の僧侶から興福寺の住僧が選ばれて移されており、興福寺では法相衆につらなる唯識学派がこの頃確立していったとみられる。元興寺での法相衆の成立時期は不明だが、摂論衆を含めた唯識学派の流れは、後に、玄昉へと伝えられた興福寺の法相伝を北寺伝、道昭から智通、神叡へと伝えられた元興寺の法相伝を南寺伝とする理解に整理された。

平安時代後期段階ではあるが、元興寺の金堂には丈六の弥勒仏が中尊として祀られ、脇侍には二躯の千手観音とともに無著《むじゃく》・世親《せしん》の像が安置されていたことが確認される（『七大寺巡礼私記』）。弥勒、無著、世親という唯識系教学の色濃い構成であり、元興寺全体としては法相学が優越する寺院になっていった。すでに平安時代初頭の奈良の仏教界は、「緇徒《しと》三論を学ばず、専《もっぱ》ら法相を崇む。三論の学、ほとんどもって将に絶えんとす」という状態で（『類聚国史』）、三論学は衰え、法相学が隆盛を極めていたらしい。排他的な宗派の成立、六宗への統合、法相宗と三論宗との対立の激化といった南都仏教全体の動向があり（曾根　二〇一〇）、その中で、興福寺を中心とする法相宗が隆盛し、元興寺においても法相宗が盛んとなっていったのである。

この平安時代初頭は最澄《さいちょう》や空海《くうかい》が華々しくも活躍した時代であった。他の南都寺院と同様に、元興寺は空海とは融和的で、関わりの深い元興寺僧は少なくない。延暦《えんりゃく》十四年（七九五）、空海が東大寺で具足戒《ぐそくかい》を受けたときの和上《わじょう》は元興寺の泰信《たいしん》であったし、弘仁《こうにん》三年（八一二）、高雄山寺《たかおさんじ》で行った胎蔵界《たいぞうかい》の結縁灌頂会《けちえんかんじょうえ》では、賢《けん》

「元三論印」
（『集古十種』より）
江戸時代　奈良県立図書情報館

泰範法師像　江戸時代　十輪院

伝護命僧正坐像　江戸時代　華厳宗元興寺

栄《えい》、泰範《たいはん》、延豊、円璟の四人の元興寺僧が参加した。このうちの泰範は、最澄の弟子で、惣別当に任じられるほど重用されていたが、この灌頂会を機に最澄のもとを去り、空海の弟子となった。後に弘法大師十大弟子の一人にも数えられている。

当時の元興寺を代表する僧侶が、神叡以来の比蘇寺自然智宗《ひそじじねんちしゅう》の一人で、法相宗の学僧でもあった護命《ごみょう》である。弘仁九年（八一八）、最澄が比叡山で大乗戒壇設立を朝廷に願い出ると、大僧都という立場にあった護命は南都仏教を代表して反対し、激しく論争した（『顕戒論《けんかいろん》』）。天《てん》長《ちょう》七年（八三〇）には、各宗の概要をまとめよとの勅命を受け、法相宗について『大乗法相義林章』を著した。まさに法相宗、奈良仏教の全体を代表する僧侶であった。空海も、護命の八〇歳を祝って贈った漢詩で、「仏家の棟梁、法門の良将というべきか」と護命を評している（『性霊集《しょうりょうしゅう》』）。この時代の仏教史は最澄、空海に代表されることが多いが、護命は彼らに伍する学識と政治力を有した奈良仏教の雄であった。

別当の活動

平安時代の元興寺には新しい動向もみられた。寺院組織の上では、東大寺や興福寺と同様に、僧尼令《そうにりょう》に定められた上座《じょうざ》・寺主《じしゅ》・都維那《ついな》の職からなる従来の寺院経営組織「三綱所《さんごうしょ》」に加えて、新たな寺内指導者として「別当」が元興寺にも置かれるようになる。

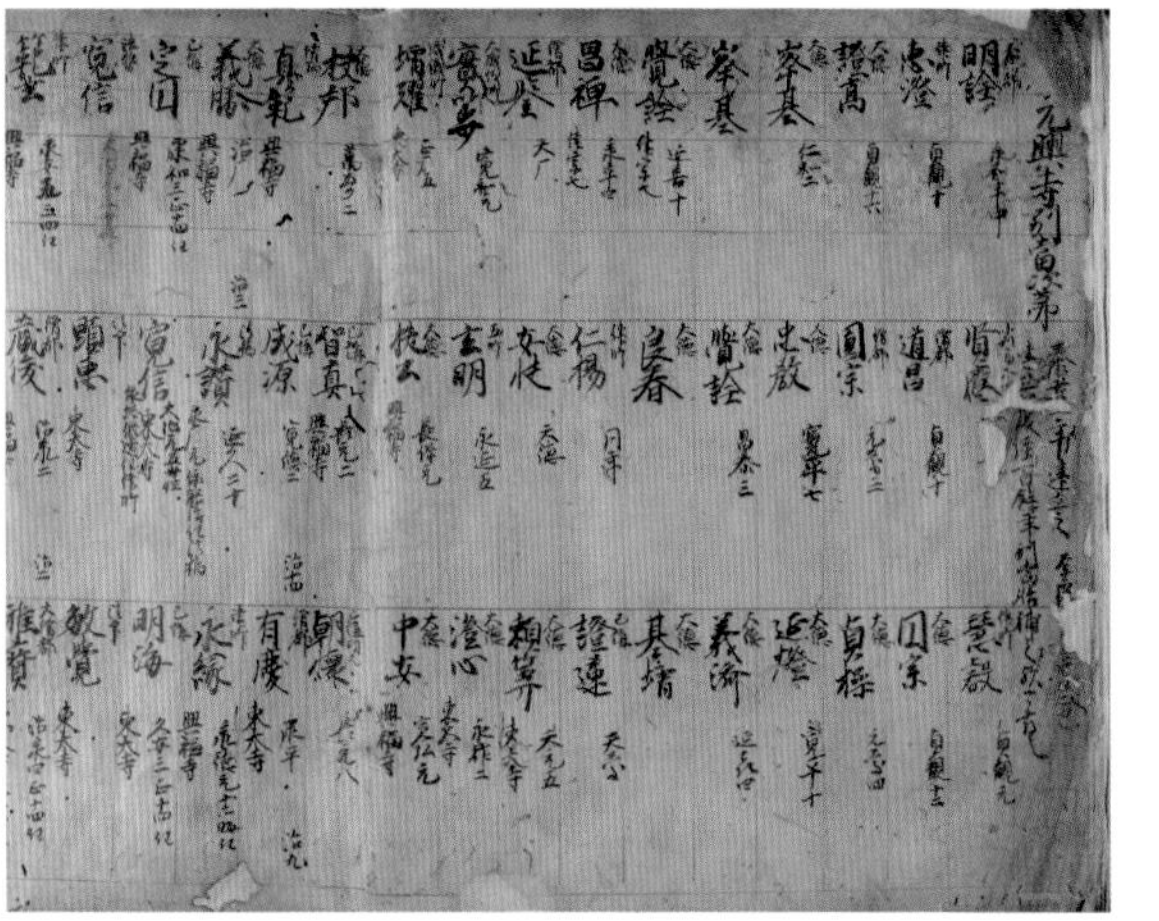
元興寺別当次第　京都府立京都学・歴彩館
出典：東寺百合文書 WEB

後にまとめられた『元興寺別当次第』（東寺百合文書）では、承和年中（八三四〜八四八）のこととして、3節でもふれた元興寺の学僧・明詮を初代の別当としてあげ、「建立以後百余年を経て別当を始めて補すか」と注記を加えている。一方、明詮の僧伝によれば、明詮に先立って、護命の弟子・延祥《えんしょう》が別当に任じられ、後に延祥から別当職を譲られたとあり、明詮よりも先に延祥が別当職についていたようである。延祥は仁寿《にんじゅ》三年（八五三）に亡くなっているので、いずれにせよ別当は元興寺においては九世紀半ばには成立していたとみられる。

その後の歴代の元興寺別当のなかには、とりわけ経営手腕に長けた僧侶もいた。

長保元年（九九九）には元興寺別当であったことが確認される扶公は、藤原氏の出身で、もと興福寺僧であった（『権記《ごんき》』、『僧綱補任《そうごうぶにん》』）。元興寺別当のときよほどの実績を上げたらしく、同五年に法橋《ほっきょう》の僧位に叙されたのは元興寺を「能《よ》く治めた」ことが賞されたがゆえであったという（『僧綱補任』）。寛弘《かんこう》二年（一〇〇五）には、藤原道長《みちなが》らは病身の大安寺別当の後任に、「元興寺別当としてもっとも能治の者」であった扶公を兼務で充てることを決めた（『御堂関《みどうかん》白記《ぱくき》』）。七大寺の別当を兼ねるという異例の人事であったが、扶公の「能治の者」としての手腕が重視されたのである。その後も長和《ちょうわ》三年（一〇一四）からは興福寺別当を二〇年にわたって勤めるなど、元興寺を皮切りに七大寺で別当を歴任した、突出して敏腕の別当であった。元興寺別当は、寺の内外からそれなりに個性的で能力あると見込まれる人物が任じられ、南都仏教界の登竜門的な役職となっていたのである。

修行僧の活躍

元興寺僧の活動舞台は元興寺や南都のみにとどまるものではなかった。平安時代前期、修行僧たちのいくつかの顕著な動きが認められる。

天長五年（八二八）、元興寺三論宗の僧泰善は、全国の各郡で文殊会《もんじゅえ》を行うことを上申し、許された（『類聚三代格』）。この文殊会は、文殊菩薩が「貧窮・孤独・苦悩の衆生《しゅじょう》」に身を代えて行者の前に現れるという『文殊師《もんじゅし》利《り》般涅《はつね》槃《はん》経《ぎょう》』に基づいて貧者に施しを行って文殊菩薩を供養するものであり、利他行《りたぎょう》の実践の意味合いがあり、もともと泰善が大安寺勤操《ごんぞう》とともに畿内の村々で独自に行ってきた儀礼であった。泰善の申請によって文殊会は全国で毎年七月八日に公的仏事として行われることになり、諸国出《すい》挙《こ》稲から「救急料」を充て行うなどの財政措置もとられた（『続日本後紀』）。当時旱魃《かんばつ》や疫病があり、それに対応する国家的な社会政策に取り入れられていったのである。

同様に仏教行事が新たに創始された同時期の例として、元興寺僧静安《じょうあん》（『僧綱補任』『本朝高僧伝』）らによって始められた、宮中での仏名《ぶつみょう》会《え》と灌仏会《かんぶつえ》がある（『続日本後紀』『類聚三代格』）。灌仏会も悔過《けか》行事である仏名会も、俗人も多く参加した行事であり、導師や出仕僧には俗人教化を得意とする修行僧が選ばれた（堀二〇一二）。静安没後の承和十三年には、諸国でも仏名会を行うこととなり、静安の弟子で元興寺僧の賢護は、貞観十三年（八七一）に師の遺志を継いで「一万三千仏画仏像」を七二鋪それぞれ太政官《だじょうかん》や諸国に安置することを許された（『類聚三代格』）。

静安は、山岳修行の拠点として近江国比良山に最勝寺、妙法寺を創建した。その麓にある琵琶湖交通の要衝・和邇泊《わにのとまり》の港施設も静安によって造営され、弟子で元興寺僧の賢和《けんわ》によって修復された。賢和は、貞観七年（八六五）に和邇泊から琵琶湖の対岸にある野《や》洲《す》郡《ぐん》奥嶋（近江八幡市）で、奥嶋神の夢告を受けて神宮寺《じんぐうじ》を建てることを奏請し、許された（『日本三代実録』）。この地域一帯で静安とその弟子たち修行僧らの宗教的、社会的活動が大きな影響力を持っていたのである。

賢和は和邇泊以外にも播磨国魚住泊《はりまのくにうおずみのとまり》を修復しており、土木事業での事績が著しい。元興寺で三論を学び、宮中仏名会《ぶつみょうえ》の導師も勤める道《どう》昌《しょう》は、承和年中に大堰川《おおいがわ》の洪水を治めて「今日再び行基菩薩の偉業を見るようだ」と称賛された（『日本三代実録』）。法興寺の道昭、行基以来の社会事業の実践は、後進の元興寺の修行僧らによって引き継がれていたようにもみえる。これら一連の修行僧らの動向は平安初期当時の国家による仏教政策、社会政策とも不可分のものであり、この時代を国家政策として「化他《けた》」（人々の教化）が積極的に利用された時代と捉える見解もある（堀　二〇一二）。その前提には、元興寺の修行僧らの「化他」の能力の高さがあったのであり、彼らの存在は社会と国家、そして仏教を結びつけるうえで大きな位置を占めたのである。

（服部）

現在の和邇泊付近

行信僧都坐像　国宝

脱活乾漆造彩色　像高八八・五　奈良時代
法隆寺　写真提供：飛鳥園

行信は、法相宗第三伝とされる智鳳《ちおう》に学んだ元興寺（法興寺）法相宗の僧である。法隆寺東院伽藍の夢殿内部、救世《ぐせ》観音の北東に祀られる。天平十一年（七三九）、斑鳩宮《いかるがのみや》の故地に聖徳太子供養のために東院伽藍造営を勧めたことで知られる（『東院古縁起』）。

つりあがった目尻や高い鼻、大きく張った耳など実に個性的な面貌を示し、体躯のやや背を丸めたさまも自然である。当代肖像彫刻の代表例のひとつとして名高い。

（植村）

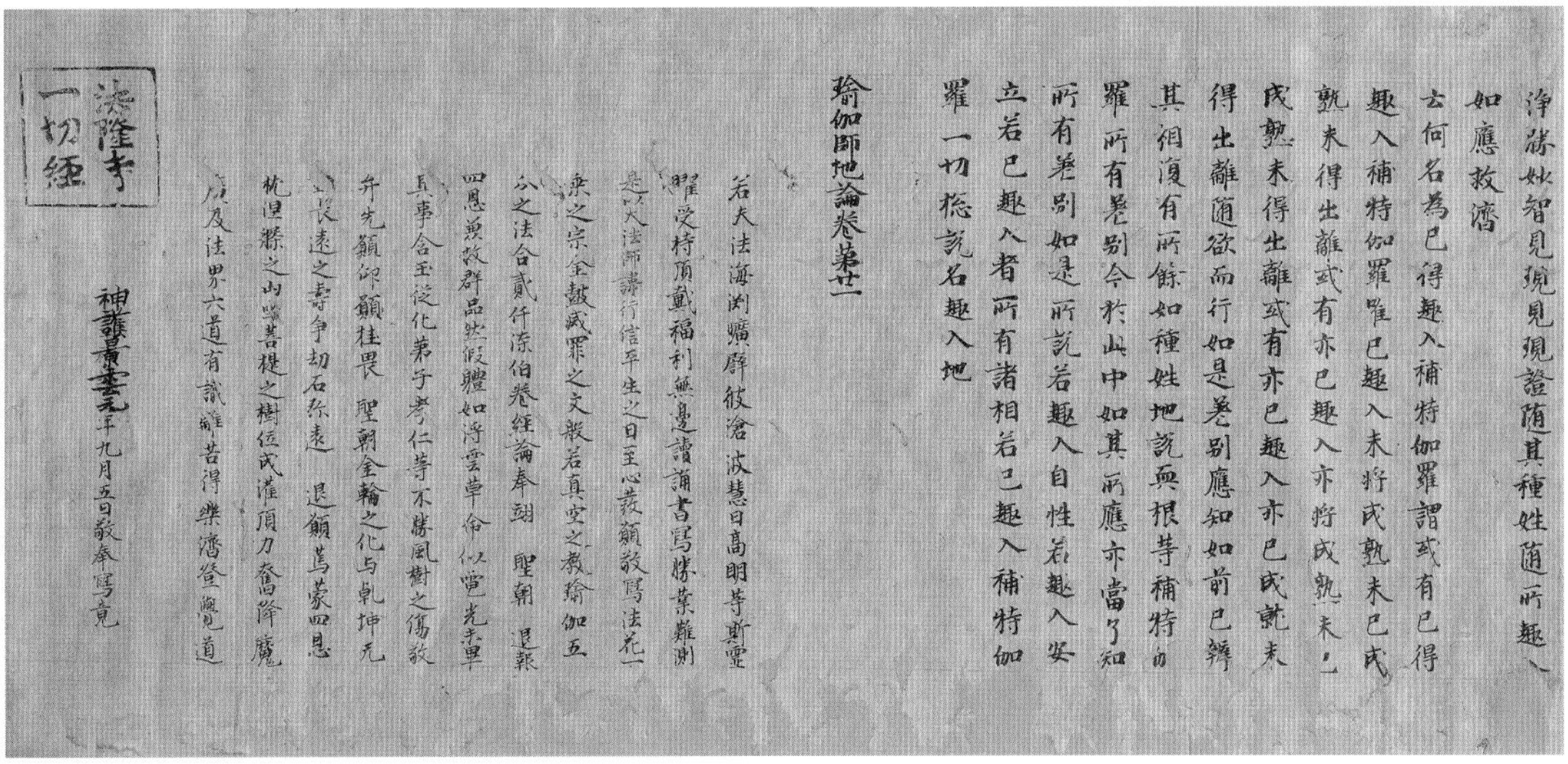

瑜伽師地論 巻第八　重要文化財

紙本墨書　縦二六・一　横九六二・五（全長）
神護景雲元年（七六七）
所蔵・写真提供：京都国立博物館

元興寺僧行信が発願した写経、いわゆる行信願経の一つである。跋文によれば、法華経、金光明経、般若経、瑜伽師地論など二七〇〇巻の写経を行信が発願したが、志半ばで寂したので、弟子孝仁らが行信の志を継いで完成させたことが知られる。現在、『大般若波羅蜜多経』『妙法蓮華経』『瑜伽師地論』が法隆寺などに残る。本経をはじめ、行信願経には「法隆寺一切経」印が押されており、本来は、行信が東院を復興したとされる法隆寺に収められていた一切経であったことが知られる。

（三宅）

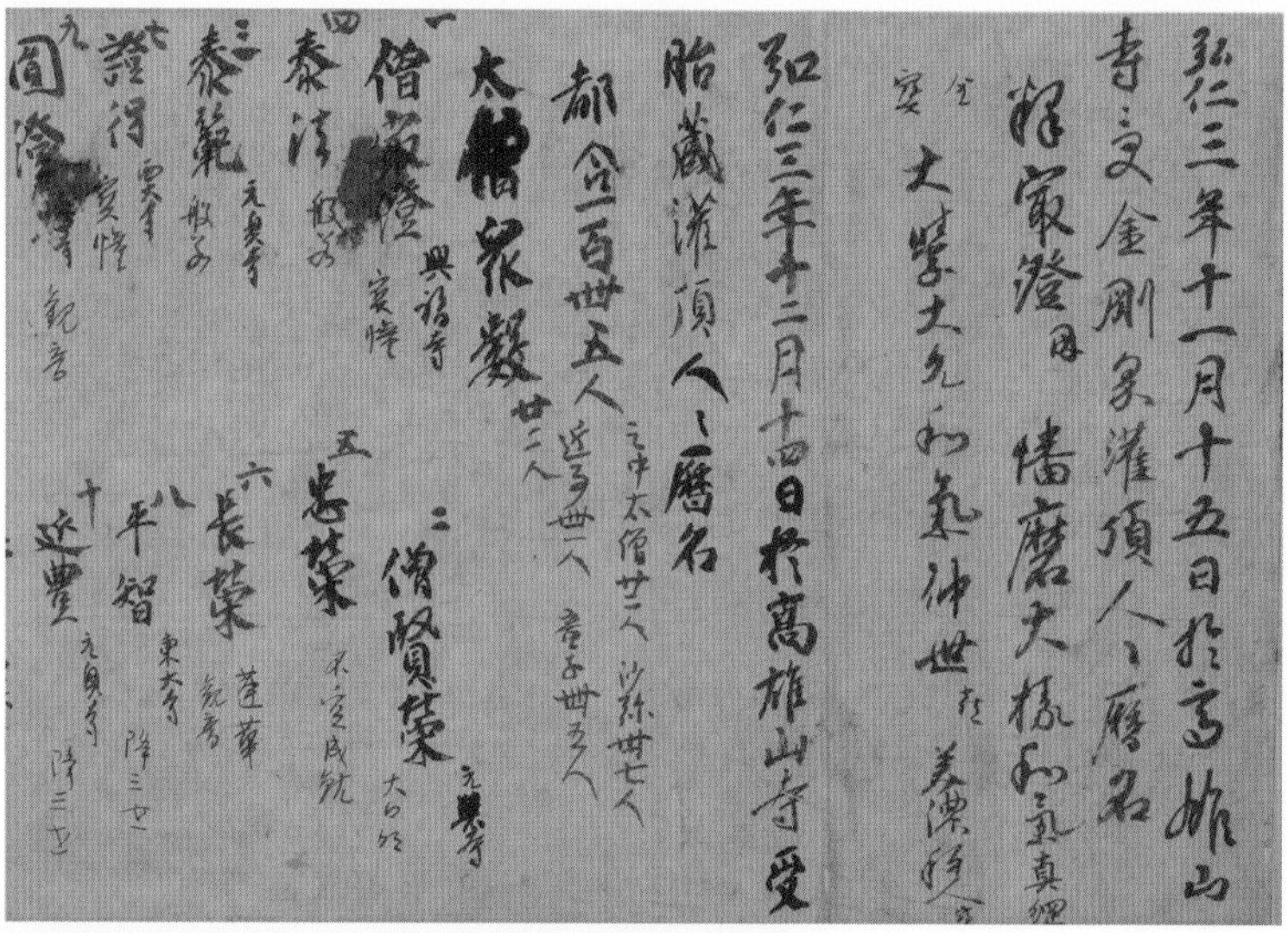

弘仁三年十一月十五日於高雄山寺受金剛界灌頂人々暦名

弘仁三年十二月十四日於高雄山寺受胎蔵灌頂人々暦名

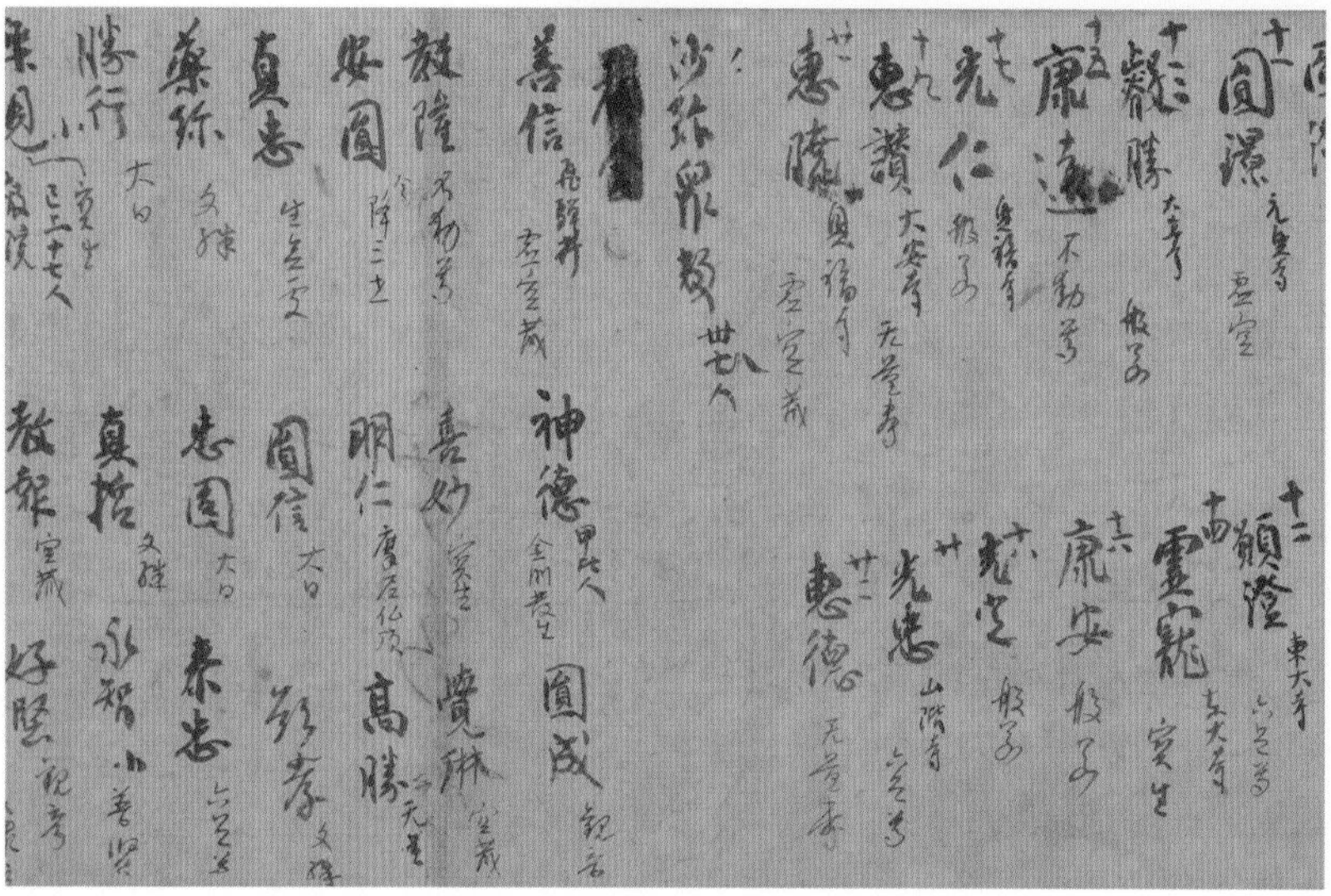

灌頂暦名　国宝

紙本墨書　縦二八・八　横五五・七（第二紙）
弘仁三年（八一二）　所蔵・写真提供：神護寺

能書として知られた空海の自筆で、弘仁三年（八一二）から翌年春にかけて、高雄山寺（神護寺）で空海が両部灌頂を授けた僧侶ら一九〇余名の名を記したものである。当時まだ空海と交流のあった最澄の名も冒頭に挙げられる。大安寺・興福寺・東大寺など南都の僧侶も多数加わっているなかに、元興寺僧としては、賢栄・泰範・円璟・延豊らの名が見える。最澄の弟子であった泰範は、この灌頂の後空海の弟子となって最澄のもとを離れることになり、空海と最澄とが決別するきっかけとなったといわれる。

（服部）

地蔵菩薩立像　滋賀県指定文化財

木造彫眼漆箔　像高一七八・二　平安時代
大嶋神社・奥津嶋神社
写真提供：滋賀県教育委員会

内部にうろ（空洞）を含む霊木と思しき材を用いて、僧形神像として造立されたと考えられる。

量塊的な体躯の肉取りや丸みを帯びた捻塑《ねんそ》的な衣文線などは華厳宗元興寺薬師如来立像や神護寺薬師如来立像などとの共通性が見てとれる。その背景として、奥津嶋神宮寺を建立した元興寺僧賢和の存在を推定する指摘がある。制作は九世紀に遡ると考えられる。（植村）

5 元興寺のみほとけとその影響

本様とされた元興寺の宝物

本書において多岐にわたる視点で語られる元興寺は、日本仏教史のみならず日本美術史を語るうえでも大きな影響力を持った寺院であることは疑いない。たとえば、3－2でとりあげる元興寺僧智光が極楽浄土で阿弥陀仏にまみえ、そのありさまを図示化した智光曼荼羅図は、幾度も描き継がれ今に伝わり、南都における浄土信仰の一翼を担ってきた。

また、春日大社が所蔵する散手面《さんじゅめん》（寿永《じゅえい》三年〈一一八四〉）には、興福寺での活動が知られる仏師定慶《じょうけい》が元興寺のものを模して制作したことを示す陰刻銘がある。東大寺・興福寺が治承《じしょう》四年（一一八〇）の南都焼討によって主要伽藍をはじめ、什宝物の多くを失ったなか、罹災を免れた元興寺には、日本仏教美術の古典たる奈良時代から平安時代初期の什宝物が数多く伝来した点でも重要な寺院であった。

ここでは、元興寺のひと・ものがもととなり流布した、いわば「元興寺モデル」についてみていきたい。

「玄朝様」不動の流布

元興寺の「ひと」によって広まりをみせたものに、元興寺僧玄朝《げんちょう》（源朝、玄超とも）による、いわゆる「玄朝様」図像がある。

玄朝は十世紀後半頃に活躍した画僧で、『東大寺要録』に永延《えいえん》元年（九八七）東大寺大仏殿の大曼荼羅を「元興寺玄朝」が修補した、とあるのが史料上の初見となる。玄朝の手になる確実な作例は残らないが、書写された粉本《ふんぽん》や記録がいくつか知られている。たとえば、醍醐寺蔵の

「以元興寺本模之　仏師定慶」

舞楽面（散手）　定慶作　寿永3年（1184）　（同 裏面）

所蔵・写真提供（左）：春日大社

不動明王二童子像（青不動）　平安時代
所蔵・写真提供：青蓮院門跡

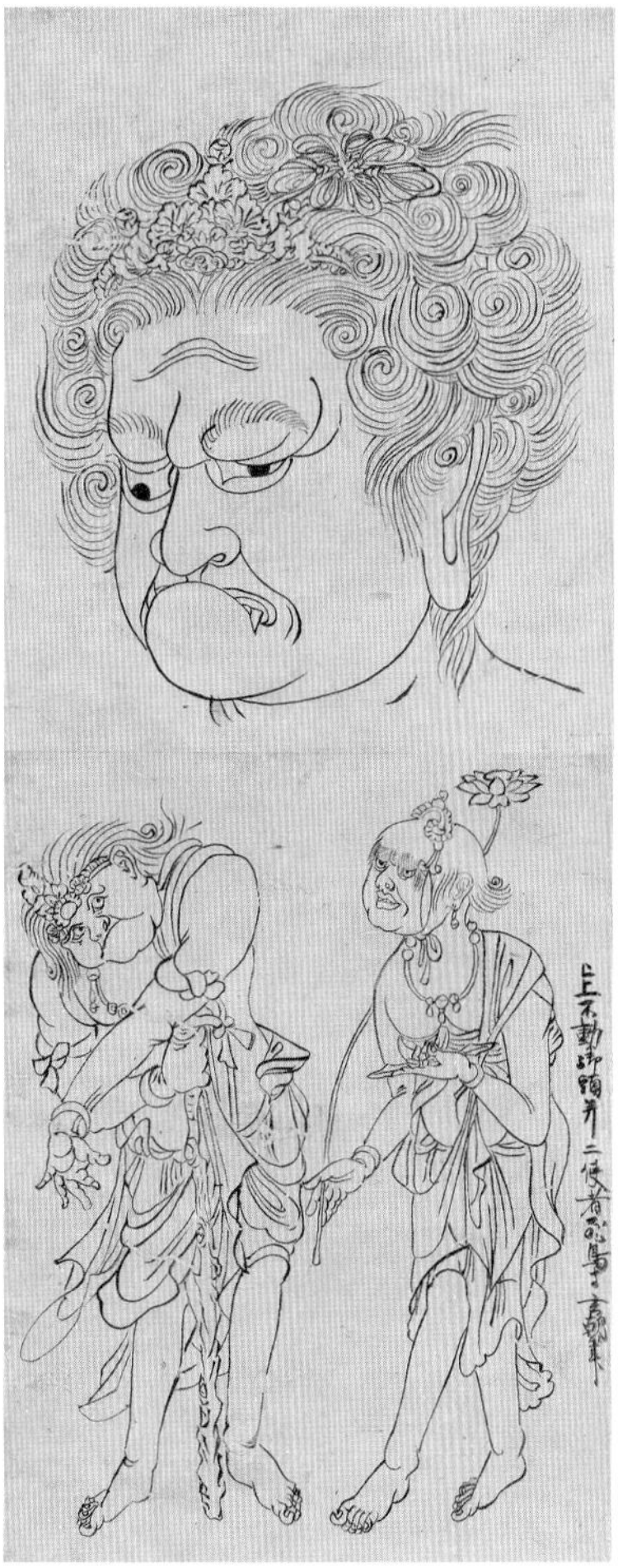

不動御頭并二使者像
（「不動明王図像」のうち）
鎌倉時代　所蔵・写真提供：醍醐寺

白描《はくびょう》図像集「不動明王図像」（鎌倉時代）のうち第九図「不動御頭并二使者像」は、「飛鳥寺玄朝筆」と傍書きがあり玄朝が描いたものの写しとわかる。同図は、九世紀後半頃に天台宗の五大院安然《あんねん》が不動明王を観想するためにその特徴を十九項とりあげた、いわゆる「不動十九観」を造形化したもので、醜悪なすがたに説かれる不動明王を高い芸術性をそなえてあらわしている。そして、この玄朝の不動明王図像を用いて制作された代表的なものとして、青蓮院《しょうれんいん》蔵「不動明王二童子像（青不動）」（平安時代）がある。制作年代についてはなお議論があるが、醍醐寺本と青不動の近似性は疑うべくもなく、その作者を玄朝その人とする説があることも首肯される。玄朝様不動明王像として最古のものとなる。

また、『七大寺日記』には、元興寺金堂の本尊弥勒仏像の後ろの厨子に「源朝絵様」による三尺程度の半肉彫りの十二神将像があったことが記される。この十二神将像は、現在興福寺に伝来する板彫十二神将像（十一世紀中頃）にあたる可能性が早くから指摘されてきた。迷企羅《めきら》像をはじめ、一瞬の動勢を捉え、浮彫りながら立体感に富む構図がとくに眼を惹き、摩虎羅《まこら》像のように滑稽さをあらわす表情や姿態ながらも、卑俗に陥らない巧みな造形力がうかがわ

興福寺曼荼羅（南大門・中門部分）赤外線撮影写真　鎌倉時代
所蔵・写真提供：京都国立博物館

れ、作者の並々ならぬ技量をみることができる。板彫十二神将像から受ける滑稽感は、先述の「不動御頭并二使者像」や青不動の二童子像にも通じる特徴といえるだろう。さらにいえば、長保三年（一〇〇一）の総持寺《そうじじ》蔵王権現《ざおうごんげん》鏡像《きょうぞう》の蔵王権現および三一軀の眷属《けんぞく》にも通じ、玄朝様の影響力をうかがうことができる。

玄朝様不動の流布は絵像のみならず十九観をあらわす彫像に与えた影響も大である。真言律宗元興寺所蔵の不動明王像（平安時代後期から鎌倉時代初期）もそうした十九観不動のひとつに数えられ、元興寺における玄朝の余風を偲ばせる。

中門二天八夜叉像の模刻

いっぽう、元興寺において早くから信仰を集めていたのが、中門観音《ちゅうもんかんのん》と称された十一面観音像と、中門の二天像および眷属の八夜叉像である。いずれも現存しないが、これらの御像は、平安時代にはすでに霊験像として広く知られていたようで、二天八夜叉像はその霊験にあやかろうと模刻されるに至る。元興寺のみほとけのなかでも特に著名であった。

二天八夜叉像の史料上の初見は、九世紀中頃に元興寺僧義昭《ぎしょう》が撰述したという『日本感霊《かんれい》録《ろく》』があげられる。同書では四天王とその眷属の夜叉によるさまざまな霊験譚を伝え、すでに霊験仏としての認知性がうかがわれる。同書では中門四天王とされるが、ほかの史料ではすべて二天（持国天・増長天）であり、もともと二天像であったと考えられる。

また、嘉承《かしょう》元年（一一〇六）の『七大寺日記』や保延《ほうえん》六年（一一四〇）の『七大寺巡礼私記』（以下、『私記』）から、当時の状況をうかがうことができる。中門二天八夜叉像については「言語道断」や「不可思議」などとその印象を記し、夜叉のうち一軀は、「左手に蛇を取り、右手は緩く拳を作り、開口して右に引」く、と具体的にそのすがたについて書き記す点はやはりとくに眼を引く特徴的なものであったのだろう。

　ほかにも、仏教説話集として著名な『今昔物語集』（十二世紀初め頃）にも、とくに夜叉像に霊験有りと語られ、平安時代後期までに中門二天八夜叉像の霊験性が広く喧伝されていたことがうかがわれる。

　中門夜叉像に霊験性が加えられていく背景として、雷神の子として生まれた道場法師《どうじようほうし》との関連が指摘される。道場法師は、父が命を救った雷神の報恩によって蛇を頭に二遍纏《まと》うすがたで産まれ、その後元興寺の童子となる。そしてもって生まれた強力によって元興寺鐘楼に現れた鬼（ガゴゼ）を退治し、さらに元興寺の田に水を引くのに妨げとなるものを退けて農事を助け、出家して元興寺僧となった、と『日本霊異記』（九世紀前半）に記され、その後『道場法師伝』（九世紀）が編まれるに至る。

　そして、元興寺中門夜叉像のうち一軀が蛇を執ることに注目し、龍や蛇が古来より雷の表象として捉えられることと、元興寺ゆかりの僧で雷神の子とされた道場法師のイメージが重ね合わせされたことによって霊験性の高まりを生んだものとも考えられている。

　また、中門二天八夜叉像が高名であったひとつの証として、鎌倉時代に活躍した仏師運慶《うんけい》（?〜一二二三）が元興寺像を模写し、それをもとに神護寺中門二天八夜叉像を制作し、また東寺中門二天像も子息たちとともに制作したことがあげられる。どちらも真言僧文覚《もんがく》（一一三九〜一二〇三）の依頼に応えたものだが、あえて元興寺像を本様としたのには、まさに霊験像と

天燈鬼・龍燈鬼像　康弁作　建保３年（1215）　興福寺
写真提供：飛鳥園

しての著名さに起因すると考えられ、なおかつ、当時南都に現存した同種の古典的作例として図像的にも重要な存在であったからと考えられよう。

　これら模刻像も現存しないが、そのすがたを推測するに重要な作例として、京都国立博物館蔵「興福寺曼荼羅」の中門に描かれた二天夜叉像、そして興福寺に伝来する天燈鬼《てんとうき》・龍燈鬼《りゅうとうき》像がある。

「興福寺曼荼羅」中門部分には、二天像と六躯の夜叉像が描かれる。八夜叉でないのは二天が踏む邪鬼を含むものと考えられている。西方天の左側に立つ夜叉像に注目すると、左手に執る蛇が体部を廻り、右手は下して拳を握っている。この姿はまさに先述の『私記』にいう元興寺夜叉像に通じる。

　そして、建保《けんぽう》三年（一二一五）に制作された天燈鬼・龍燈鬼像との共通性も見逃せない。龍燈鬼像は体部に龍が廻り、天燈鬼像では右手を握り、左手を握って横下方に突き出しており、元興寺夜叉像をもとに翻意を加えたすがたとみることができる。

　龍燈鬼像の制作を担当したと考えられる康弁《こうべん》は、運慶とともに東寺中門二天像の造仏に加わっており、運慶が模刻した元興寺二天八夜叉像を熟知していたと考えられ、造形的に参考とした可能性は高いと考えられよう。この点については、興福寺の鎌倉復興における造形的指針が「天平復古」であったと考えられることと、元興寺像が恐らく盛唐期の夜叉像を本様とした奈良時代のものであったと考えられることも関係していたとみられている。

　このように元興寺に伝わっていた什宝物は、惜しくも失われたものが多いものの、篤い信仰にともなう認知の高まりや芸術的価値の重要性などによって模刻・模写が重ねられてきた。

（植村）

不動明王立像

木造彫眼古色　像高九四・七
平安時代後期〜鎌倉時代　真言律宗元興寺

巻髪で額に水波相をあらわし、左眼を眇め、右は瞠目。口端の牙は、左を上出、右は下出とするなど、いわゆる不動十九観に則り制作された不動明王像である。体躯の肉付きや動勢は平安時代後期の趣を残すが、著衣の衣文線は明快に刻んでおり、制作は十二世紀中頃から後半頃と考えられる。

（植村）

迷企羅

摩虎羅

板彫十二神将像　国宝

木造彩色　像高（迷企羅大将像）一〇〇・三
平安時代中期　興福寺　写真提供：飛鳥園

『七大寺日記』元興寺金堂条によれば、本尊弥勒仏の後方厨子内に、玄朝の絵様になる三尺半肉彫りの十二神将があったといい、本像がそれにあたるとする説がある。

滑稽的な姿態を示しながら奥行きを感じさせる巧みな表現は下絵の良さに加えて仏師の技量の高さをうかがうことができる。（植村）

第3章 中世寺院への転生

1 中世初頭の再出発

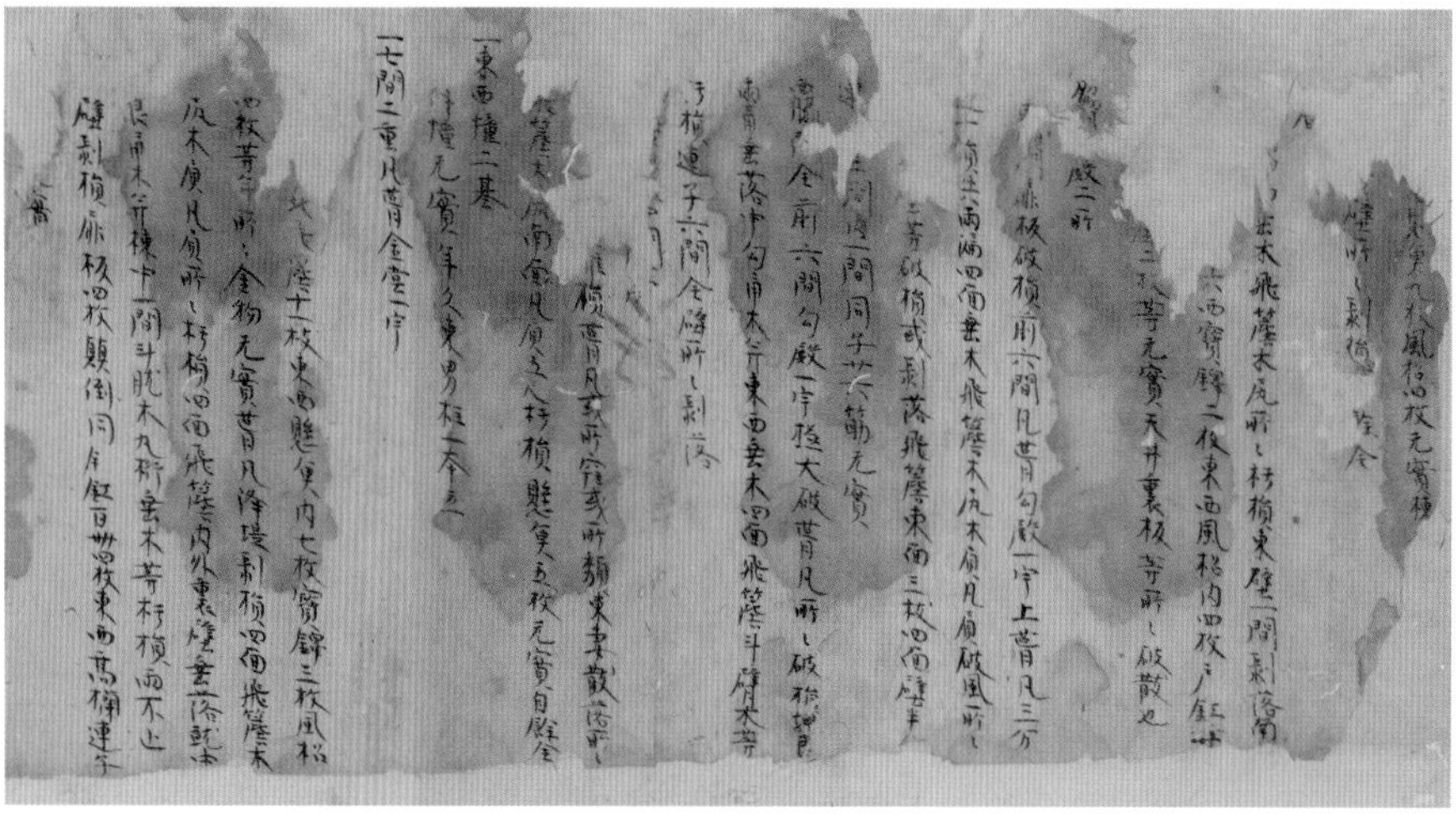

堂舎損色検録帳　長元８年（1035）　東南院文書（正倉院宝物）　写真提供：宮内庁正倉院事務所

荒廃する伽藍

平安時代半ばの長元《ちょうげん》八年（一〇三五）、元興寺の堂舎の破損状況が調べられて報告された（「堂舎損色検録帳《どうしゃそんしきけんろくちょう》」）。これによれば、金堂、講堂、食堂、塔などの主要なものを含めて、元興寺諸堂はことごとく著しい破損状態にあった。

たとえば、金堂は懸魚《げぎょ》や宝鐸《ほうたく》などの金工の荘厳具が部分的に欠損し、瓦は落ち、肘木《ひじき》や垂木《たるき》なども朽ち、壁も剥がれ、扉も倒れるといった有様であった。塔は前別当智真《ちしん》によって修理が行われたばかりであったが、すでに天井板や壁の破損が進んでいた。さらに、寺僧らの寺内生活に不可欠の「大衆院《だいしゅいん》」や僧房の多くは、「無実」という状況になっていた。

この頃には、寺院の経済基盤であった封戸《ふこ》や寺領が衰退しており、堂舎の維持や修理もままならない状態になっていたようである。このことは、前章でみた初期の元興寺別当を勤めた明《みょう》詮《せん》の頃には、延祥《えんしょう》が別当のときから国家的給付である封戸からの租税が貢納されなくなり、僧《そう》供《ぐ》が絶えはじめていたことがすでに問題化していた（『日本高僧伝要文抄《ようもんしょう》』）。

延祥から別当を引き継いだ明詮は、「自分の代に僧供が絶えたのはわずかに一月だけだった」と別当としての経営努力を強調する一方で、「諸檀越の力」によって玉華院という私院を建立して、弥勒菩薩《みろくぼさつ》像を安置し、貞観三年（八六一）に朝廷や公卿の支援も得て弥勒初会の大会《だいえ》を修した。東大寺や興福寺では、封戸に代わる経済基盤が有力な院家《いんげ》を梃子《てこ》に整えられていったように、明詮による玉華院の建立は、元興寺にもその萌芽があったことを示している（横内　二〇一〇）。

しかしその後、玉華院を含めて元興寺には有力な院家は育たず、平安時代中期には別当は寺内の僧ではなく東大寺や興福寺僧に占められた。塔と西大門を修覆した興福寺智真や、元興寺修造の功があったという興福寺永算（『僧綱《そうごう》補任《ぶにん》』）、同じく東大寺寛信《かんしん》（『中右記』）など、寺外出身の有勢の別当によって修理が重ねられているという状況になっていたのである。十一世紀には、修理料を捻出するために、名物の琵琶「元興寺」が元興寺別当によって後朱雀《ごすざく》天皇に売られている（『江談抄』）。

三論宗の解体

教学面で元興寺を特徴づけた三論宗《さんろんしゅう》は、平安時代初期には法相宗《ほっそうしゅう》に圧倒されていたが（2―4参照）、大安寺の勤操《ごんぞう》、安澄《あんちょう》、西大寺の玄《げん》叡《えい》、実敏《じつびん》ら学僧が出て復活の様相を呈していた。元興寺三論宗からも薬宝、願暁《がんぎょう》、そして前章でもふれた円宗や道昌《どうしょう》らが現れた。醍醐寺を開き、小野流や修験道当山派《しゅげんどうとうざんは》の祖となったことで知られる真言僧・聖宝《しょうぼう》は、元興寺で願暁・円宗から三論を学んだ。延喜五年（九〇五）には東大寺東南院の院主となり、真言・三論兼学の拠点とした。

理源大師聖宝像　慶長18年（1613）十輪院

元興寺三論供家は、奈良時代以来の近江国愛智荘を維持させていたが、康平二年（一〇五九）には田堵《たと》らが地子《じし》を納めず、現地代官の愛智庄司がその非法を訴える事態も起きている（東南院文書）。従来、愛智荘の経営は三論供家によって担われてきたが、このとき庄司らは元興寺政所《まんどころ》の裁許《さいきょ》を求めた。このことは荘園経営の主体が三論供家ではなく元興寺政所に移っていたことを示しており、三論供家の解体が実質的に進行していたとみられる（佐藤　二〇〇六）。

延久三年（一〇七一）、三論宗の僧侶の中から器量の者が選ばれていた「三論長者」を、今後は東南院主が勤めるべきことが命じられた（『続東大寺要録』）。この命令は、元興寺三論供家の供別当を東南院に移し、東南院主に東大寺三論供別当と元興寺三論供別当を兼任させ（「三論長者」）、しかも両方の供別当を東南院主に固定することを意味した（佐藤　二〇〇六）。これをもって元興寺三論供家の実態は東南院に移され、元興寺の三論宗は事実上解体消滅することとなった。南都仏教の枢要部分は興福寺と東大寺に集約され、飛鳥時代の法興寺からずっと元興寺が果たしてきた主導的立場は失われていったのである。

巡礼記にみる元興寺

これまで述べてきたところによれば、元興寺は平安時代を通じて退潮傾向にあったようにみえる。こうした過程を経た平安時代後期、すなわち中世初頭の元興寺のすがたはどのようなものだったのだろうか。

平安時代後期の元興寺の様相は、大江親通《おおえのちかみち》が南都七大寺を巡礼した際の記録『七大寺日記』『七大寺巡礼私記』に詳しい。前者は嘉承元年（一一〇六）、後者は保延六年（一一四〇）の記録である。

まず南大門には、「日本第一の作様」と形容される金剛力士像があった。二躯のうち左方は転倒していたが、保延六年には木で改造修理されていた。門に掲げられた「元興之寺」の篇額は、奈良時代から平安時代初頭にかけて活躍した能書・朝野魚養《あさののなかい》の筆によるものだという。中門には観音と二天・八夜叉の像（2―5参照）

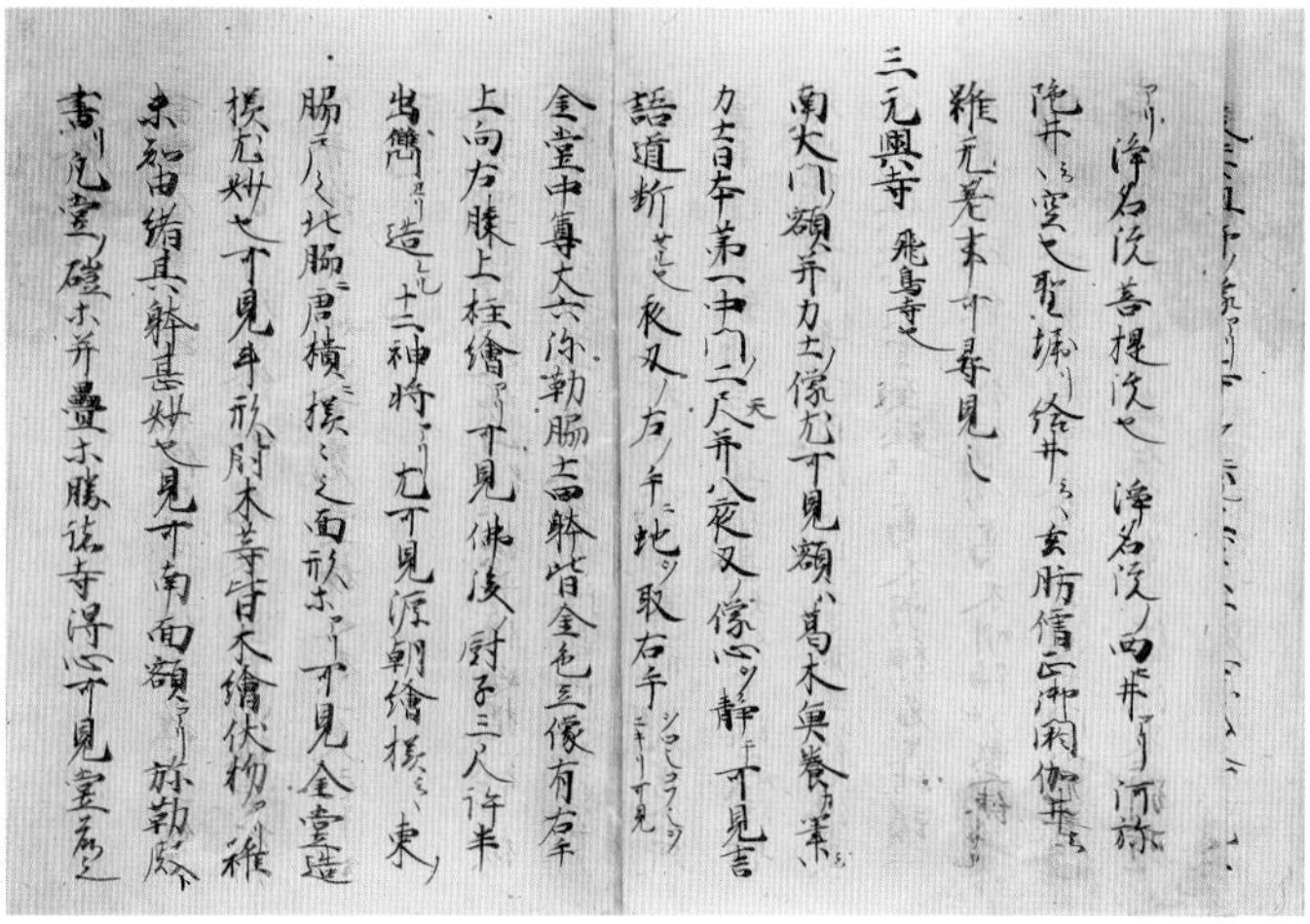

『七大寺日記』　建長７年（1255）
所蔵・写真提供：奈良国立博物館（撮影 佐々木香輔）

朝野魚養の墳墓と伝えられる魚養塚　十輪院

が安置されていた。ここには中門衆と呼ばれる行人六〇余口が置かれていた。

金堂は南向き、五間四面の瓦葺《かわらぶき》の建物であった。「弥勒殿」と書かれた扁額が掛けられ、本尊として丈六弥勒仏、脇侍《わきじ》に二躯の千手観音像と無著《むじゃく》・世親《せしん》の像が安置されていた。周囲には四天王像・鬼形・柱絵などが配され、本尊の背後の厨子《ずし》内には浮彫十二神将像（2－5参照）が納められていたという。金堂の北には講堂があり、丈六薬師如来坐像と八尺ばかりの脇侍二躯、等身の十二神将像が祀られていた。その北には食堂があり、ここに安置された仏像と厨子絵もすばらしかったという。この食堂は一一間あったが、棟木は一本の材で一一間にわたっていた。金堂の南東には五重塔があり、四方に浄土の様子が描かれ、柱絵も神妙であった。塔心《とうしん》礎《そ》には蘇我馬子《そがのうまこ》が感得した仏舎利《ぶつしゃり》が、種々の宝物とともに埋納されたという。鐘楼《しょうろう》は、「造り様諸寺に勝り、日本第一の鐘楼の造り様なり」と形容されるほど立派なものであった。

金堂の南西には吉祥堂《きっしょうどう》という仏堂もあった。「この堂また小塔院と名づく」とある通り、奈良時代に五重大塔（東塔院）と対の関係で創建された西小塔院の後身である。五間四面（『七大寺日記』では三間四面）の堂で、正了知大将《しょうりょうちたいしょう》の曼荼羅《まんだら》や毘沙門天、吉祥天が描かれた五枚の障子絵があり、東の隅には金色の仏像が安置されていた。南東隅には護命《ごみょう》僧正の等身坐像、北東隅には護命の輿もあった。この堂の由来として、光明皇后の御願によって八万四千の小塔が安置されたという伝を記す。

中世初期の新動向

通常の寺院の伽藍を構成するこれらの主要堂《どう》宇《う》に加えて、両書には極楽房《ごくらくぼう》の存在があげられている。

『七大寺日記』によれば、極楽房は、智光《ちこう》・頼光《らいこう》の往生した僧房のことで、五重塔から北へ一町ほど行ったところにあり、東西に横長く連なった僧房の中心にある馬道の東の第一房である。内部には、智光曼荼羅が安置されているという。

極楽房の成立過程については次節以降で詳説するが、平安時代後期になって、智光が感得した浄土変相図《じょうどへんそうず》「智光曼荼羅」がふたたび注目されはじめ、智光曼荼羅を安置していた元興寺僧房が浄土信仰の霊場として元興寺のなかでも独自の信仰を集めるようになる。『七大寺日記』は、「極楽房」の初見史料であり、古代僧房から智光曼荼羅の霊場となり、後の中世極楽坊へと発展していく過程の端緒の状況を伝えている。

これまで見てきた巡礼記の記述からは、この極楽房以外にも、次代につながる諸堂の新しい動向が読み取れる。中門観音などの霊仏を祀る中門や、奈良時代以来の吉祥天、かつての元興寺の高僧護命の御影を祀る吉祥堂などでは独自の由緒や霊験が語られ、極楽房と同様に元興寺内でも独特の信仰を集めていたことがうかがえるのである。とりわけ、中門に置かれていたという行人らの中門衆は、後に観音堂衆として元興寺内の一大集団となる。「大衆院」の無実化や三論供家の消滅解体など、古代以来の寺内組織が衰退する一方で、中世寺院としての新しい構成要素が芽生えていたといえよう。実際に極楽房・中門・吉祥堂は、元興寺の寺家本体とは対照的にそれぞれ中世を通じて発展していくことになるのである（4節参照）。

鎌倉時代の伽藍再興

元興寺の寺家本体も衰えたとはいえ、巡礼記に記されたように、金堂・講堂・食堂・五重塔・鐘楼などの伽藍の中核となる堂宇はなお維持されていた。東大寺や興福寺などの出身寺院を背景とする別当の力量に加えて、十一世紀に興福寺僧らによって元興寺別院として創建された禅定院《ぜんじょういん》（4節参照）を介して興福寺勢力の影

現在の馬道　真言律宗元興寺

解脱上人（貞慶）像　室町時代　唐招提寺
写真提供：奈良国立博物館（撮影 佐々木香輔）

響力が強化されていたことも無関係ではないだろう。

治承・寿永の乱のさなかの治承四年（一一八〇）の平重衡《たいらのしげひら》による南都焼き討ちでは、元興寺の本堂以下の堂舎や僧房などは焼け残ったが（『玉葉《ぎょくよう》』）、かつて明詮が創建した玉華院だけは焼亡してしまった。本尊の弥勒仏は火炎のなかわずかに残ったため、その弥勒仏を納めるための小堂の建立が企てられ、南都仏教の復興を進めていた貞慶《じょうけい》によって勧進状《かんじんじょう》が作成された（『弥勒如来感応抄』）。続いて建仁元年（一二〇一）には信長という僧が玉華院で毎日弥勒講を勧めることを発起し、勧進を行った。貞慶はそのための『弥勒講式』も草している（『弥勒如来感応抄』）。

時代は下るが、正嘉元年（一二五七）、東大寺戒壇院《かいだんいん》の円照は元興寺僧坊を造るために道俗に勧進を行い、ほどなく大小の僧房を造る功を成し遂げた（『円照上人行状』）。また荘園を談義料として寄進し、長日の唯識《ゆいしき》談義を始めさせ、観聖房唯心をはじめとする元興寺法相宗の僧侶もこれを勧めた。建治三年（一二七六）、円照は死に臨んで智光の行った極楽浄土を欣求したという（『本朝高僧伝』）。

貞慶から円照にいたる戒律復興運動のなかで、興福寺勢力の強い影響下、法相宗寺院としての元興寺の復興、中世元興寺への転回が進められたのである。

円照上人像　鎌倉時代　東大寺
写真提供：奈良国立博物館（撮影 森村欣司）

そしてこうした流れの延長線上に、律僧らの関与も顕著となっていく。西大寺二世長老の信空は一二九〇年頃に大乗院慈信のもとで南市（奈良市紀寺町）を市立てし、元興寺修理料を得るために南市に湯屋《ゆや》（銭湯）を建てたことが指摘されている（安田　一九九一）。後に律院となる極楽房や小塔院のみならず、鎌倉後期には律僧らの関与は寺家全体に及んでいた。（服部）

弥勒如来感応抄 第一　国宝

紙本墨書　縦三一・七、横二五・七　鎌倉時代
所蔵・写真提供：東大寺

東大寺尊勝院《そんしょういん》の学匠宗性《そうしょう》が、貞慶《じょうけい》の「弥勒如来感応」に関わる要文をまとめたもの。巻一に元興寺玉華院に関わって文治二年（一一八六）「弥勒堂再建勧進状」と建仁元年（一二〇一）「弥勒講式」が収録されている。平安時代前期に元興寺別当明詮によって開かれた玉華院は、治承四年（一一八〇）の南都焼き討ちで類焼した。前者はその復興にかかるもので、煙炎のなかわずかに残されていた霊像を祀る小堂建立のために十方施主の助成を呼びかけるものである。後者は僧信長が発起した玉華院毎日弥勒講のために貞慶が草した講式で、信長の勧進状とともに収められている。

（服部）

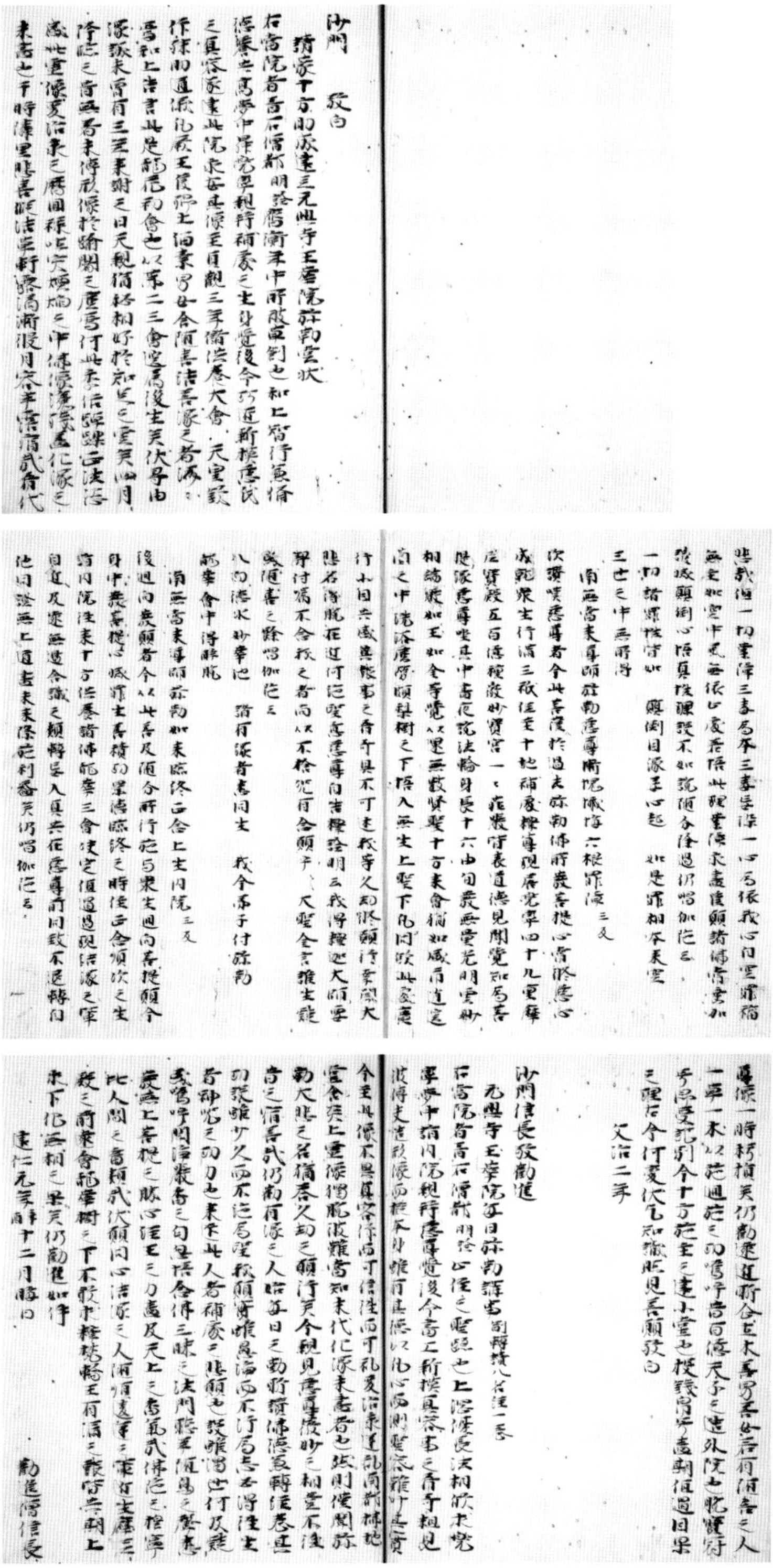

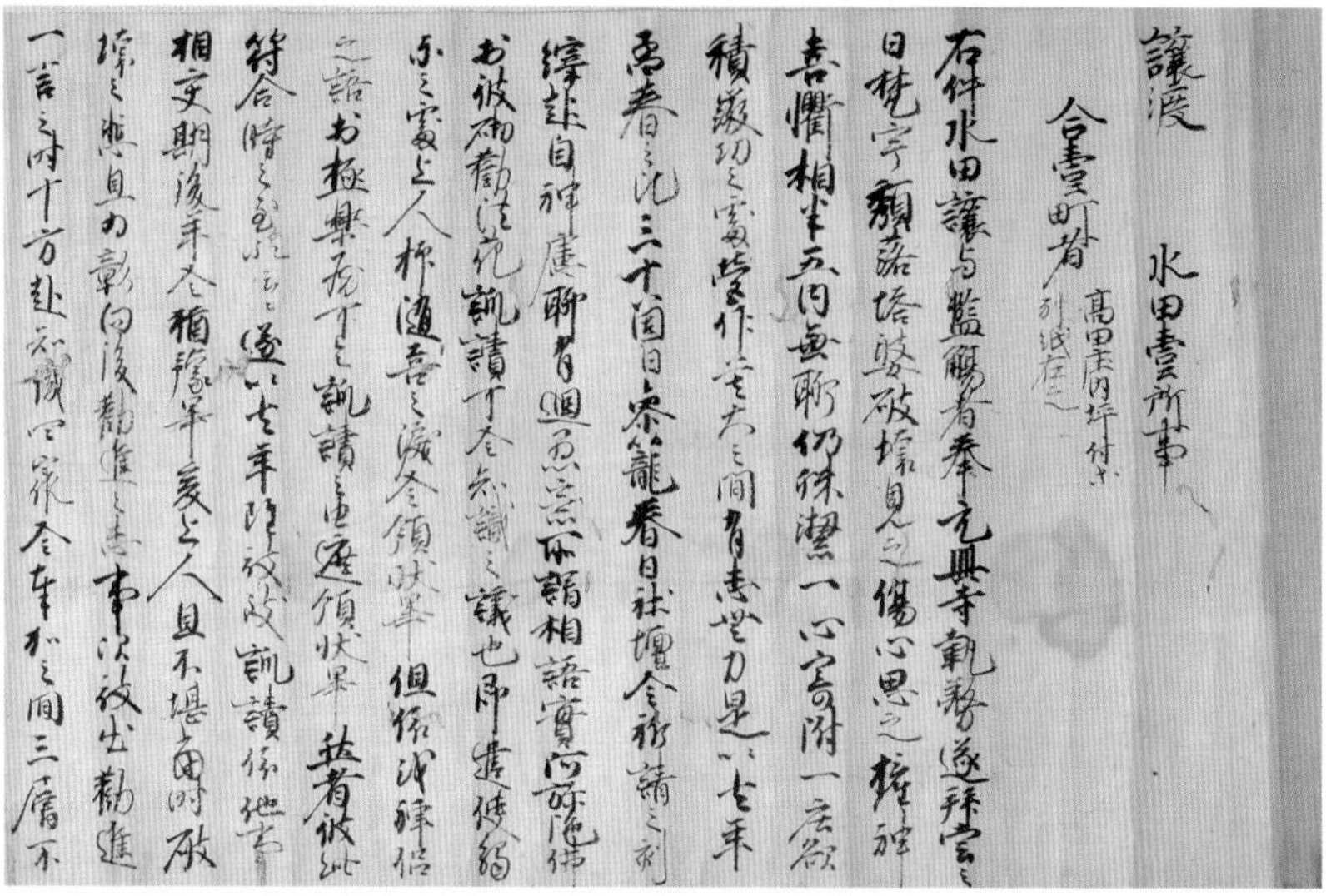

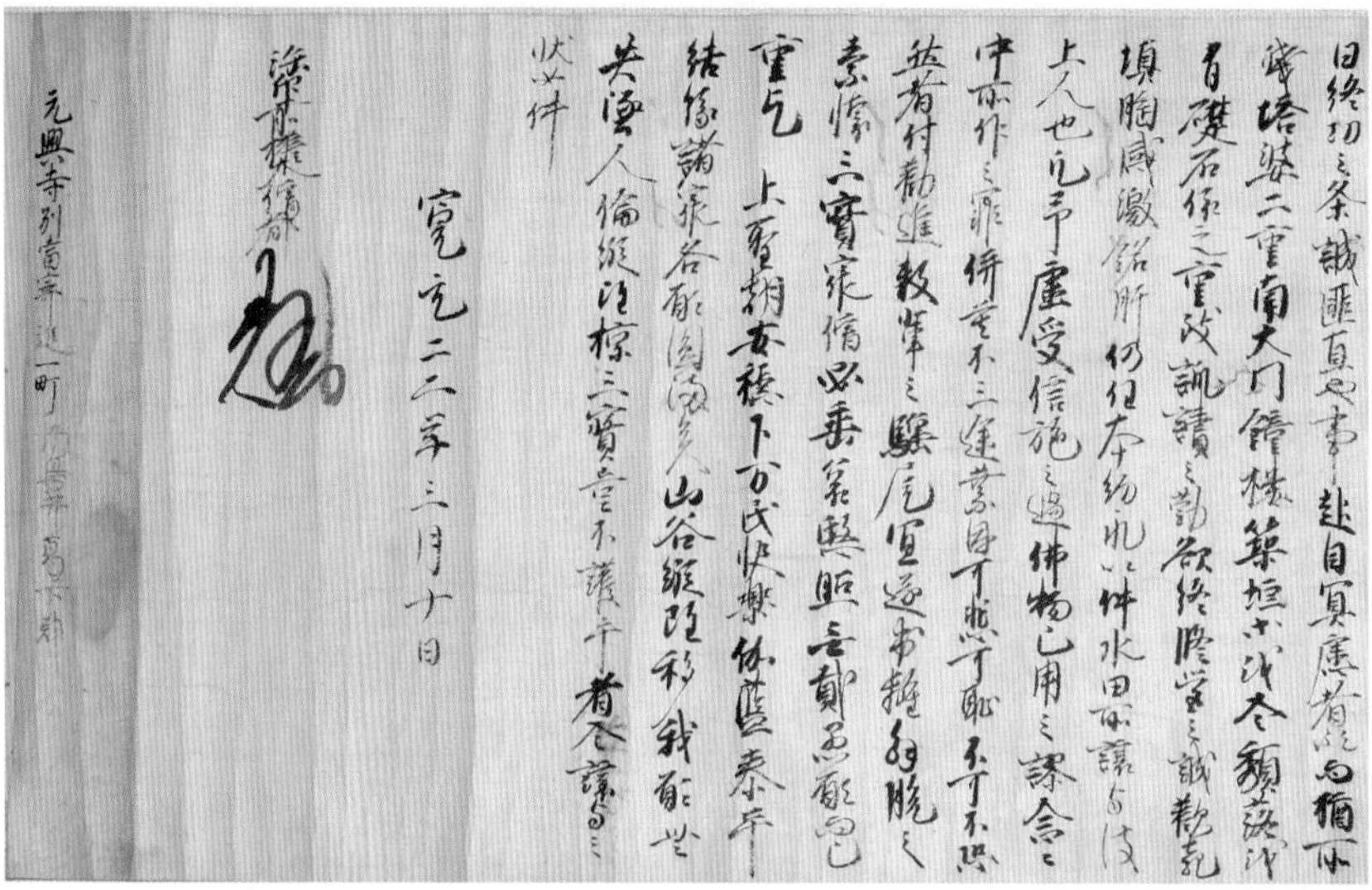

元興寺別当東門院公縁寄進状

重要文化財

紙本墨書　縦三三・六（現状）、横四八・七（第一紙）・四八・九（第二紙）
寛元四年（一二四六）　春日大社

寛元四年（一二四六）元興寺別当東門院公縁による葛下郡高田荘字南鳥井の水田一町の寄進状。別当に任じられて元興寺に拝堂した公縁は、堂宇が崩落し、五重大塔も損壊している状況を目の当たりにし、再興に取りかかった。実阿弥陀仏が本格的に勧進を始めると五重大塔のうち三層の修復を成し遂げたが、法華経訓読を重ねて勤めて、まだ荒廃していた残る二層と南大門・鐘楼・築垣の修造を終わらせるために、実阿弥陀仏に水田を永代寄進する、というものである。

五重大塔は、嘉禄元年（一二二五）に露盤《ろばん》が盗まれ、寛喜四年（一二三二）に五重大塔に落雷のため一時的に火が上がるなど荒廃状況にあった（黒田　一九四三、田中　一九六一）。本文書により実阿弥陀仏のような勧進聖《かんじんひじり》が起用されることでこの時期荒廃していた元興寺復興が進められたことが知られる。また同時期の寛元二年には極楽堂（真言律宗元興寺の現本堂）も成立しており（3－2）、これも一連の再興事業の一環であった可能性がある。

（服部）

2

智光曼荼羅
——智光が観じた極楽浄土——

智光と頼光

真言律宗元興寺（以下、極楽坊とする）には智光《ちこう》曼荼羅と称される極楽浄土変相図が伝来する。これは奈良時代の元興寺僧智光が夢中で感得した極楽浄土をあらわしたとされるもので、南都における浄土信仰の中心となり、永らく信仰を集めた。智光と智光曼荼羅の成立説話については2－4に詳しい。

智光の往生ののち、智光曼荼羅がどのように信仰され伝えられてきたのかは詳らかでないが、嘉承元年（一一〇六）の『七大寺日記』によれば、智光と頼（礼）光が修学していた東端の僧坊に智光曼荼羅が安置されていたようである。

平安時代後期には智光曼荼羅を懸けて法事が行われていたことが『時範記《ときのりき》』に記され、すでに流布が認められる点も注目される。

智光曼荼羅をめぐる説話は、舎利信仰なども付け加えられながら『今昔物語集』や『水《みず》鏡《かがみ》』、『元亨釈書《げんこうしゃくしょ》』ほか、古代から中世にかけて往生譚としてひろく語りつがれていく。

焼失と記録

智光が感得した浄土を描かせたという原本の智光曼荼羅は、惜しくも宝徳三年（一四五一）の土一揆で禅定院において焼失したことが『大乗院寺社雑事記《だいじょういんじしゃぞうじき》』に記されるが、建保五年（一二一七）頃に抄記された図像集である『覚禅鈔《かくぜんしょう》』は智光曼荼羅を写している。簡易な描写となるが、中央の阿弥陀仏は胸前で両手をそろえた印相《いんそう》をあらわし、右足を上にして結跏趺坐《けっかふざ》する点は遺例中唯一の特徴である。智光・頼光と思しき二比丘《びく》のすがたも認められる。二比丘を描きこむのは智光曼荼羅独自のもので、成立説話を落としこみ制作されたことがわかる。同図の裏書によれば、大きさが一尺（約三〇センチメートル）四方で、板地に描かれた「正本」と、「普通本」

『覚禅鈔』阿弥陀法下より智光曼荼羅　鎌倉時代　勧修寺
写真提供：奈良国立博物館（撮影 森村欣司）

と称される阿弥陀仏が合掌する印相を示す別本がすでに存在したことがわかる。覚禅鈔は正本、普通本いずれを写したのか、正本がどのような図容であったのかなどの問題について、なお議論が重ねられている（高間　二〇一四）。

智光曼荼羅の変容と再生

正本が焼失した宝徳三年当時、元興寺にはすでに『覚禅鈔』にいう普通本があり、さらに板絵本と称する大型の同図が存在した。

板絵本は、約二メートル四方の大画面の板地に著色をしたもので、十二世紀中頃から十三世紀初め頃の制作と考えられ、現存最古例に位置づけられる。

さらに、近年重要文化財に指定された国有の智光曼荼羅（『国華』所収本）は、絹本著色の軸装で縦長の構図となり、十四世紀に遡ると考えられる。二比丘があらわされるが、阿弥陀の印相が転法輪印《てんぽうりんいん》を結ぶ点で異なりをみせる。

先述の『時範記』からうかがわれる同図の流行からみれば、浄土信仰の高まりにより、往生譚が付随する智光曼荼羅が人々に求められるなかで、すでに智光曼荼羅の図容や形態に多様性がうまれていたことがわかる。正本が一尺四方程度であったのに対して、大型の板絵本が生まれ、さらに携帯性をもつ軸装のものが生まれるのも、智光曼荼羅の流行と流布にともなう事象と考えられる。

その流行の最中に正本の焼失に至るが、それを嘆き、明応七年（一四九八）に大乗院門跡《もんぜき》尋《じん》尊《そん》の主導によって、南都松南院《しょうなみ》座《ざ》絵師の大輔法《ほっ》橋《きょう》清賢《せいけん》が制作したのがいわゆる厨子入《ずしいり》本である。約五〇センチメートル四方で覚禅鈔本裏書による一尺四方より少し大きいが、正本は智光が僧坊で信仰していたとされることを思えば、図容は別として厨子入本はより正本に近い形態と推定される。

さらに、室町時代後期には、軸装本と称される絹本著色の縦長の構図をとる同図が五幅制作されていたことが知られる。

江戸時代に至ると、極楽院（極楽坊から改称）住持尊覚によって智光曼荼羅による布教と流布が推し進められた。それは、元禄十四年（一七〇一）に版本の智光曼荼羅が制作され、次いで「元興寺極楽坊縁起絵巻」を東大寺道恕に請い新調したことからうかがえる。版本による同図の制作は、その流布が意図されたものであろう。『和州志』「極楽院」項には、元禄十一年の寺史・什宝物について書上げられるが、「第一ノ什物」として大小の智光曼荼羅が挙げられている点からも、同図が極楽院において寺院存続の基盤として位置づけられたことがわかる。

一方、浄土宗の学僧袋中良定《たいちゅうりょうじょう》が、失われた智光曼荼羅が奈良の市井にあると夢告を受け、弟子の善曳が道具屋より見いだしたとされる異相本が新たに現れる。異相本は、画面上中辺に極楽浄土を描き、下辺に娑婆《しゃば》世界における阿弥陀聖衆来迎《しょうじゅらいごう》をあらわす。二比丘のすがたも見受けられないなど、従前の智光曼荼羅とは大きく図容を異にする、まさに「異相」の智光曼荼羅となる。道具屋で見いだされた原本をもとにして第八世良長は享保十六年（一七三一）に同図の版木を制作している。さらに、寛永四年（一六二七）に奈良町で活躍していた絵師竹坊《たけのぼう》藤兵衛《とうべえ》が制作した絹本著色の同図も伝来するなど、袋中による活発な智光曼荼羅の流布がうかがわれる。

智光曼荼羅は、かたちを変えながらも時代を問わず浄土信仰者たちによって絶えず求められ、元興寺の盛衰にかかわらず守り継がれてきたことがわかる。

元興寺の歴史を語るうえできわめて重要なものとして位置づけられるだろう。（植村）

板絵智光曼荼羅　重要文化財

板地著色　縦二一七・〇　横一九五・〇
平安時代後期〜鎌倉時代　真言律宗元興寺

約二メートル四方の大画面の板地に著色をしたもので、永年の薫香《くんこう》をまとい視認が困難だが、赤外線画像によりその図容を比較的明瞭にうかがうことができる。

阿弥陀如来は胸前に両手を揃え、両第一指・五指を合わせる珍しい印相を示す。仏菩薩は豊かな頬の張りに明快で理知的な面貌をあらわし、くびれの強い体軀の表現、細緻に描きこまれた文様も南都的な古式さが見受けられる。制作年代については諸説あるが、十二世紀中頃から十三世紀初め頃と考えられる。

（植村）

厨子入智光曼荼羅　重要文化財

絹本著色　縦五〇・〇　横四九・七
室町時代　真言律宗元興寺

明応七年（一四九八）に大乗院門跡尋尊の主導によって、南都松南院座絵師の大輔法橋清賢が制作したものにあたると考えられる。絹本著色で額装されており、扉に四天王が描かれた小型の厨子内に納められている。

板絵本に比べて菩薩衆の数が減じ、文様などの荘厳についてもやや簡素な描写となるが、やはり二比丘を描き、宝池の露台の形状なども共通するなど同系統の図容となる。（植村）

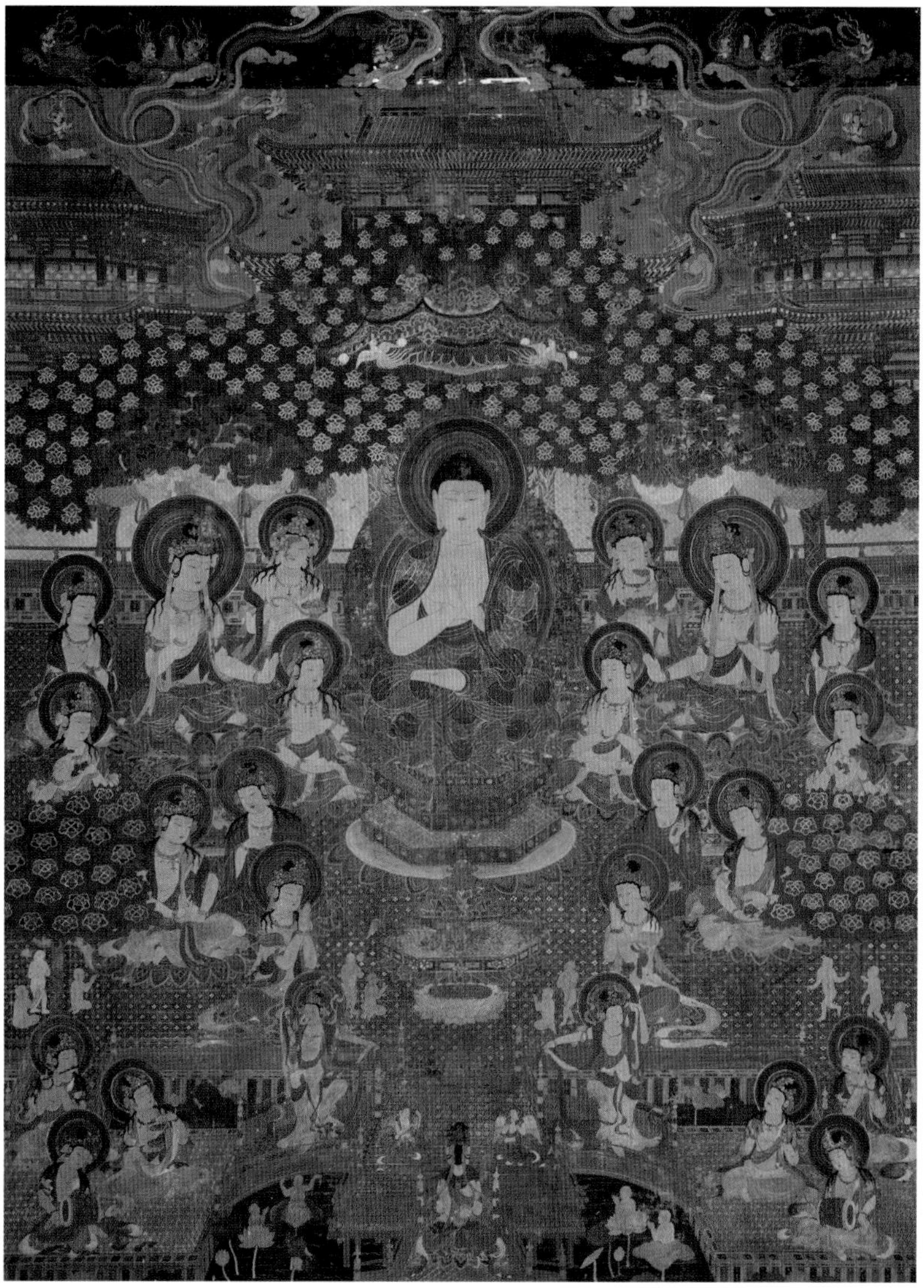

軸装本智光曼荼羅

奈良県指定文化財

絹本著色　縦二〇八・三　横一五七・四
室町時代　真言律宗元興寺

軸装本は、これにさかのぼる極楽坊伝来の智光曼荼羅で特徴的であった特異な印相も本幅では転法輪印となり、露台に架かる橋上に二比丘を描かない。観音・勢至の前方に袈裟を着けた菩薩が加えられる点は特徴的である。極楽堂に安置される木造の智光・礼光像とともにこの軸装本を安置することで立体の智光曼荼羅を構成したとみる指摘がある。土一揆による原本焼失と本堂の復興に関連して室町時代後期頃に制作されたと考えられる。

能満院《のうまんいん》には法量、図容、制作年代ともに近似するものが伝来し、箱書きに「智光曼荼羅　五幅之内　極楽院」と記される。これにより極楽院伝来と知られ、軸装の智光曼荼羅が五幅制作されていたことがわかる。

（植村）

阿弥陀浄土図（伝智光曼荼羅）
奈良県指定文化財
絹本著色　縦二一六・〇　横一五三・〇
室町時代　能満院

尊覚版智光曼荼羅

紙本版著色　縦六一・四　横四八・五　元禄十四年（一七〇一）
真言律宗元興寺

尊覚版本は、極楽院住持尊覚によって開板された版木から摺印《しゅういん》し、本紙に著色したものである。図容の共通性から厨子入本を粉本として制作されたと考えられる。尊覚は開板と同年に「極楽坊縁起絵巻」を東大寺道恕に請い新調しており、智光曼荼羅による布教と流布を推し進めたことがうかがわれる。（植村）

尊覚版智光曼荼羅版木

木製　縦七九・〇　横五一・三　厚四・四　元禄十四年（一七〇一）　阿弥陀寺

元禄十四年（一七〇一）に元興寺極楽院住持尊覚によって開版されたものである。いつしか元興寺より流出した。明治二十七年（一八九四）、当時の阿弥陀寺住職が、夢で道具屋に日本最初の曼荼羅があると僧侶に告げられ購入したと伝わる。元興寺所蔵の摺刷と比較すると、曼荼羅下部中央の尊覚による刊記の左側に、和歌を刻んだ版木が埋め込まれていることがわかる。（三宅）

画面上中辺に極楽浄土を描き、下辺に娑婆世界における阿弥陀聖衆来迎があらわされる。二比丘の姿も見受けられないなど、智光曼荼羅としてはまさに「異相」となる。同図は絵説きを意図した内容が多分に描きこまれている点も留意される。

袋中良定の夢告により、弟子善曳が奈良の道具屋で見いだしたもので、念仏寺に納められたその原本をもとに、住持良長《りょうちょう》が版木を制作し現在檀王法林寺に伝来する。版木の左右には、原本の入手経緯などを記した刊記がある。また檀王法林寺には、袋中が願主の一人に名を連ねる絵師竹坊藤兵衛が寛永四年に制作した絹本著色の同図も伝来している。（植村）

異相智光曼陀羅
絹本著色　縦一一六・八　横五五・七
寛永四年（一六二七）　檀王法林寺

異相智光曼陀羅版木
木製　縦一四一・九　横六一・七　厚五・五
享保十六年（一七三一）　檀王法林寺

3 極楽堂の成立

僧房の変化

　先に長元八年（一〇三五）「堂舎損《どうしやそ》色検録帳《しきけんろくちょう》」をもとに古代の元興寺伽藍を復元したが、1節で見たように、この「堂舎損色検録帳」は、元興寺伽藍の破損状況を報告した文書で、伽藍が相当な荒廃状況を呈していたことが記されている。特に僧房に関しては居住施設として機能しない状況であったようである。現在の真言律宗元興寺の前身となった東室南階大房も南北の垂木や瓦が破損し、壁もところどころ破損、西端の房は雨漏りで経蔵の戸が破損、あちこちで雨漏りがする状況であると記され、他と変わらぬ損壊状況であったことがわかる。

　しかし、それから約七〇年後の嘉祥元年（一一〇六）に元興寺を訪れた大江親通の『七大寺日記』には、智光・頼光両聖人がともに住して往生した場所として「極楽房」の名称がみえ、その場所は僧房の中心に配置された馬道《めどう》の東一房《ひがしいちぼう》であると記されている。すでに述べてき

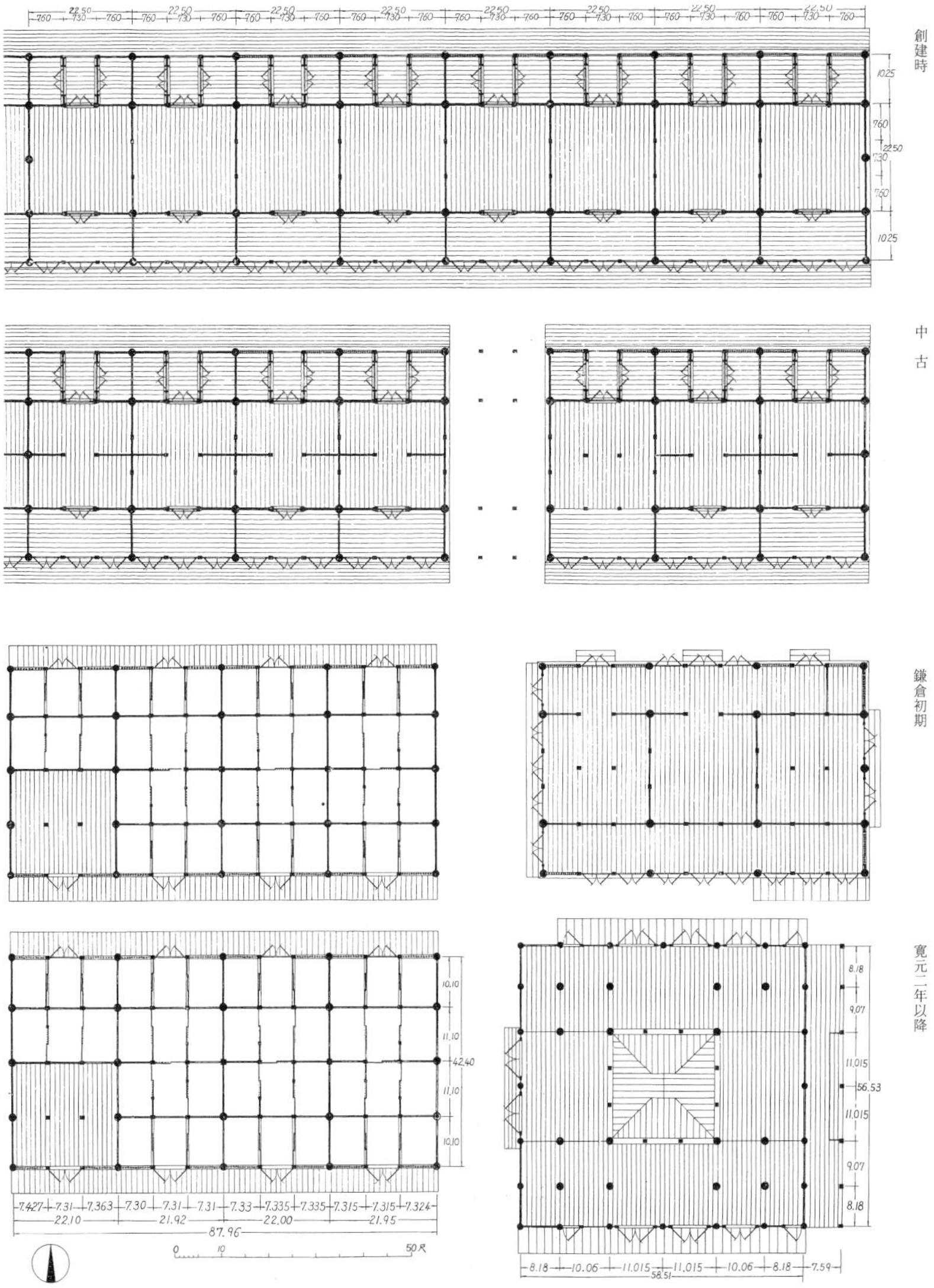

僧房の変化（鈴木　2016より）

たように、ここに智光感得の智光曼荼羅が安置されており、これを「極楽房」としていたことがわかる。南都の戒律復興を担った高僧貞慶の記述を弟子の宗性が編集した『讃仏乗抄』には建久八年（一一九七）極楽房の願文《がんもん》が採録され、その中には「夏中百日講」という記載があり、天台二十五三昧講に淵源を持つ百日間の念仏講が行われていたことが読み取れる。

このように智光曼荼羅を中心に成立した阿弥陀浄土信仰は、遅くとも平安時代後期には念仏講のような信仰組織を造り上げ、以後元興寺の動向に重要な役割を果たすようになる。

戒律復興と僧房

この建久年間をやや降った頃、極楽房周辺は大きな変化を迎える。

現在残る禅室《ぜんしつ》は東室南階大房の構造をよく残すものの、実際にはその建築様式は奈良時代のものと大きく異なり、足固貫《あしがためぬき》、内法貫《うちのりぬき》、頭貫《かしらぬき》を用い、組物には挿肘木《さしひじき》が用いられる。軒は一軒《ひとのき》で垂木先には鼻隠板《はなかくしいた》を打ち、扉は藁座《わらざ》と連子《れんじ》窓《まど》をもつ。こうした建築様式は、それまでの和様建築とは明らかに異なり、東大寺復興から派生した宋風様式である大仏様《だいぶつよう》建築である。おそらく東大寺系の大工により大規模な再建が行われたものと考えられる。

禅室　真言律宗元興寺（撮影 桑原英文）

ではなぜ常駐僧侶が著しく減少するこの時期に僧房を大規模に再建したのであろうか。西谷功氏は南都の戒律《かいりつ》復興に、「学」と「行」の両立を重視する南宋仏教の影響が色濃いことを指摘し、当該期の持戒《じかい》とは戒律についての「学」と、共同生活をして戒律を実践する「行」をともなうものであったことを指摘する（西谷二〇一九）。元興寺僧房の再建は日本における南宋戒律文化の拠点である泉涌寺《せんにゅうじ》の創建に先行すると考えられているが、この時代、南宋仏教に関する情報は大量に流入しており、僧房の再建はこうした戒律に対する思考法の変化を表していると考えられる。多くの泉涌寺系戒律テキストを所蔵し、戒律研究の拠点でもあった東大寺戒壇院《かいだんいん》も早い段階で僧房が再建されるが、戒壇院の僧房は西端一房が、外部のさまざまな僧侶が宿泊する宋風の「旦過《たんが》」となっている。元興寺禅室も同じ位置が影向間《ようごうま》として特別視されていることは注意が必要である。

元興寺はのちに律宗による戒律復興運動の重要な拠点の一つとなるが、その前提として、こうした戒律実践の場が整備されていたことが重要であったと思われる。

極楽坊の成立

さて、上記のように平安時代後期には現本堂の位置が極楽房として独立化していたと考えられるが、寛元二年（一二四四）、さらに大規模な改造が行われ現在の本堂が完成する。真言律宗元興寺には現在この改築にともなう棟札《むなふだ》が遺されているが、この棟札には極楽坊（この段階からそれまでの「房」から「坊」へと変化する）

極楽堂の造営（『元興寺極楽坊縁起絵巻』より）　元禄 14 年（1701）　真言律宗元興寺

本堂内陣　真言律宗元興寺（撮影　桑原英文）

造営に大勧進主と往生講衆《おうじょうこうしゅう》一〇〇人あまりがかかわっていたことがわかる。この一〇〇余人はそれまで元興寺で行われていた百日念仏講の講衆と考えられるが、そのほかに「□結縁衆二百余人」が新たに登場している。これはそれまで元興寺にかかわっていなかった新たな人々と考えられる。折しも本堂内陣柱に刻まれた寄進文に平安時代には「百日念仏」と刻まれていたものが、文永二年（一二六五）のものには「七昼夜念仏」とあり、念仏講の期日が短縮されている。それまで百日間の供養を行わねばならなかったのが、七日に変化していることは、講へ参加する人々の負担軽減につながり、参加者の増大を導いたものと考えられる。極楽坊の造営は、それまでの狭小な僧房から、行道空間を確保して収容人数を増加させる工事であり、「七日念仏」に参加する「□結縁衆二百余人」に代表される新たな人々を取りこんで、発展してゆく大きな画期となったのであった。

こうした「新たな人々」について、具体的に知ることができる資料もある。昭和十八年から行われた本堂の解体修理と、昭和三十六年の防災工事にともなう発掘調査に際して、六五枚の小さな札が見つかっている。これは番衆札とよばれ、七日念仏講に参加した人々の世話人を順番に勤めた人々の札である。ちなみに先にみた

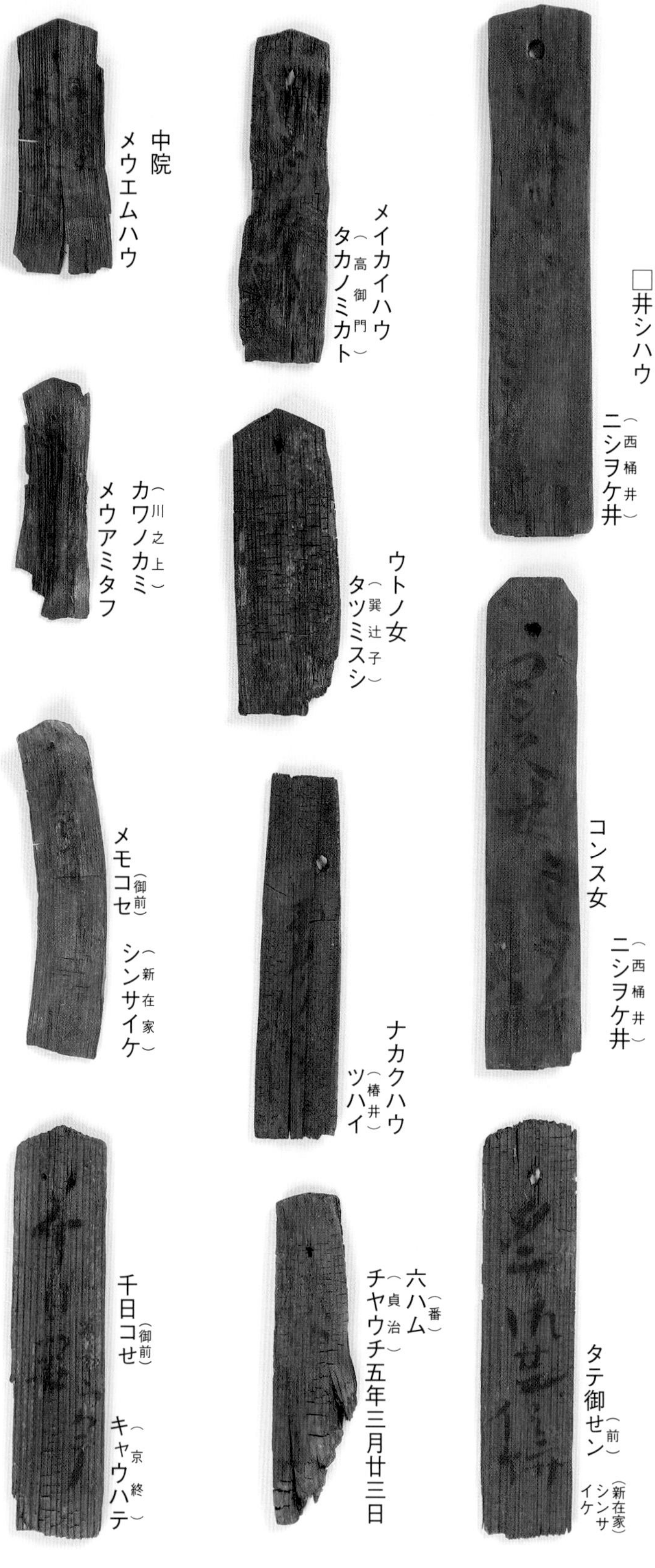

□井シハウ
ニシヲケ井（西桶井）
コンス女
ニシヲケ井（西桶井）
タテ御セン（前）
シンサイケ（新在家）
メイカイハウ
タカノミカト（高御門）
ウトノ女
タツミスシ（巽辻子）
ナカクハウ
ツハイ（椿井）
六ハム（番）
チヤウチ（貞治）五年三月廿三日
中院
メウエムハウ
カワノカミ（川之上）
メウアミタフ
メモコセ（御前）
シンサイケ（新在家）
千日コセ（御前）
キヤウハテ（京終）

番衆札　南北朝時代　真言律宗元興寺

本堂内陣柱の文永二年刻文も七昼夜念仏五番衆への屋地売却文であり、念仏講への参加者増加にともない新たに設置された世話役集団と考えられる。この番衆札は番衆を務めた人の名前と、居住地が書かれてあり、上部には穴があることから、本堂のどこかに懸けてあったと考えられている。判読できるこれらの人々の居住地は、「椿井・無縁堂・高御門・中院・西桶井・辰巳辻子・城戸・北室・川之上・京終・新在家」などいずれも元興寺近辺の郷であり、奈良の都市民が元興寺を支えた人々であったといえるだろう。

（佐藤）

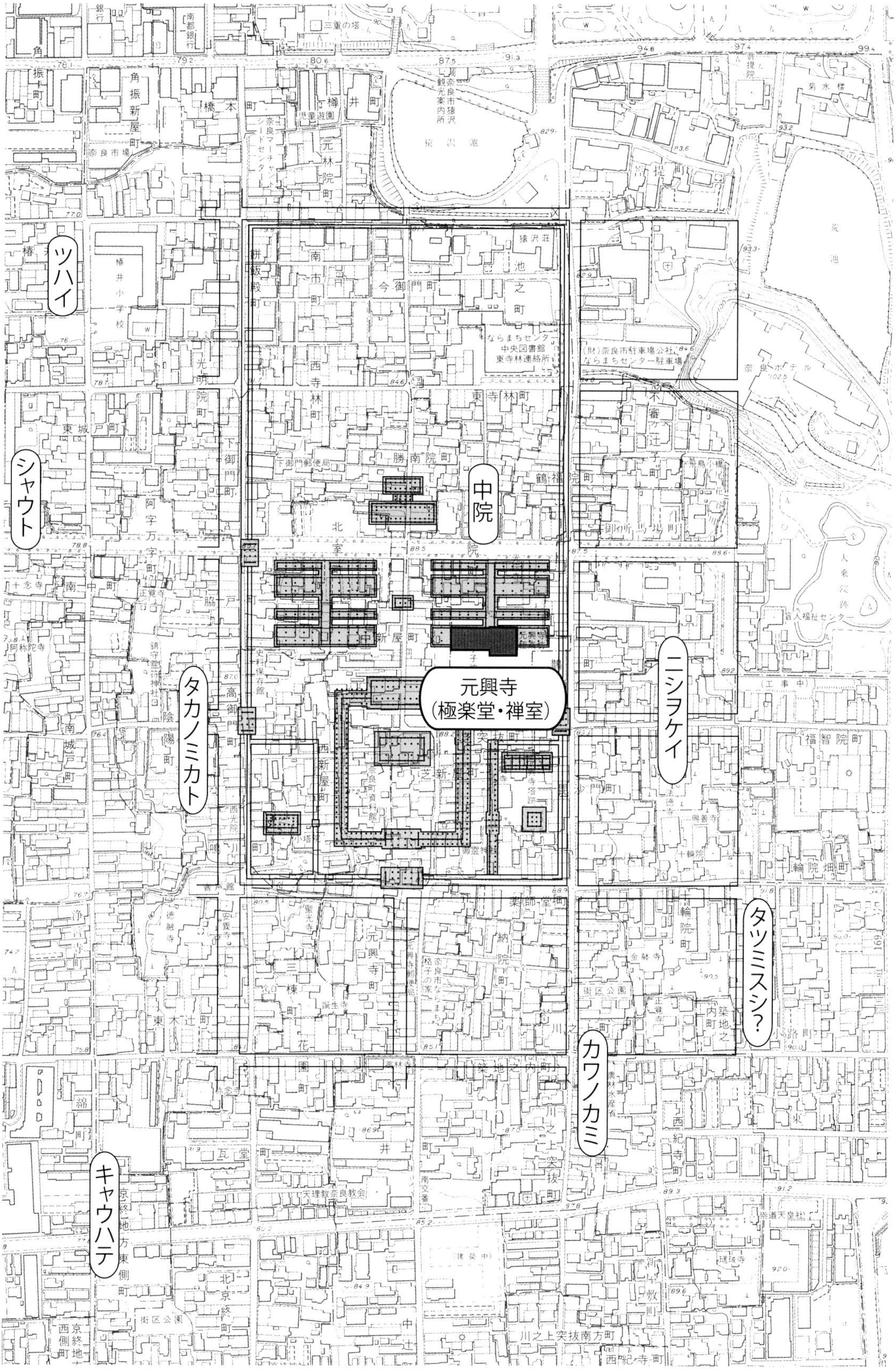

元興寺旧境内と番衆札に見える地名

讃仏乗抄 第八　国宝

紙本墨書　縦三〇・八　横二五・三
寛元四年（一二四六）
所蔵・写真提供：東大寺

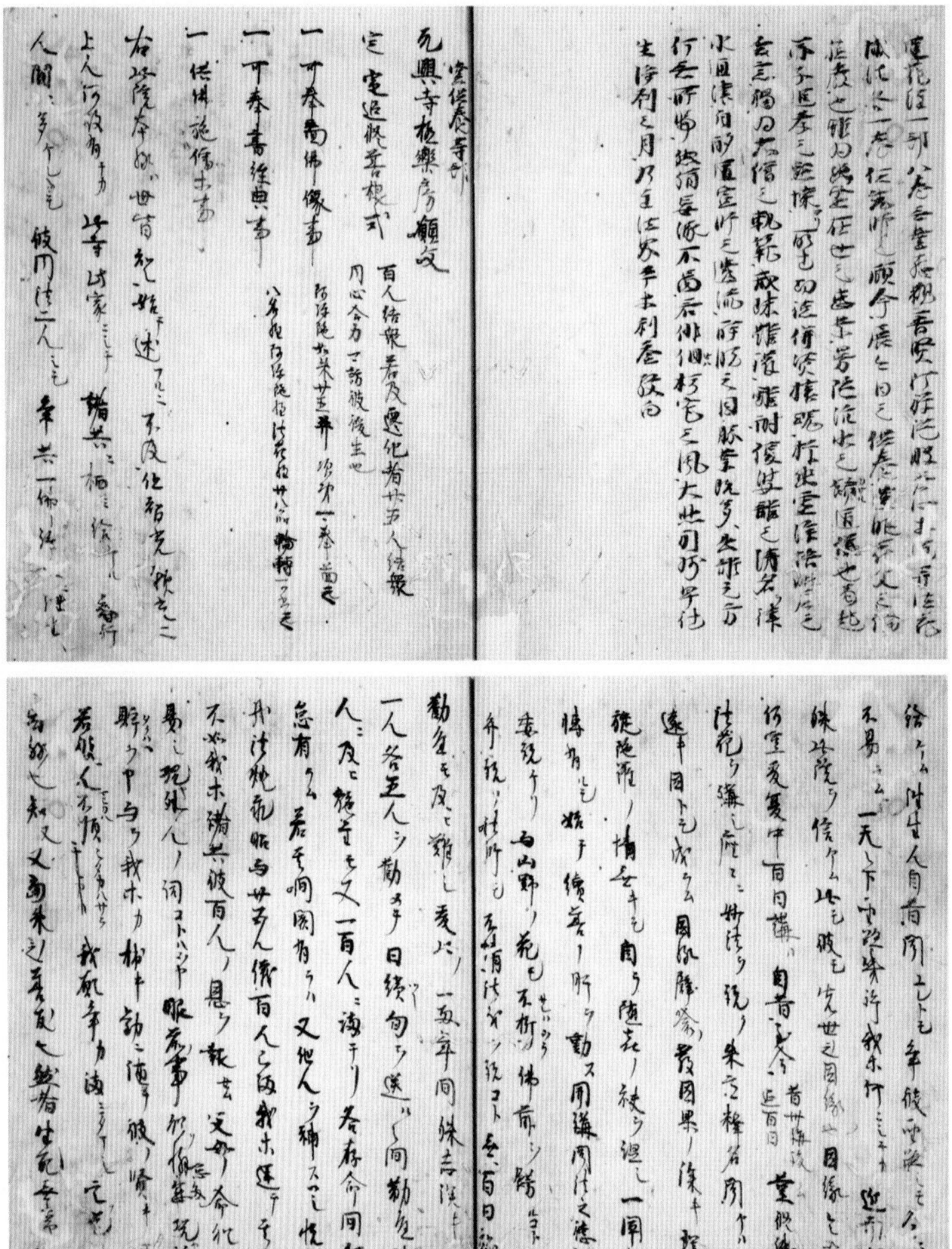

寛元四年（一二四六）に東大寺尊勝院の学匠宗性によって編纂された、貞慶起草の願文などの集成である。「堂供養等部」に建久八年（一一九七）「元興寺極楽房願文」が収録される。この願文では、極楽房が智光・頼光の同法が住してともに極楽往生を遂げた霊跡であり、ここで行われていた夏中百日講が低迷していたが、この一両年勧進して施主が一〇〇人、「二十五人」結衆も一〇〇人に達したということが述べられる。そして「追修善根式」として結衆が亡くなるごとに残る結衆は同心合力し、阿弥陀如来・二十五菩薩図の造立、『阿弥陀経』・『法華経』などの写経、仏への献供・僧への布施などの追善供養を行うべきことが定められている。極楽房念仏講の当時の状況や具体的な内容を知ることができる史料である。　（服部）

元興寺極楽房造営棟札 国宝

木製 総高二〇九・五 寛元二年（一二四四） 真言律宗元興寺

寛元二年（一二四四）に「元興寺極楽坊」（現本堂）が造営された際の棟札である。この建物はもと奈良時代以来の僧房の一部であったが、十一世紀までに智光曼荼羅信仰の霊場となり、「極楽房」として独立化していた。それを現本堂の仏堂のすがたに大改造したのがこの寛元二年の造営である。

銘文から、八名ほどの僧俗が勧進し、往生講衆一〇〇余人、結縁衆二〇〇余人らが関与していることが知られる。その人数は建久八年（一一九七）の「元興寺極楽房願文」（『讃仏乗抄』）のときよりも大幅に増加しており、百日念仏から七日念仏への変化もあって念仏講はますます盛んとなり、多くの講衆・結縁衆が参加し行道するのにも適合的な形式へと改造されたものと考えられる。ただし飛鳥時代や奈良時代の古材は多く引き継がれ、一部は今日にも現用されている。

（服部）

（赤外線撮影写真）

棟札銘

記録 元興寺極楽坊造営事 寛元二年甲辰
四月拾五日乙酉柱立
六月二日辛未棟上
大勧進主
□□□蓮□権律師西安
□憲□真光
西念□藤井行成
証寂□已上
□□往生講衆 一百余人
□結縁衆 二百余人

元興寺極楽堂柱刻寄進銘

元興寺極楽堂（本堂）内陣の柱に刻まれる、念仏講の費用をまかなうための田畑・家地の寄進状である。①嘉応三年（一一七一）から⑧文永二年（一二六五）までの年紀を有する八通ある。①～⑦は「百日念仏」などとあるのに対し、⑧は「七昼夜念仏」とあって、より多くの階層が参加するように念仏講が拡充されたことが分かる。また⑦では「廿五人幷三方衆」、⑧では「念仏衆」が土地の沙汰を行うこととしており、寺家のなかでも「二十五人結衆」ら極楽房の念仏衆が自立化していった様相もうかがえる（服部　二〇一六）。

⑤や⑥、⑧は、紙に書かれた本来の証文を焼かれ、柱刻の寄進状自体が代わって証文になった（田中　一九七〇）。土地証文が柱に刻まれた理由については、人目につきやすい場所に刻むことで土地の権利の所在を知らせるため、仏（本尊）の加護により永続的に寄進地を維持するため、土地証文を仏書に準じて秘匿神聖化するため、といった説が指摘されている。（服部）

寄進状①

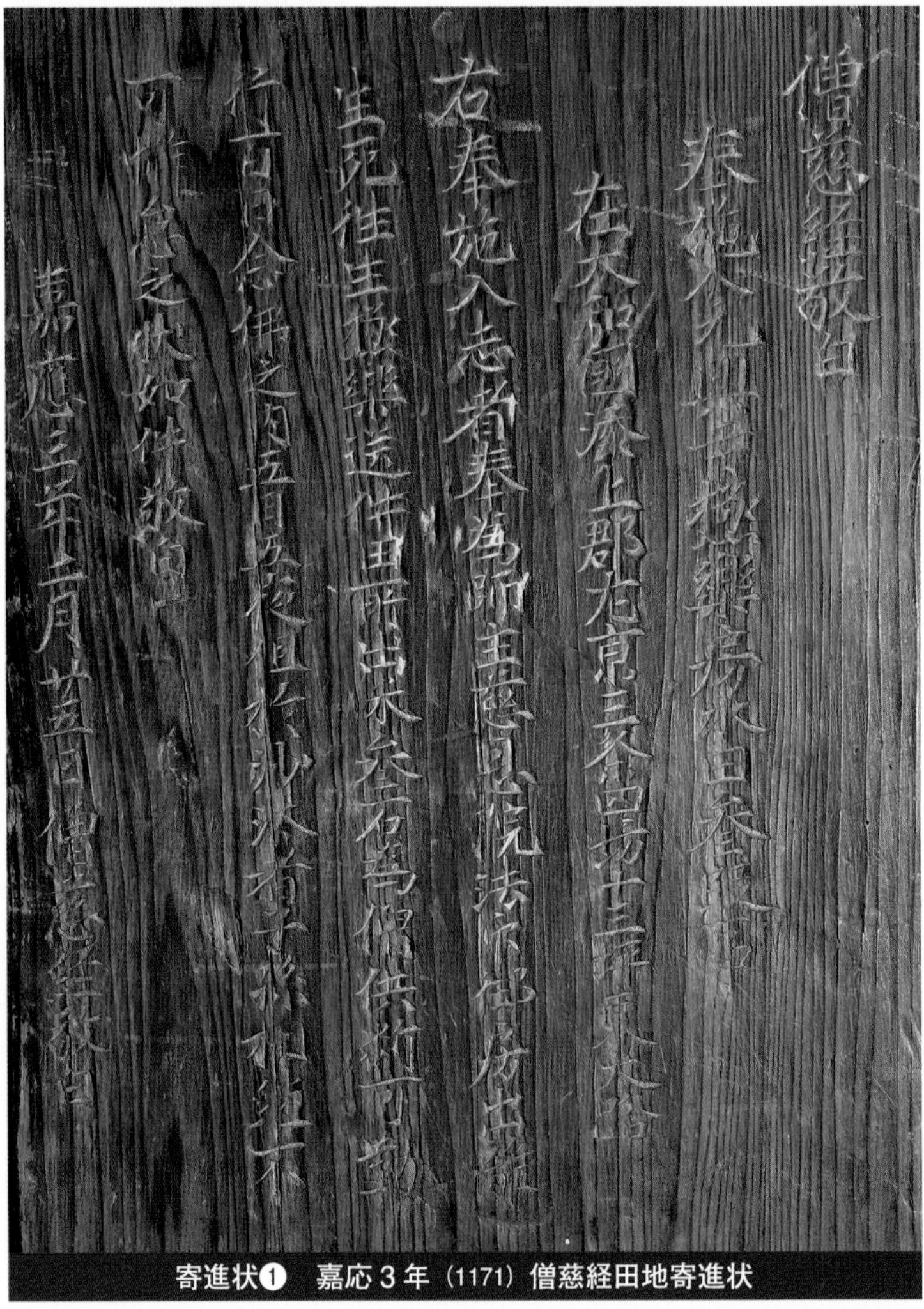

寄進状❶　嘉応３年（1171）僧慈経田地寄進状

①僧慈経田地寄進状（南間柱西面下部）

僧慈経敬白

　奉施入元興寺極楽房水田参段事

　　在大和国添上郡左京三条四坊十三坪東大路

右奉施入志者、奉為師主慈恩院法印御房出離生死・往生極楽、送件田、所出米参石、為僧供料、可勤行百日念仏之内五日五夜、但於沙汰者、子孫相継不可懈怠之状如件、敬白、

　　嘉応三年二月廿五日僧慈経敬白

建仁元年（1201）五師宗実田地寄進状

②五師宗実田地寄進状（南門柱東面上部）

寄進　水田［　］（事）

合弐段者　　景高（異筆落書カ）

在大和添上郡［　　］一里十六・十七両坪

四至［　　］［　］

限□（西カ）河　限［　］

右件田者、五師宗実相伝所領也、而［　　］（為滅罪カ）生善・

往生浄［　　］（土限未来際カ）所［　　］（寄進当室一カ）百ヶ日

□（講）経之用途料也、不可有相［　］（違）

本［　　］□（御カ）用之時可被尋之、以此寄進状備後（カ）

□□（代証）文［　　］可令［　］（致）

建仁元年卯月　日

建仁元年（1201）五師宗実田地寄進状

③五師宗実田地寄進状（南門柱東面下部）

寄進　水田事

　合参段者　但在所大仏供

在大和十市郡東廿二条三里卅一坪字藤原田西辺

右件田者、僧宗実相伝所領也、而為滅罪生善・往
生浄□（土）、限未来際、所寄進当室一百箇日講料也、
敢不可有相論、但於調度券契［
其御用之時可取出之、以此□□（寄進）状備後代証験、□（衆）
□可令致其［　］之状如件、

　建仁元年卯月　日　五師宗実

（下部・後代の落書〈陰刻〉）「為堂真阿伯禅定門」

寄進状④

承元３年（1209）大法師栄基畠地寄進状

④大法師栄基畠地寄進状（北間柱西面）

寄進元興寺極楽房百日大念仏之内一日一夜可勤仕供料畠事
合壱段者　四至在本券面
在大和国高市郡西郷廿一条二里廿八・卅三両坪
右件畠者、興福寺東金堂衆栄基大法師相伝私領也、而為滅罪生善・証大菩提所寄進也、但件両坪雖畠所当者米也、長講斗定陸斗捌升也、仍於名主僧栄厳沙汰、奉送供米陸斗捌升、毎年十一月一日一昼夜念仏可勤仕也、若名主致懈怠者、為寺僧沙汰興福・元興両寺寺家言上、放名主付作人可令弁済也、至干慈尊出世不可有懈怠之状如件、
承元三年十月十三日大法師栄基

寄進状⑤-1

建暦元年（1211）鹿山一和尚玄恵田地寄進状（北間柱東面）

⑤鹿山一和尚玄恵田地寄進状（北間柱東面から南面へ）

奉寄進　私領水田□(事)

　合参段者　□(限□卅四坪)従東三段之次三段也、但法花寺領也、限□

□(右)件水田者、鹿山一和尚玄恵院相伝之私領也、
而為□(結)良縁於□大徳、為期来□於仏
紀弥陀善逝、限永代□□入干極楽房一百日
念仏之内三箇日之用途也、且為防後日之□(非)
論、束本券新券、彼一和尚□(縁)者幷三堂衆
徒等相共焼失已畢、□(以カ)本□可備

建暦元年（1211）鹿山一和尚玄恵田地寄進状（北間柱南面）

本券而已、若有致異論之輩者、可処盗犯之
状如件、
建暦元年辛未八月十五日鹿山一和尚玄恵（花押）
問□僧□□（花押）

寄進状⑥

貞応元年（1222）僧有慶畠地寄進状

⑥僧有慶畠地寄状（南門柱西面上部）

奉施入　　私領畠地事

　合弐段半者

　在大和国山辺郡

右件畠地者、僧有慶相伝私領也、而為滅罪
生善・出離得脱、限永代寄進干元興寺極楽
房百日講御仏供料、於本公験者既破却畢、
仍奉施入之状如件、

　貞応元季卯月廿五日僧有慶

寄進状⑦

天福元年（1233）権寺主継春田地寄進状

⑦権寺主継春田地寄進状（南間柱南面）

敬白　元興寺極楽房奉施入水田事

合壱町者　字逆石、転□院沙汰也、

在大和国十市郡西郷廿条二里拾坪

右件田地者、権寺主継春相伝之私領也、而□（為）

滅罪生善、所令寄入当室毎年一百箇日講経

仏供幷布施料也、所当米長器定十一斛之内

以一升可為毎日仏供、以一斗可［　　］、但有

三通證文、則籠唐櫃、代代執行常可［　　］也、若

違乱出来時者、□廿五人幷三方衆等各群議、可

被致沙汰之状如件、

天福元年 歳次□巳（癸） 六月廿八日

寄進状⑧

文永２年（1265）伊王女家地売寄進状

⑧伊王女家地売寄進状（東北円柱北面）

沽却　家地新券文事

合五間参尺者

在大和国添上郡元興寺東岩井辻子東面北端

四至　限東際目　限南際目
　　　限西辻子　限北大道

右件家地者、秦三子相伝私領也、而重舜
買取畢、重舜又譲与于伊王女畢、而伊王
女令沽却極楽房七昼夜念仏五番衆等
畢、雖経永代不可有他妨、仍知行念仏衆等
彼以地利長器五斗五升、営其日僧供、不可念仏
闕如、仍限永代念仏衆等所記置也、但於本券
者焼失畢、

文永二年乙丑三月廿二日

4 諸堂諸院の都市霊場化

中門観音と観音堂

極楽坊以外にも、元興寺には中世奈良の都市霊場となって独自の信仰と社会的基盤を得た堂舎や子院があった。1節でもふれた中門（観音堂）、吉祥堂（小塔院）などである。

中門には、丈六の十一面観音立像「中門観音」が安置されていた。長谷寺が焼亡したときに元興寺僧が焼け残った本尊の頂上の化仏一面を拾って補作されたとも（『七大寺巡礼私記』）、長谷寺観音の御衣木《みそぎ》と同材で造られたとも伝えられ、長谷寺観音とセットで参詣されるほどよく知られた霊仏であった（『建久御巡礼記』）。南北朝期には「三十三観音」の一つにも数えられている（『拾芥抄《しゆうがいしよう》』）。

その後、室町期までに中門から観音堂（東金堂）に移されている（『大乗院寺社雑事記』）。安政六年（一八五九）の大火で焼失するまで維持されたこの観音堂の所在地は、かつての東塔院の僧房のあった場所にあたり、観音堂は同じ東塔院にあった五重大塔とともに江戸時代の東大寺末元興寺に引き継がれ、現在の華厳宗元興寺の原型となる。

ここにはすでに平安時代後期に「中門衆《ちゆうもんしゆう》」と呼ばれる行人の僧侶集団が置かれていたが、室町期にも元興寺観音堂衆の存在が確認される。鎌倉時代中期には、周辺の屋敷地・水田が寄進または買得されて経済基盤が整えられているが、これは現世利益や追善供養を求める都市住人らによるものであった（『奈良坊目拙解《ならぼうもくせつかい》』所引「懸板銘」）。観音堂衆は興福寺や東大寺の堂衆とともに、庶民層を対象とする追善仏事である千部経会を元興寺で毎年興行していた（堀池一九七五）。中世の観音堂は、都市奈良に立脚して、元興寺内でも独自に経済的・社会的基盤を形成していたのである。

十一面観音菩薩像御影護符
江戸時代　華厳宗元興寺

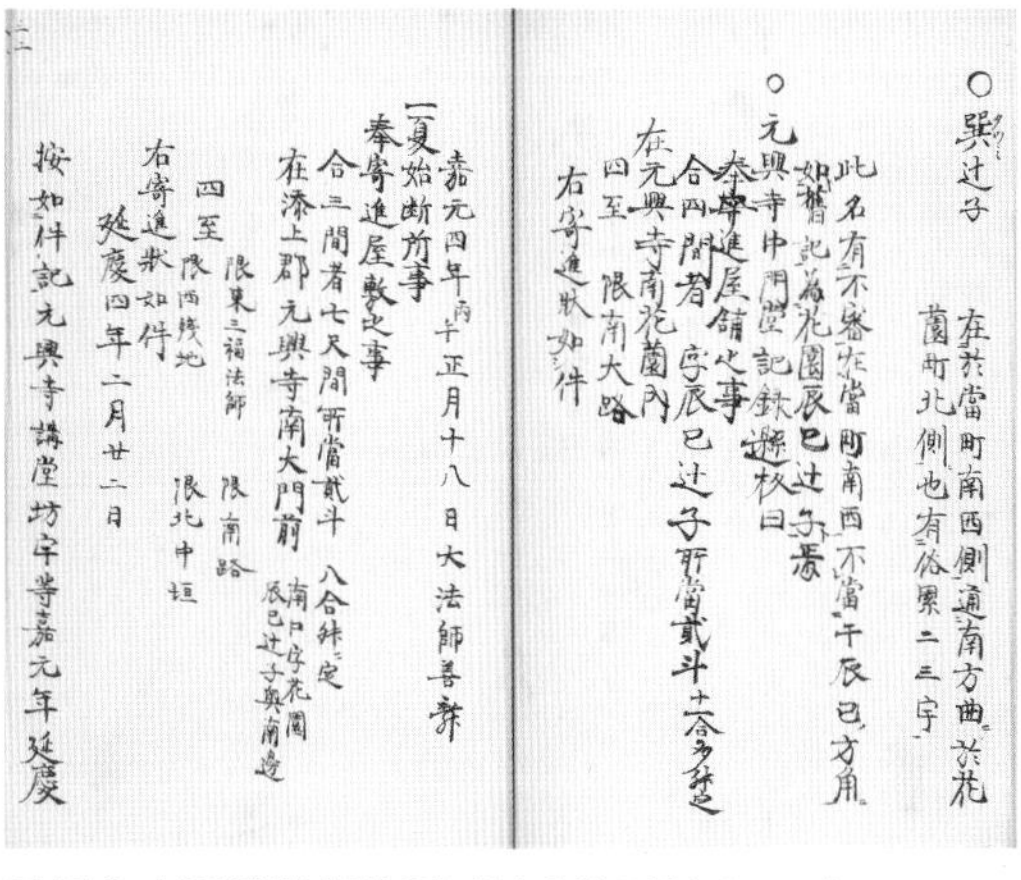

元興寺中門堂懸板銘写（『奈良坊目拙解』より）
江戸時代　奈良県立図書情報館

小塔院と吉祥堂

元興寺伽藍のなかで東塔院と対の関係で配された小塔院の堂宇は、平安時代後期の『七大寺日記』では吉祥堂と呼ばれ、吉祥天などの障子絵が祀られていた。『日本霊異記《にほんりょういき》』で貧しい女王が帰依して富を得たという左京「服部堂」の吉祥天がこれと考えられている。他に平安後期の段階で光明皇后の御願による「八万四千」の小塔を安置したとか、婆羅門僧正請来の仏舎利を安置したといった伝があったほか、承和元年（八三四）に護命はここ小塔院で亡くなったとされることから（『続日本後紀』）、護命像も祀られていた。すでに種々の伝承が語られ、独自の信仰を築いていたようである。

鎌倉中期以降、小塔院には律僧の関与が顕著となる。文永十年（一二七三）、元興寺の古橋寺金堂の棟木で作ったという釈迦如来立像五躯の開眼供養が、小塔院東堂で鎌倉極楽寺の忍《にん》性《しょう》らによって行われた。その忍性の弟子で、後に極楽寺第三世住持や東大寺大勧進となる順忍房善願は三五歳のとき（一二九九年頃）に小塔院住持となっている（「順忍舎利器銘」）。そして十四世紀に至り、一乗院門跡覚実により再興されて律院となった（『大乗院日記目録』）。これが今日の真言律宗小塔院の直接の起源である。

一方、吉祥堂は室町時代後期までに小塔院から分離して北方に別に営まれ、元興寺吉祥堂衆が拠点としていたとみられる。寛正三年（一四六二）には中院郷で掘り出された「元興寺の古大釜」を「郷民」らが掘り出して吉祥堂修理の費用に代えたといい（『大乗院寺社雑事記』）、郷民らが修理に大きく関与していた。都市住人の信仰、社会的結合の中心となる堂宇であったとみられる。

別院禅定院と鎮守

元興寺に接する左京五条の地「飛鳥郷」には、十一世紀半ばに興福寺僧で元興寺別当を勤めた成源によって別院禅定院が創始された。現

忍性菩薩坐像　江戸時代　西大寺
写真提供：奈良国立博物館（撮影 森村欣司）

（前略）卅五／歳南都元興寺小塔院住持（後略）

順忍骨蔵器　鎌倉時代　文化庁
写真提供：奈良国立博物館（撮影 森村欣司）

在の名勝大乗院庭園である。

　禅定院は「禅院」「禅院坊」とも称された（国立公文書館所蔵「大和国古文書」、『小右記』）。飛鳥法興寺で道昭《どうしょう》が創建し、後に平城京右京に単独で遷され、元慶元年（八七七）にふたたび元興寺別院とされた、かの禅院寺の後身であると考えられている。成源による創建の後、大乗院の隆禅《りゅうぜん》、頼実に継承されて大乗院の兼帯知行となり、永久年間（一一一三〜一八）に頼実により堂舎が建立された（『三箇院家抄』）。弥勒如来と三蔵法師玄奘・慈恩大師《じおんだいし》基《き》などを祀る丈六堂、釈迦如来を祀る天竺堂《てんじくどう》、阿弥陀如来を祀る八角多宝塔などがあった（菅家本『諸寺縁起集』、『大乗院寺社雑事記』）。

　治承四年（一一八〇）の南都焼き討ちで興福寺境内の北にあった大乗院が焼亡すると、養和元年（一一八一）に興福寺別当で大乗院門跡の信円は兼帯する元興寺禅定院に移った。以後、興福寺外でありながらここが大乗院門跡の居所となる。

　元興寺・禅定院の鎮守が天満社（現在の北天満町天神社）であり、ここで毎年行われた「小《こ》五月会《さつきえ》」は元興寺郷の郷民らによる祭礼として出発した。後にこれの祭礼役を負担する小郷は「小五月郷《こさつきごう》」として編成され、大乗院門跡による元興寺郷支配の梃子にもなった。

　もう一つ、室町期には確認できる元興寺の鎮守に「元興寺御霊社」（現在の薬師堂町御霊神社）があった。藤原時平《ふじわらのときひら》を祭神として祀っていたこの神社では、旧暦の九月十三日に「元興寺御霊祭」が行われ、元興寺郷の都市祭礼を行う鎮守として定着していった。祭神は解釈し直され変わることもあったが、御霊信仰は近世以降も脈々と続いており、「御霊祭」も今日の秋季例大祭へと受け継がれている。（服部）

現在の大乗院庭園

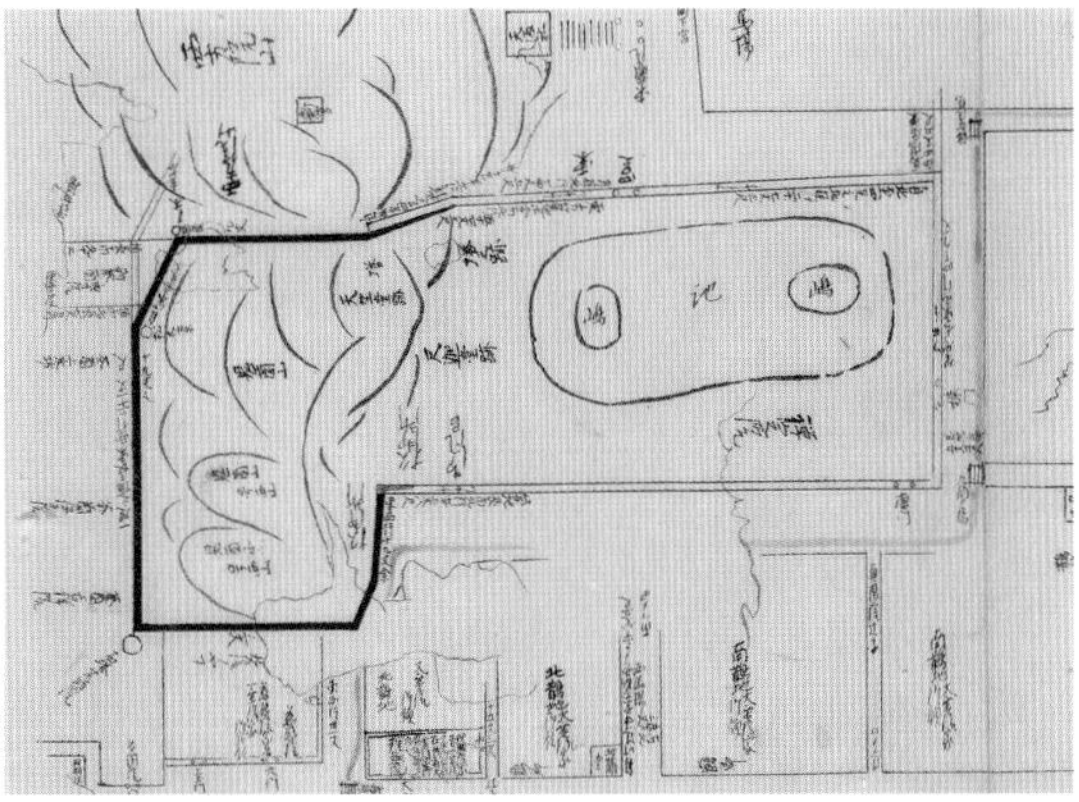
室町時代の禅定院（「小五月郷指図写」より）
室町時代　興福寺

現在の天神社

現在の御霊神社

十一面観音菩薩立像　重要文化財

木造玉眼漆箔　像高一九〇・七（頂上仏面含）
鎌倉時代　華厳宗元興寺
写真提供：奈良国立博物館（撮影　森村欣司）

総じて鎌倉時代中期から南都を中心に活躍した仏師善円《ぜんえん》（慶）の作風に近似し、条帛《じょうはく》の渦文、脛部分の深く弧線を連ねる衣文や膝前で絡む天衣《てんね》などは古様である。この古典的な表現は、頭上の変化面のひとつに木心乾漆造（奈良時代）の忿怒《ふんぬ》面《めん》が転用されることとも無関係ではないだろう。なんらかの古像を復興しようとした可能性が高く、善円を重用した真言律による古寺復興の動向ともリンクすることが推定される。なお、X線透過撮影によって像内胸部辺りに十一面観音小像、胸腹部に巻子一〇数本が納入されていることが判明している。（植村）

釈迦如来立像　重要文化財

玄海作　木造玉眼古色　像高七八・七
文永十年（一二七三）
所蔵・写真提供：奈良国立博物館
（撮影　佐々木香輔）

三国伝来の生身《しょうじん》釈迦像として著名な清凉寺《せいりょうじ》釈迦如来像の模刻像である。台座銘から、仏師玄《げん》海《かい》が文永十年に元興寺古橋金堂の古材を用いて造立した五軀のうちの一軀で、法会を忍性が取り仕切り、開眼供養を小塔院にて執り行ったことがわかる。小塔院は十三世紀末から十四世紀初頭に忍性の直弟子順忍が住持し、真言律との密接な関係のなかで制作されたと考えられる。西大寺の清凉寺式釈迦如来（善慶作、建長元年〈一二五〇〉）をはじめとする一連の模刻は、「生身の釈迦から戒を受ける」ことを重要視したと考えられる。なお、頭部には水晶製と考えられる球状の舎利容器が確認されている。

（植村）

天部形立像

木造彫眼素地　像高八〇・九
平安時代後期　小塔院

面割りを行うものの、両袖先・沓先までを含んで内刳りのない一木から彫出される。天部形の神像の可能性がある。尊名は確定しえないが、頭部に宝冠を戴き襤襠衣《がいとうえ》を著すさまは、一見すると梵天が想起される。しかし、吉祥天も醍醐寺本「天部形像」図像や『陀羅尼《だらに》集経《じっきょう》』に同様の図像がみられ、広隆寺吉祥天立像をはじめ類例が知られる。

小塔院の吉祥堂吉祥天像は毘沙門天とともに描かれた障子絵と伝わるが、本像も平安時代における同院ゆかりの御像として評価できるかもしれない。（植村）

阿弥陀如来坐像　重要文化財

木造彫眼漆箔　像高一五七・一
平安時代　真言律宗元興寺
写真提供：便利堂

近年まで本堂厨子内に安置されていた半丈六像である。頭体を一材より彫出し、左前膊《ぜんぱく》以下、右肩先、膝前部を矧《は》ぎ寄せる。大衣から膝前部には木地に塑土が盛られている。

十世紀末頃の制作と考えられ、来迎印を結ぶ早期例としても注目される。

『大乗院寺社雑事記』によれば、宝徳三年（一四五一）十月十四日に元興寺禅定院の八角多宝塔が炎上し、本尊阿弥陀如来像を極楽坊道場に移したことが記されており、本像がそれにあたると考えられる。

（植村）

男神像

木造彫眼素地　総高五三・六
平安時代後期　天神社

忿怒相を示す男神像である。拱手して笏（欠失）を執り坐す姿をあらわす。巾子を含む頭体幹部は木心を右後方に外した一木から彫出し、両膝頭部に別材（欠失）を矧ぎ寄せる。

忿怒相ながら目鼻を中央にあつめた穏やかな面貌表現がみられ、衣文はあらわさず、頭体部の奥行きは十分にとられるなど、十二世紀頃の制作と考えられる。（植村）

獅子・狛犬像

木造彫眼彩色　像高（獅子）四五・六（狛犬）四九・五　室町時代　天神社

開口する獅子と閉口し角をあらわす狛犬の一対。ともに胸を高い位置で張り、太造りで力感の漲る像容である。その力強い表現や姿態は鎌倉時代の風をひくが、鬣や前肢の毛房が観念的な表現になっている点からも時代の下降がうかがわれる。（植村）

第4章

中世奈良の都市霊場

1　太子信仰と大師信仰

太子信仰の高まり

蘇我馬子《そがのうまこ》の発願《ほつがん》により造営された元興寺の前身たる法興寺《ほうこうじ》は、蘇我氏の氏寺《うじでら》としての性格のみならず、推古《すいこ》天皇や聖徳太子《しょうとくたいし》などによって造仏が行われ、日本最初の本格的な寺院として国家的な後押しを受けた寺院であった（１－１）。

仏法興隆の立役者である聖徳太子は、日本仏教の祖師として、また『法華経《ほけきょう》』の請来者ともされ、やがては救世《ぐぜ》観音の化身として崇拝されていく。没後間もなくから太子に対する信仰が起こり、伝記を集成した『聖徳太子伝暦《でんりゃく》』（九一二年撰）が編纂された平安時代にはその基盤が醸成され、中世には真言律《しんごんりつ》を中心としてさらなる広がりがうかがわれるようになる。

法興寺の後身である元興寺でも、特に極楽坊《ごくらくぼう》（真言律宗元興寺）において太子ゆかりの寺院としての意識の高まりが見受けられる。その背景には鎌倉時代に西大寺叡尊《えいそん》や忍性《にんしょう》といった真言律僧による太子信仰の高揚があったことがつとに指摘されている。

信仰の顕在化は、『伝暦』により広まった太子伝を造形化した聖徳太子二歳像（南無仏太子）および孝養《きょうよう》像が鎌倉時代後期頃から、真言律宗を中心として多数造像されていくことにうかがえる。二歳像は、太子二歳のときに東に向かって合掌し「南無仏」と唱えたという伝承をもととする。中世には合掌した掌の中から舎利《しゃり》宝珠《ほうじゅ》が現れたとする伝承も付加されるようになる。孝養像は、父用明《ようめい》天皇の病気平癒《へいゆ》を薬師如来に祈った太子のすがたとなる。さらに聖徳太子信仰においては、太子の本地《ほんじ》仏《ぶつ》とされた如意輪《にょいりん》観音の造像もあわせて注目される。

元興寺の聖徳太子像

真言律宗元興寺には、二歳像、孝養像、如意輪観音像が伝来する。

鎌倉時代に制作された二歳像は、童子らしい柔らかな体躯の肉付きを示しながらも厳しく凛とした面差しで、同種の尊像のなかでも特に優れた出来ばえを示す。X線CTスキャナーによる調査で、像内両脚辺に紙束や木製の五輪塔が確認され、塔内には舎利容器や複数の舎利、紙片が納入されていた。さらに同調査画像で注目されるのは、玉眼《ぎょくがん》の仕様として、節のある細い竹のようなものを〝くの字〟状に曲げ、上下に差しこむようにして当て木を固定している点である。同様の技法は現在のところ善円《ぜんえん》（慶）作の仏像にみうけられる特殊なものと指摘される。善円の作風とはいささか異なるものの、後述の孝養像は善派《ぜんぱ》仏師善春《ぜんしゅん》作であり、本像の作者系統を考えるうえで重要となろう。

一方、孝養像は鬟《みずら》を結い、柄香炉《えごうろ》を執る立ちすがたで、やはり青年らしからぬ厳しい面貌を示す。像内からは解体修理にともなって多くの納入品が確認された。舎利を納めた木製五輪塔二基や孝養像摺仏《しゅうぶつ》のほか、制作にあたった仏師および絵仏師が名を連ねた「木仏所画所等列名」、願主眼清による如意輪観音陀羅尼《だらに》とその功徳による仏道成就の願文《がんもん》、四〇〇〇人あまりの「結縁交名《けちえんきょうみょう》」である。これらによって、本像

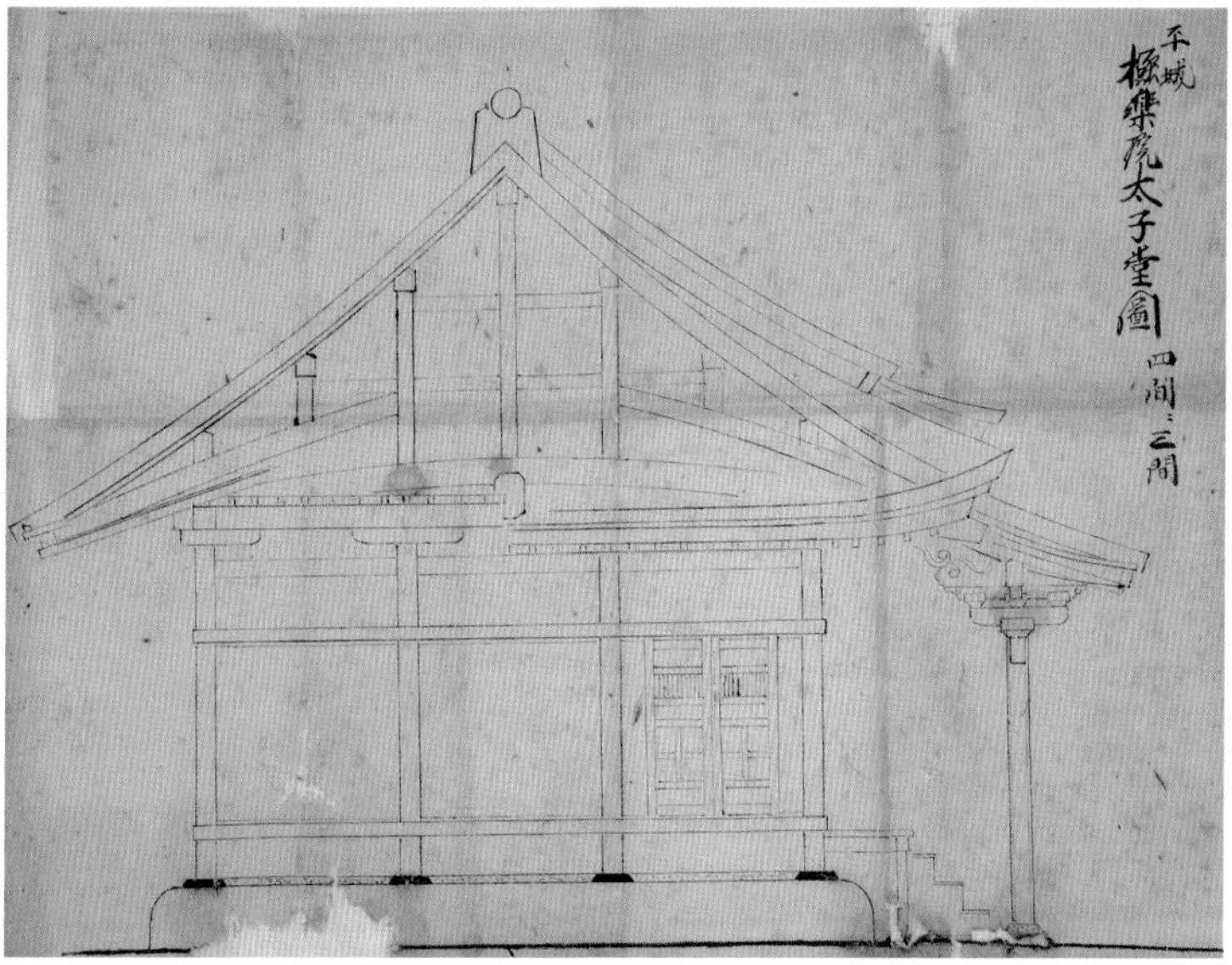

太子堂側面図　江戸時代　真言律宗元興寺

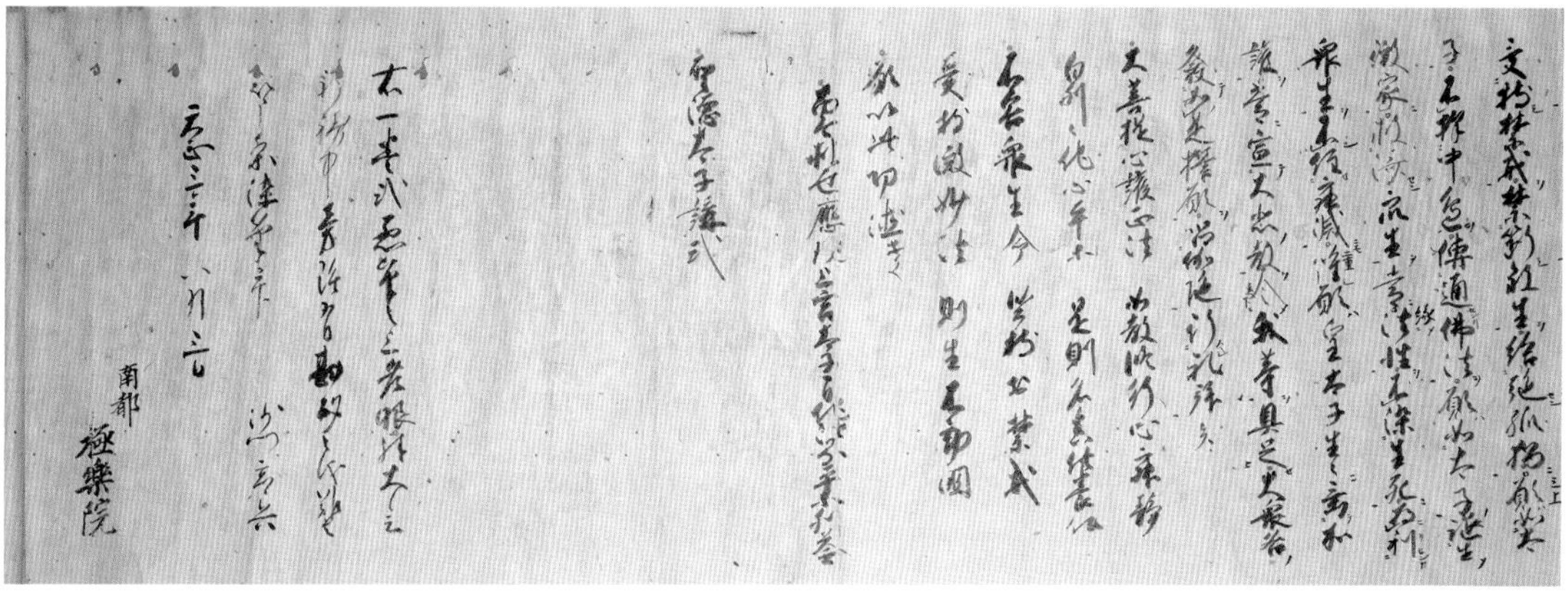

太子講式　天正３年（1575）　西大寺

が文永《ぶんえい》五年（一二六八）に仏師善春が制作し、きわめて多くの人々の結縁により造立されたことがわかる。善春は叡尊の寿像（西大寺蔵、弘安元年〈一二八〇〉）を手がけるなど、父善円（慶）とともに叡尊周辺で重用された仏師として知られる。さらに交名中には西大寺や叡尊関係史料に現れる僧尼が結縁していたことが指摘され、文永九年（一二七二）が太子六百五十年遠忌《おんき》にあたることからそれに向けた勧進造像であったとする見解もある。

さらに、宋代仏画の影響の色濃い摺仏如意輪観音像や、鎌倉時代後期頃に制作されたと考えられる如意輪観音像が伝来することもあわせて注目される。極楽坊において育まれた太子信仰が制作の背景にあるのだろう。

極楽坊では、応永《おうえい》年間（一三九四～一四二八）に太子堂が建立されており、元興寺における太子信仰の隆盛を如実に示している。

また、その一端を示すのが西大寺所蔵になる「太子《たいし》講式《こうしき》」（天正三年〈一五七五〉）である。西大寺叡尊作になる講式と考えられ、奥書に高興という僧が悪筆ながら書写したことを記し、「南都／極楽院」の印が捺されている。このことから元興寺極楽院の旧蔵であったと考えられ、聖徳太子の徳を讃える法会《ほうえ》が行われていたと考えられる。

弘法大師信仰

真言律宗元興寺に伝来する弘法大師空海《くうかい》像は、正面を見据え、左手は膝上で数珠を執り、右手は胸前で五鈷杵《ごこしょ》を執るいわゆる真如《しんにょ》親王様に倣う。端正な面貌表現を示し、著衣の衣文《えもん》も明快に表し、袈裟《けさ》の下縁を大きく波打たせ翻るさまをみせる。

像内には願主珠禅《しゅぜん》による願文と理趣経《りしゅきょう》が朱書きされ、頭部には舎利、珠禅願文、結縁交名をはじめ、多数の愛染明王《あいぜんみょうおう》を捺す印仏、正中《しょうちゅう》二年（一三二五）の奥書銘がある法華経や観音経などの経典類が納入されていた。

元興寺の大師信仰は、春日《かすが》信仰と結びつき語られていく。永正十二年（一五一五）の『極楽坊記』では、極楽坊禅室西端の春日影向《ようごう》の間の由来について、毎朝春日明神が鹿に乗ってあらわれ、智光曼荼羅《ちこうまんだら》と舎利を守護したことから弘法大師は春日明神を勧請《かんじょう》し、影向曼荼羅を描いたとする伝承が記される。室町時代には、現存する厨子《ずし》入りの智光曼荼羅と春日鹿曼荼羅、弘法大師像が安置されていたと考えられる。

さらに、元興寺の近隣に仏所を構えていた下《しも》御門《みかど》仏師《ぶっし》源四郎《げんしろう》が天正十四年（一五八六）に制作した奈良・長谷寺《はせでら》弘法大師空海像は、特徴的な袈裟の翻りが本像に近似し、模刻された可能性が指摘される。中世の元興寺が広く庶民にひらかれた寺院であったことがうかがわれ、元興寺が模刻の対象となる由緒をあわせ持った宝物を保持していたと考えられるだろう。（植村）

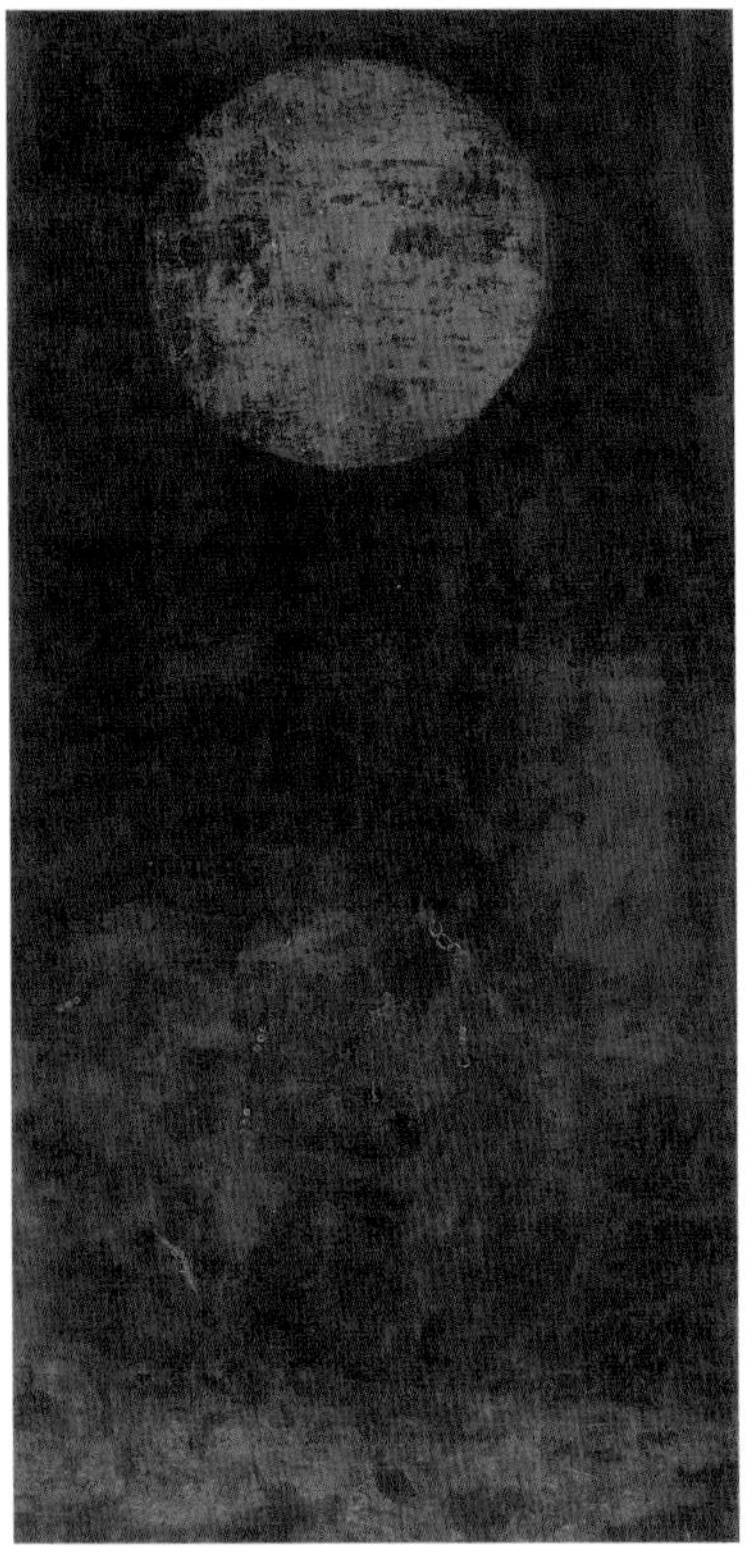

春日鹿曼荼羅
室町時代　真言律宗元興寺

春日明神の影向（『元興寺極楽坊縁起絵巻』より）　元禄 14 年（1701）　真言律宗元興寺

聖徳太子二歳像（南無仏太子）

奈良県指定文化財

木造玉眼彩色　像高六八・二　鎌倉時代

真言律宗元興寺　写真提供：便利堂

童子らしからぬ凛々しい面貌や柔らかく張りのある肉身表現、後方に広がる袴裾の造形も巧みである。X線CTスキャナー調査によって像内納入品が確認され、紙束のほか、木製五輪塔の内部に舎利容器や数粒の舎利、紙片が確認される。孝養像と同様に、多数の結縁勧進によって造立されたものと考えられる。作者は今明らかでないが、孝養像作者善春、あるいはその周辺の仏師であろう。（植村）

聖徳太子孝養像　重要文化財

木造玉眼彩色　像高一一九・七
文永五年（一二六八）　真言律宗元興寺
写真提供：便利堂

多数の像内納入品によって、文永五年に眼清が願主となり、善春をはじめとする九人の仏師が一か月で制作し、その後、慶尊を中心とした一一人の絵仏師が一四日間で彩色を施して造立されたことがわかる。納入品には眼清の願文や『木仏所画所等列名造立記』、『結縁人名帖』、『聖徳太子摺仏』、『太子千杯供養札』などがあり、四〇〇〇人以上の人々の合力によって造立に至ったことがうかがわれる。仏師善春は叡尊をはじめとする真言律に関する造仏に重用された善円（慶）亡き後を受け継いだ仏師である。

（植村）

像内納入品(一部)

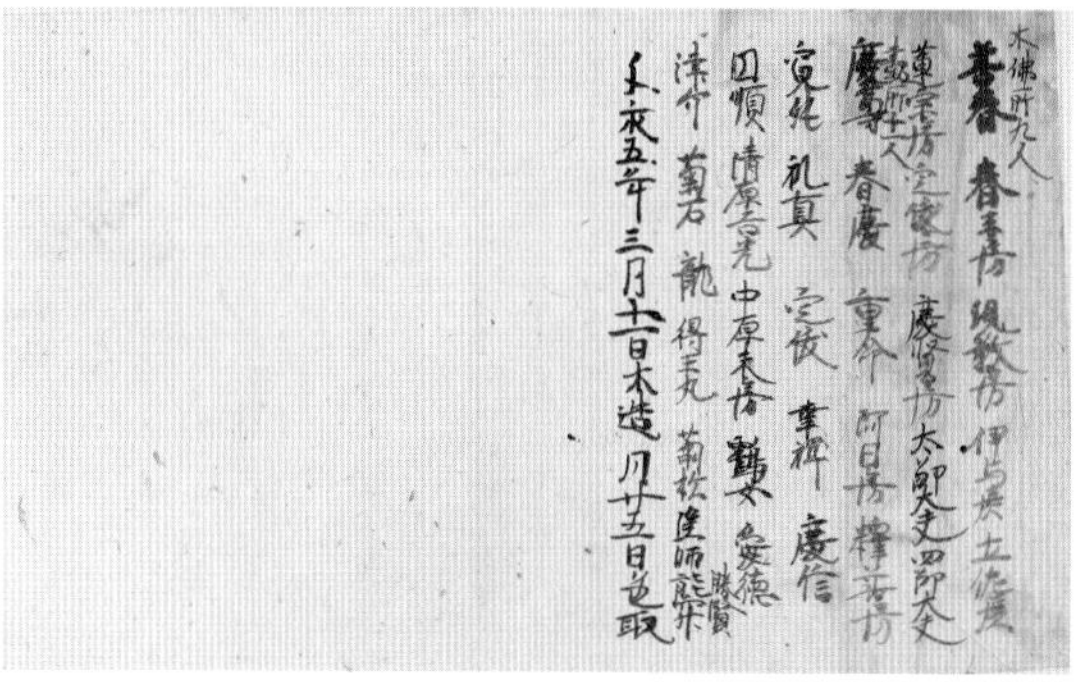

木仏所・画所等列名造立記

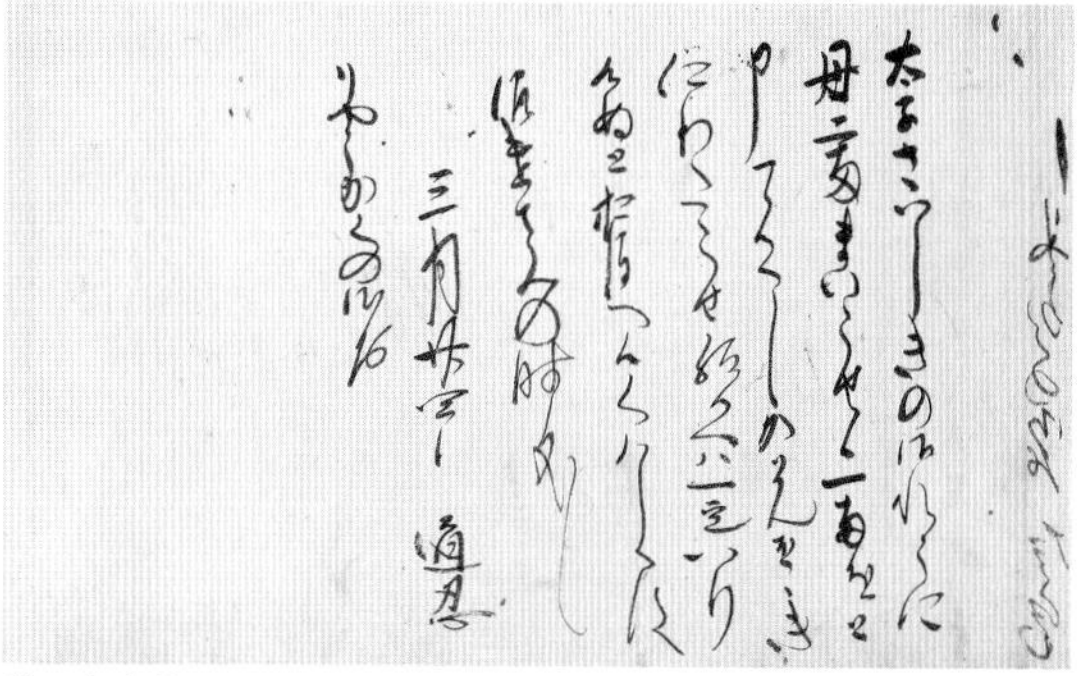

道忍寄進状

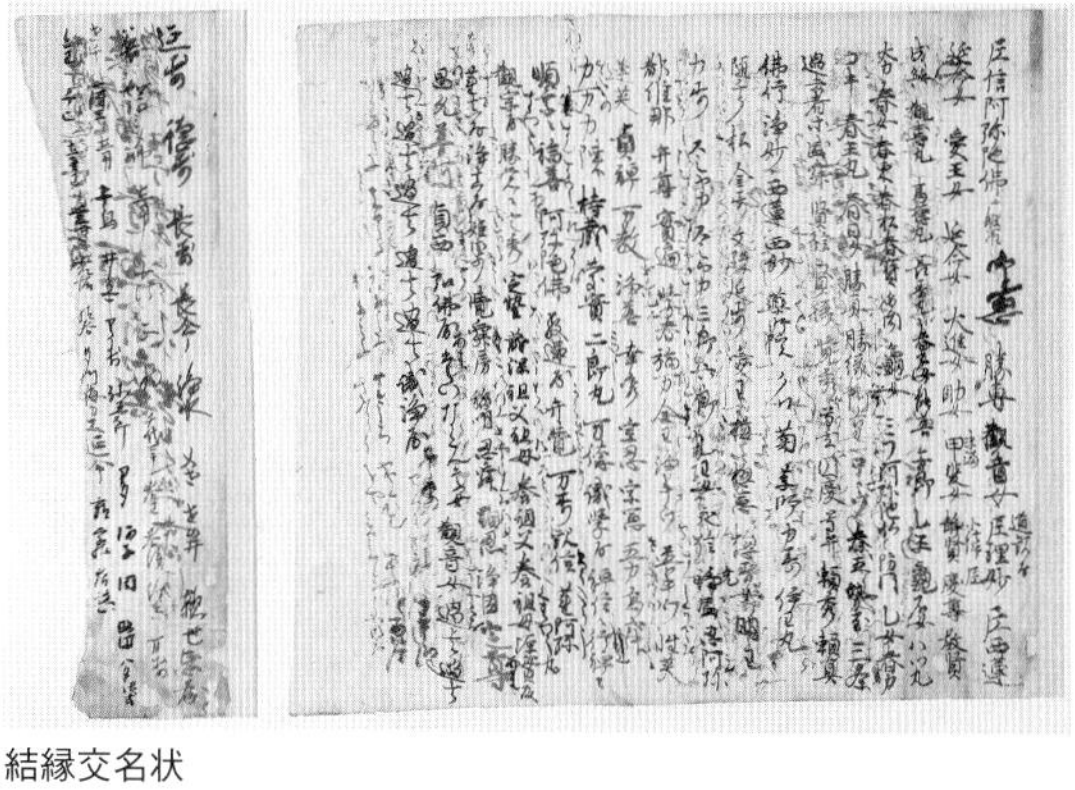

結縁交名状

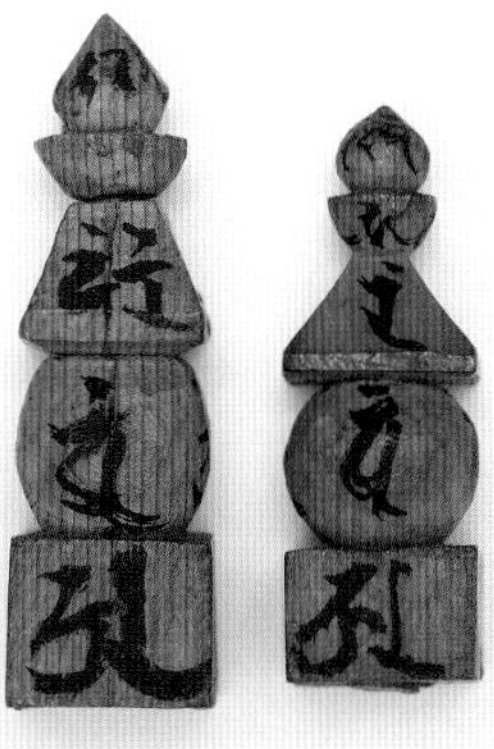

小五輪塔

聖徳太子像摺仏

如意輪観音菩薩坐像

木造玉眼素地　像高五二・六　鎌倉時代
真言律宗元興寺　写真提供：便利堂

寄木造で玉眼を嵌入《かんにゅう》するが、頭髪や髭などの一部に彩色するほかは、赤みをつけた檀像《だんぞう》風（檀色《だんじき》）の作例と考えられる。細い毛筋が彫りこまれた高い髻《もとどり》や若々しい面貌、張りのある体軀など均整の取れた作風である。

如意輪観音は聖徳太子の本地仏と位置づけられ、本像も真言律による太子・観音信仰の影響のなかで造立されたと考えられる。影響をうかがわせる一例として、西大寺二世長老慈道《じどう》（信空）が元興寺の修理料を得るため南市《みなみいち》に湯屋を建てるなど、本像造立が推定される鎌倉時代後期頃に律僧が元興寺の修復勧進を主導していたことが知られる（安田　一九九一）。

（植村）

摺仏如意輪観音菩薩像

重要有形民俗文化財

紙本版摺　中国宋時代あるいは鎌倉時代
真言律宗元興寺

光明山に坐す如意輪観音菩薩をあらわした摺仏である。周縁には花菱文をあしらい、蓮華唐草文の表装までも摺りだしている。如意輪観音の面貌や蓮台、水波、山岳表現など北宋図像との共通性がみられ、さらに料紙に中国特有の竹紙を用いる点からも宋代版画の貴重な作例と指摘される（内田　二〇一五）。

裏面には「貞応三年／六月日／女竹」とあり、貞応三年（一二二三）までに摺写されたことがわかる。同版とみられるものとして円成寺南無仏太子像納入品が知られる。（植村）

弘法大師空海像　重要文化財

木造玉眼彩色　像高八一・八　鎌倉時代
真言律宗元興寺　写真提供：便利堂

切れ長な眉目に若々しく引き締まった面貌、深く明快に彫りだされた衣文線や自在に撓む衣裾の表現は巧みである。早期の弘法大師彫像のひとつとしても重要である。

造立年代について、大師四百五十年遠忌にあたる弘安七年（一二八四）頃に南都律僧の主導によって善春周辺の仏師が制作したとみる見解がある（辻村　一九九一）。その指摘によれば、納入品の納入状況に鑑み、像内朱書きの『理趣経』・珠禅敬白文および頭部納入の五色舎利、珠禅敬白文、愛染明王印仏などは造立当初とし、胸部（正中二年〈一三二五〉銘）や膝部枘穴（康永四年〈一三四五〉銘）納入品は段階的に追納されたものとする。

（植村）

像内銘・納入品(一部)

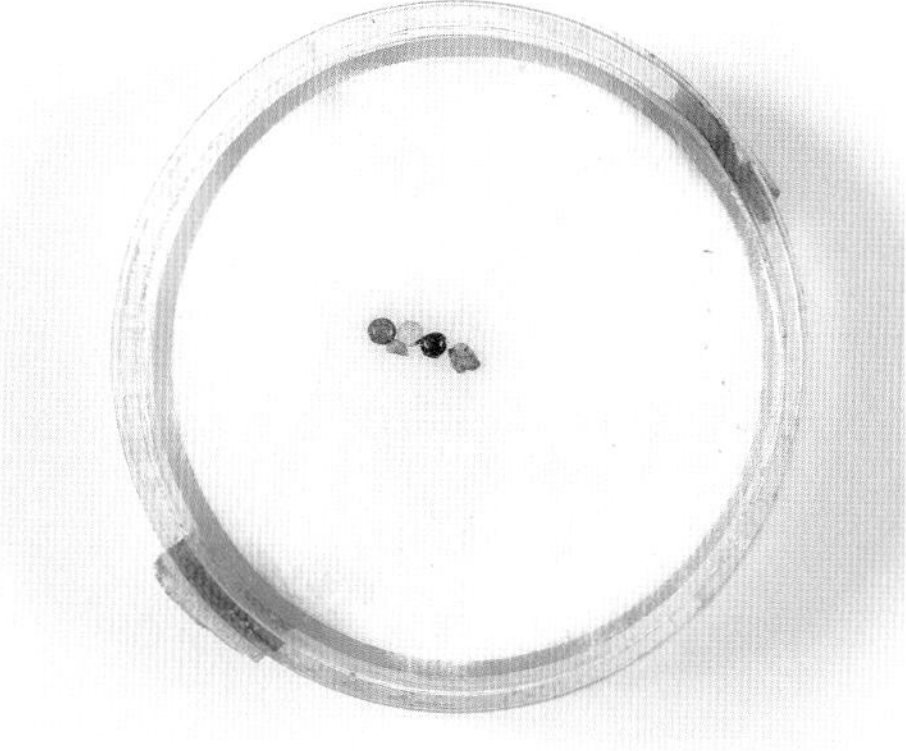

五色舎利

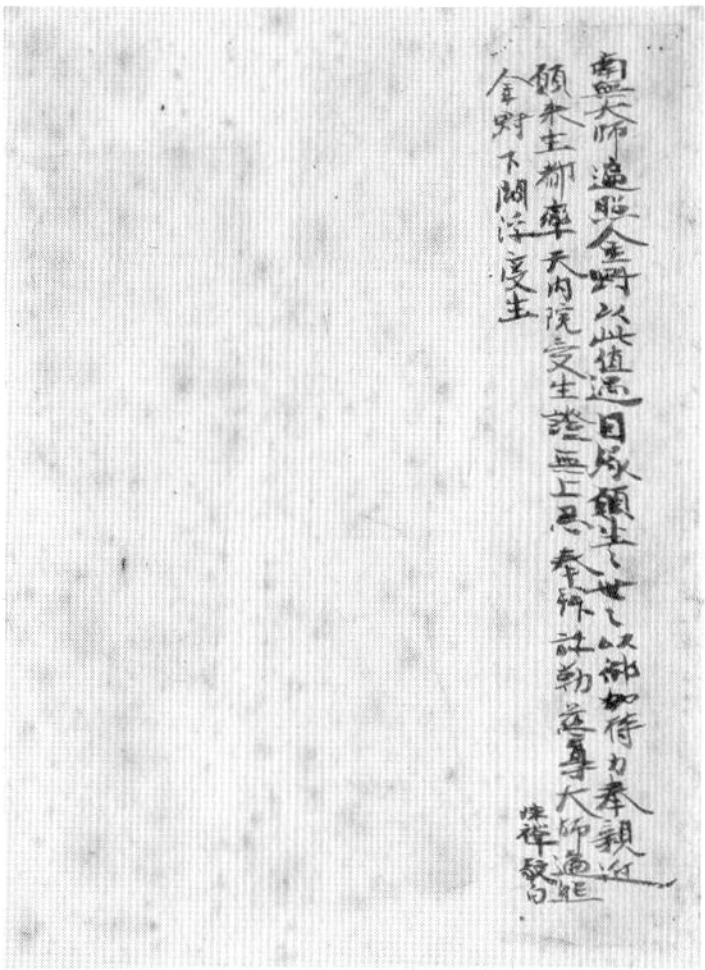

珠禅敬白文

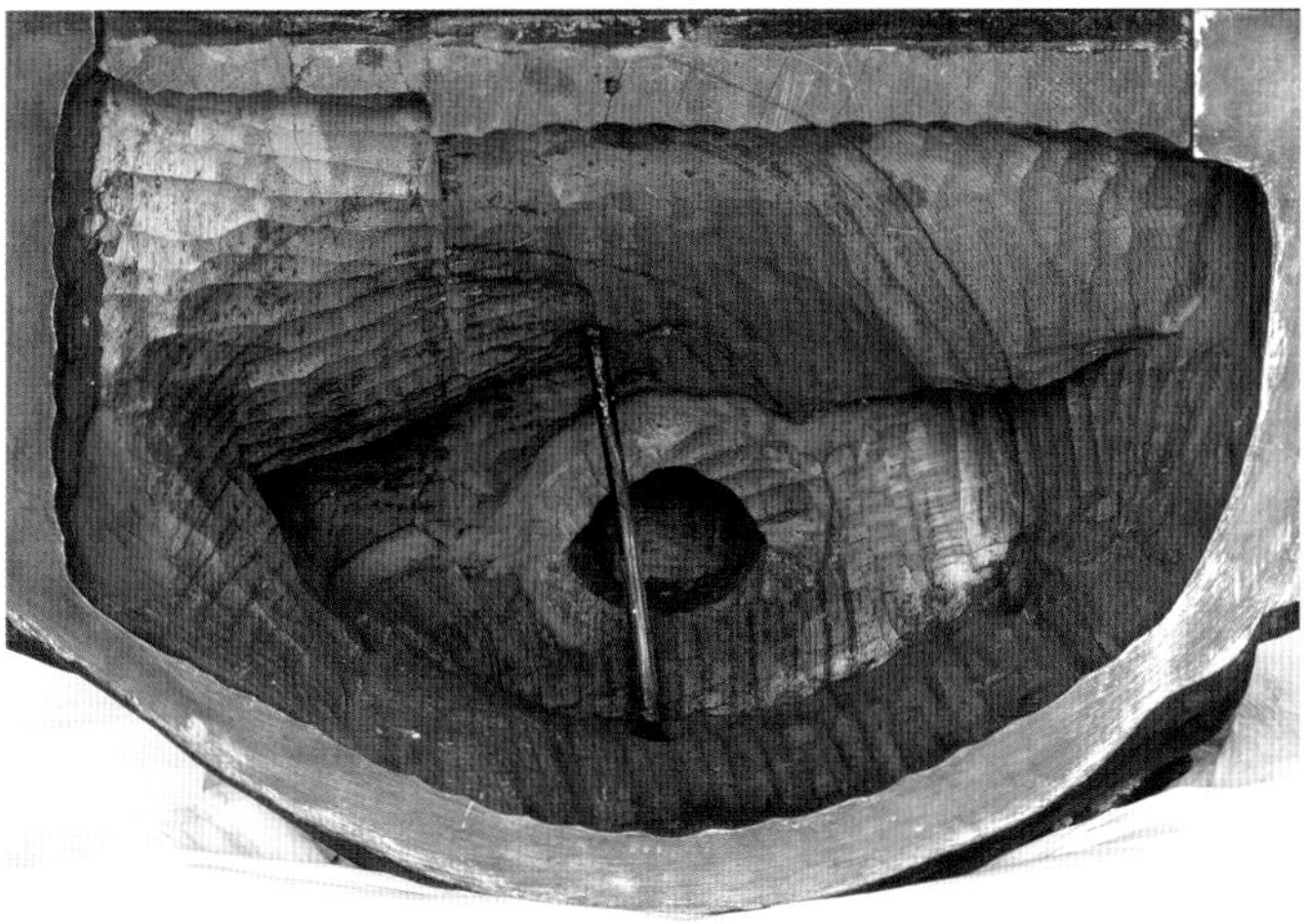

像内銘・朱書『理趣経』

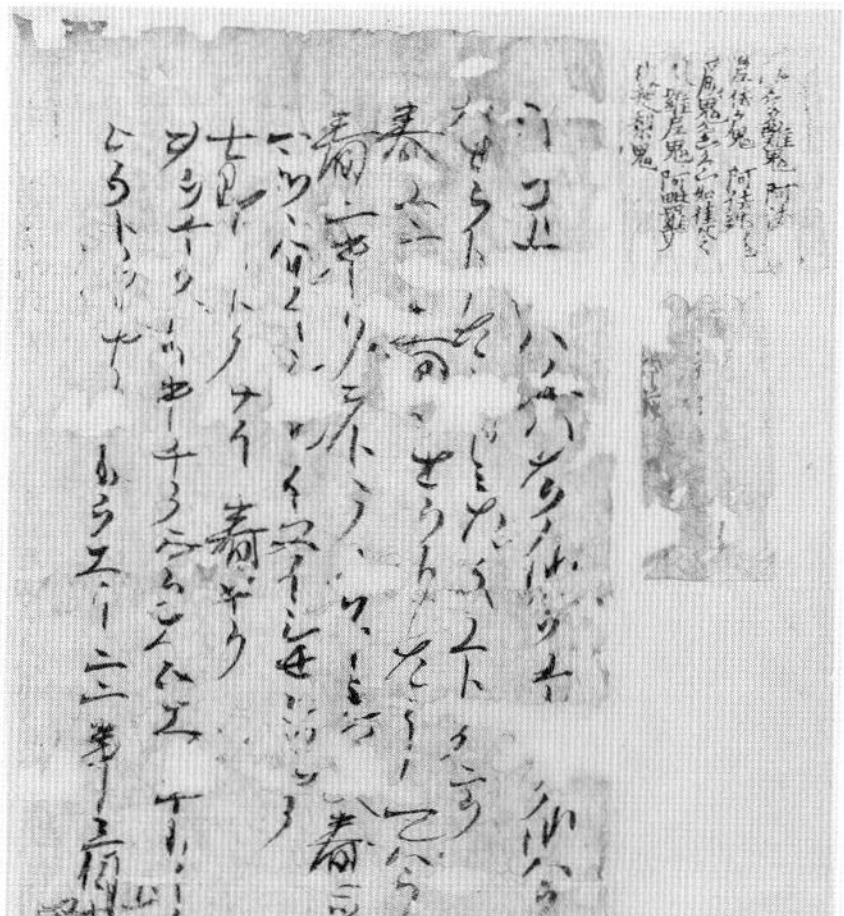

結縁交名状　康永４年（1345）

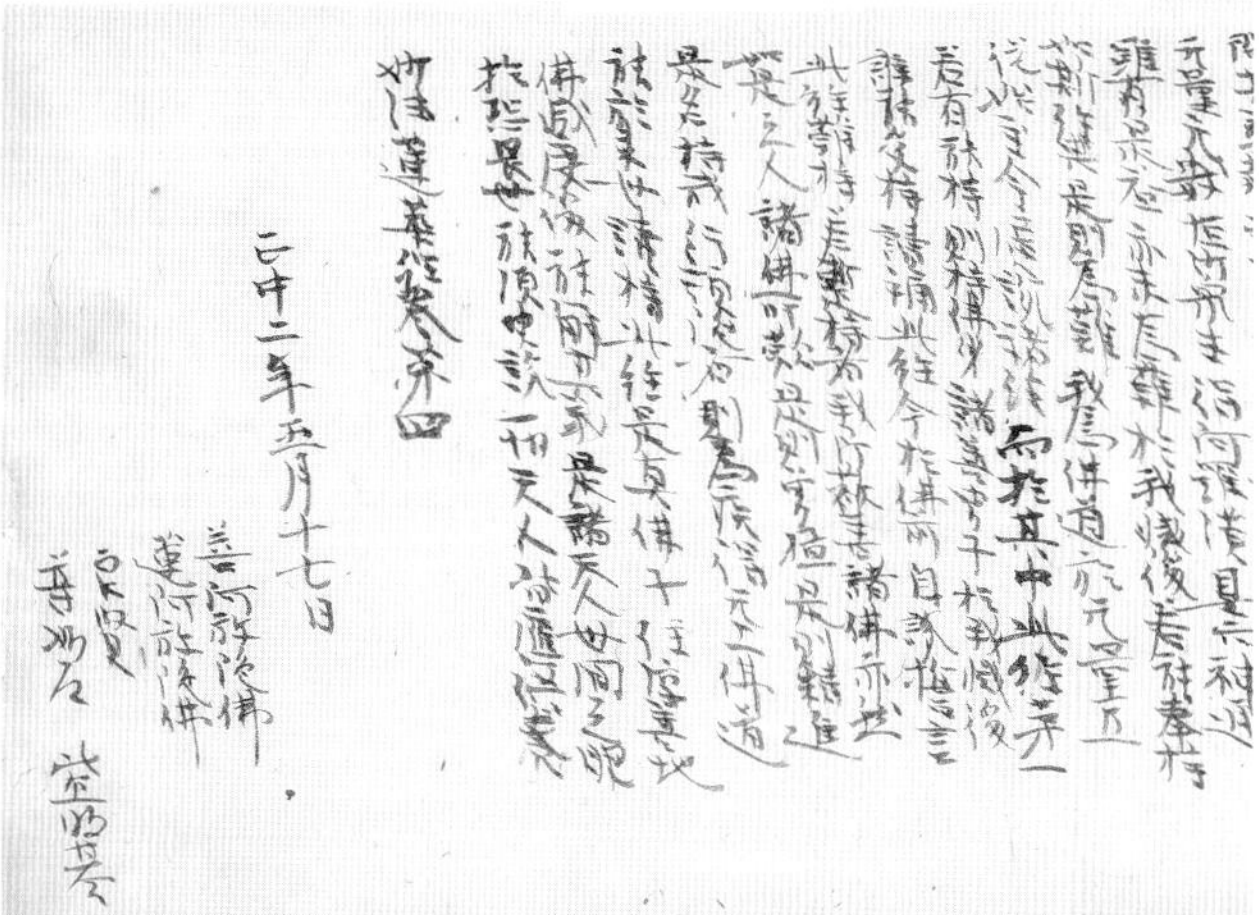

妙法蓮華経 巻四　正中２年（1325）

2 中世庶民信仰資料の世界

中世庶民信仰資料の発見

一九四三年、生駒宝山寺《いこまほうざんじ》より真言律宗元興寺（当時は極楽院）に入寺した故辻村泰圓《つじむらたいえん》師は、本堂および禅室の解体修理に着手した。戦中の人材・資材不足による中断もあったものの、一九五四年に無事本堂の修理を終えた。この修理では多くの学術的知見が得られたが、その一つに屋根裏や縁の下、本尊須弥壇《しゅみだん》下などから中世庶民信仰資料の発見が挙げられる。その後、同様の資料は、一九六一年に元興寺の境内で初めて実施された考古学的発掘調査でも大量に出土し、研究を大きく進展させた。

この発掘調査は、国宝建造物の類焼を防ぐための防災工事にともなうもので、現在の東門と本堂の間付近で行われた。地表下約八〇センチからは、ひょうたん型の平面形を呈する深さ約一一〇センチの土坑《どこう》が検出され、五層にわたる埋土から大量に中世庶民信仰資料が出土したのである。

当時、調査を担当した故水野正好氏（元興寺文化財研究所前所長）は、この土坑について、遺物が層位間で接合することや壁面の立ち上がりが垂直で剥落の形跡がないこと、溜水の痕跡や土砂の流入がほぼ無いことなどから、開坑から短期間のうちに埋没したと評価した。一方で、大量に出土した中世庶民信仰資料は、鎌倉時代から寛永《かんえい》十三年（一六三六）初鋳の寛永通宝までの年代幅を持っていた。遺物の持つ年代観と遺構の埋没状況の矛盾は、本堂に長期間安置されていた資料をまとめて整理、投棄したと考えることで理解ができる。すなわち、江戸時代になり、本堂の片付けに際して堂内に納められていた諸資料を土坑に投納、賽冥銭を撒《ま》き、供養後に埋め戻したと考えられるのである（辻村・水野　一九六二）。

この調査で出土した資料は、わが国で初めて本格的な保存処理が行われた。そして、一九六七年には、六万五三九五点の資料が「元興寺庶民信仰資料」として重要有形民俗文化財に指定された。

元興寺境内発掘の写真

中世庶民信仰資料の内容

中世庶民信仰資料は、こけら経や小型五輪塔、納骨器類、塔婆《とうば》など二二種に大別できる。これらの中心は、逆修《ぎゃくしゅ》や追善《ついぜん》供養《よう》に関係する遺物であり、元興寺が鎌倉時代後半から納骨堂や墓所の性格を強める傾向を如実に示している。

納骨器類や石塔などをみると、十五世紀後半から十六世紀末にかけてもっとも資料数が増加し、十七世紀中葉になると急速に減少する。これは、極楽浄土を願う一般庶民の納骨の場から朱印寺院に変化したことを傍証している。

（坂本）

元興寺庶民信仰資料（重要有形民俗文化財）**の内容**

種別	点数	内容
納骨器類	4,738 点	塔婆類（納骨五輪塔ほか）、羽釜型、火消し壺型 その他（陶器、曲物、竹筒型など）
こけら経	37,463 点	法華経、無量義教、観普賢経、般若心経、阿弥陀経 梵網経、般若理趣経、観無量寿経、盂蘭盆経 薬師本願経、弥勒下生成仏経、大品般若経 地蔵本願経、千手千眼観音心陀羅尼経 宝筺印陀羅尼経、八名普密陀羅尼経、大随求陀羅尼 滅罪真言、光明真言、五大種子、六字名号
塔　婆	1,772 点	絵塔婆、大型塔婆、中型塔婆、小型塔婆
小型五輪塔	19,743 点	板五輪、方形五輪
千　体　仏	935 点	板彫地蔵菩薩立像・坐像、地蔵菩薩立像 阿弥陀如来立像、薬師如来立像、観音立像 十王像など
位　牌	85 点	白木、漆塗
物　忌　札	21 点	
百八堂マイリ札	29 点	
名　号　札	10 点	
番　衆　札	64 点	
供養木札	2 点	
仏　具　類	19 点	献供板、花瓶など
貨幣・冥銭	263 点	
版　木	5 点	五輪塔、如来坐像、名号、聖徳太子断片など
板絵着色仏	64 点	長形板絵（千体阿弥陀如来連坐像、釈迦如来連坐像 観音連坐像、諸尊併坐像、浄土変断片など） 方形板絵（釈迦三尊、阿弥陀三尊、阿弥陀如来坐像 阿弥陀如来、地蔵菩薩併置像、観音菩薩像 如来型頭部断片など） 小型長形板絵（地蔵菩薩連坐像）
紙本印仏	95 点	十一面観音、宝篋印塔併置像、地蔵・宝篋印塔併置像 宝塔内地蔵坐像、瓶塔形血盆経、阿弥陀如来立像 薬師・阿弥・地蔵併置像、文殊菩薩立像、地蔵菩薩立像 地蔵菩薩坐像、愛染明王像、五輪塔印塔、六字名号など 彩色印仏（薬師如来坐像、阿弥陀如来坐像、弥勒仏坐像）
刷　札	29 点	如意輪観音坐像（摺仏）、南大門万林供養札 伊勢内宮大勧進札、六十六部廻国納札、如来荒神札 不動三尊札、護摩札など
具柱暦祭文	4 点	夫妻和合祭文、離別祭文など
和　讃	1 点	
百万返引付	1 点	
経　典　類	51 点	こけら経手本（法華経・梵網経）など
御　幣　串	1 箱	
合　計	65,395 点	

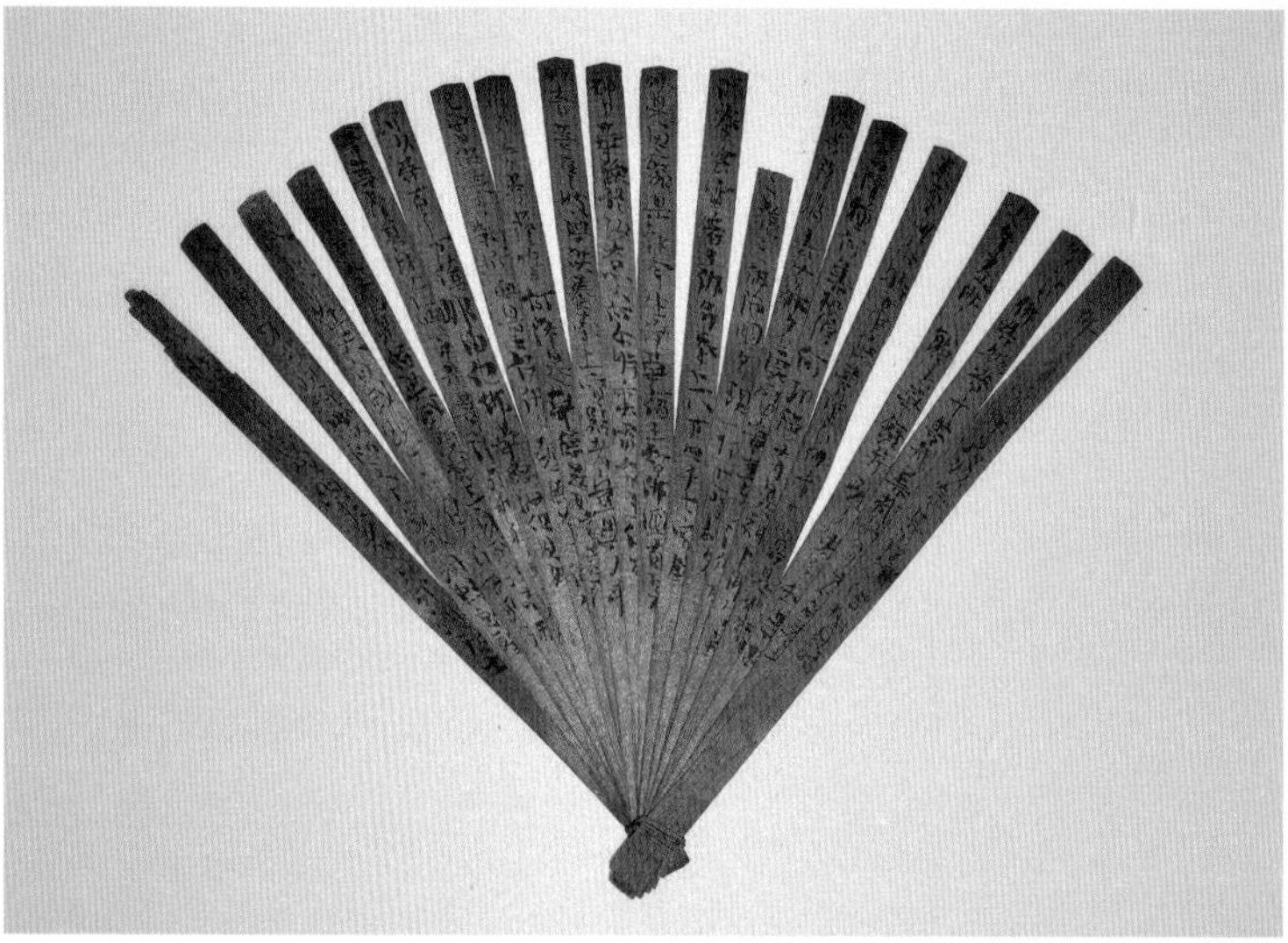

こけら経（法華経）

重要有形民俗文化財

木製墨書　縦二八・五　横一・五
鎌倉時代　真言律宗元興寺

こけら経とは、経典が書写された薄く細長い木片である。写経と同様に一行一七字をこけら経一枚に書写する。鎌倉から室町時代前期頃までは、二〇枚を一把として紙縒《よ》りでくくり、表面に二〇行分を書写してから、裏面に二〇行分を書写した。たとえば、『妙法蓮華経』ならば、全八巻で約二〇〇〇枚、一〇〇把を渦巻き状にたばねて箍《たが》をはめ一束にして寺院などに奉納されている（木下　一九六九）。亡者供養や息災安穏などを祈願することを目的としていた（高橋　二〇一八）。本こけら経は『法華経』巻第七妙音菩薩品《みょうおんぼさつほん》第二十四の一部分である。本来二〇枚一把であったが一枚を欠く。こけら経の書写法どおり、表面に二〇行を記してから裏面に書写していることがうかがえる。（三宅）

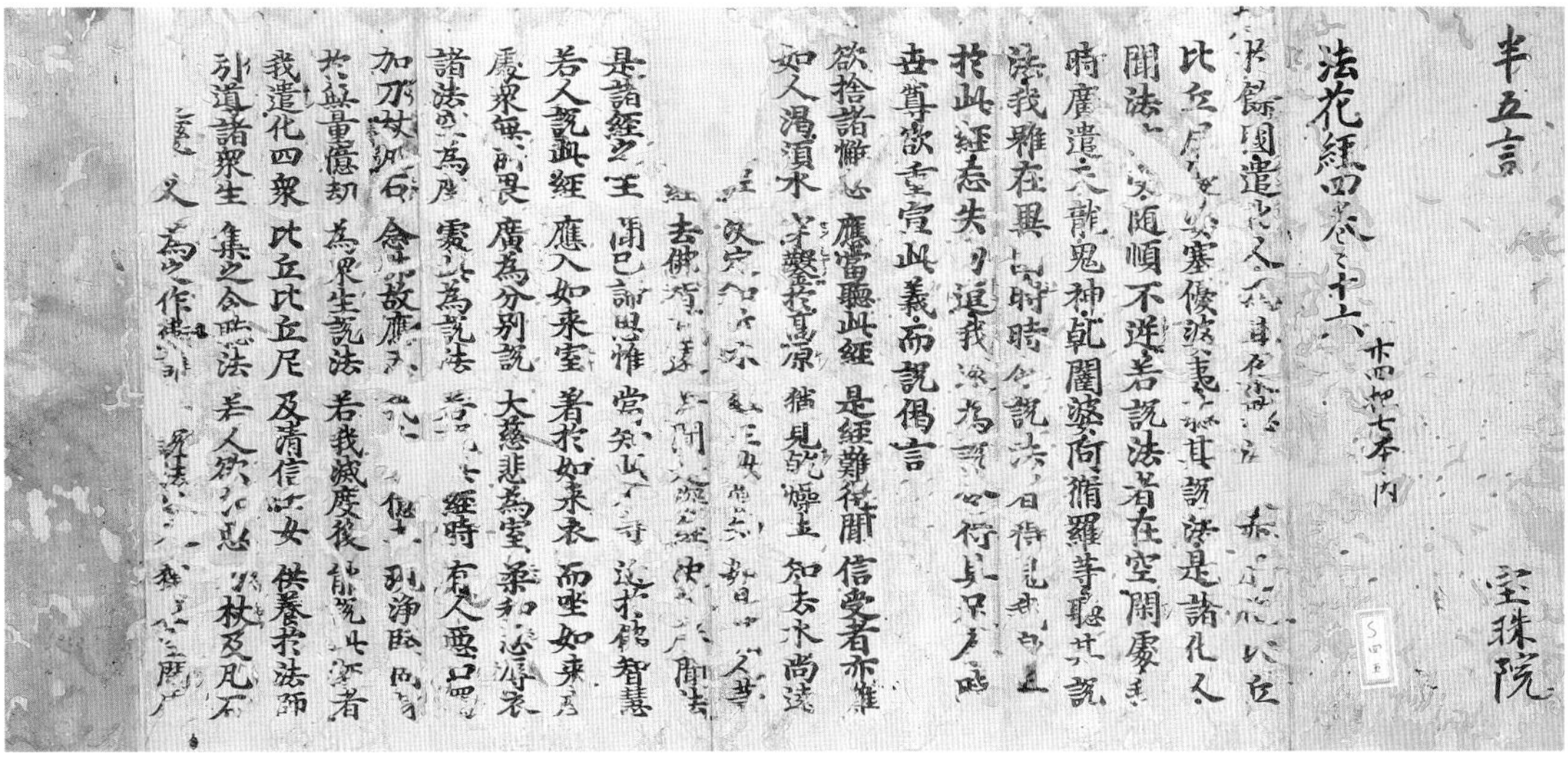

法華経 四巻之十六

重要有形民俗文化財

紙本墨摺　縦二五・六　横三九・九
室町時代　真言律宗元興寺

こけら経書写時に手本となった『妙法蓮華経』版本で、南都で開版《かいはん》された心性版ではないかとされる。写真のように『法華経』の一部分が切り取られ一帖の折本とされているのは、こけら経を分担して書写するための改装である。本経は、巻第四の内題を含めると、三〇一行目から三二〇行目であり、外題に「法花経四巻之十六」とあるように巻第四を二〇行で分割した場合の一六番目に当たる。外題下に「廿四把七本之内」とあるのは、巻第四が全四八七行であるので、二〇行で割ると二四把と七枚となることを示している。表紙にある「宝珠院」は東大寺宝珠院ではないかとみられている（辻村編一九八〇）。

（三宅）

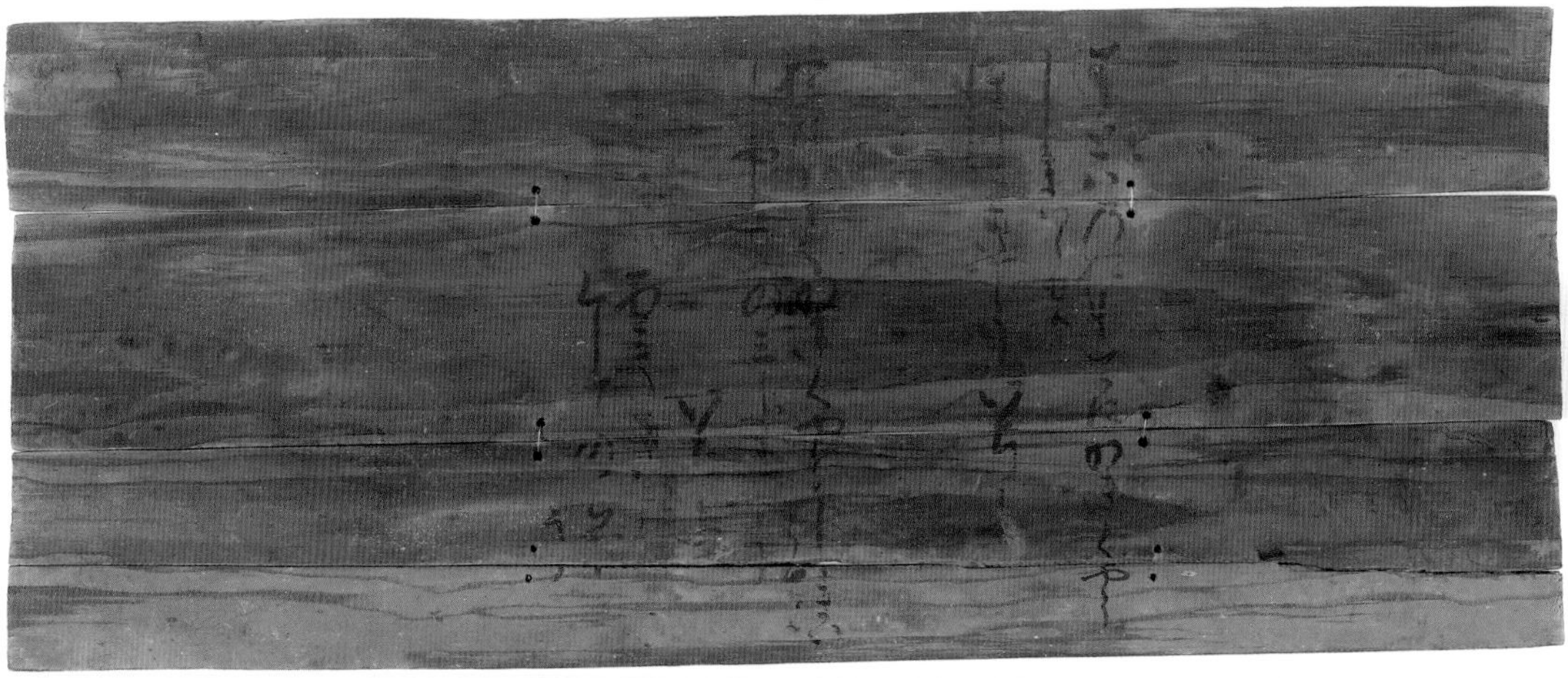

供養願文墨書木札

重要有形民俗文化財

木製墨書　縦二四・八　横六一・一
鎌倉時代　真言律宗元興寺

こけら経を書写供養した願文を記した木札である。『法華経』と浄土三部経（『無量寿経』『観無量寿経』『阿弥陀経』）を一部、また別に『阿弥陀経』一部を書写したことが知られる。「そとは」は「卒塔婆」のことで、ここではこけら経を指す。本木札はこけら経に添えて奉納されたものであろうが、例は少なく貴重な資料である（辻村編　一九八〇）。

（三宅）

［銘文］

そとは（卒塔婆）のおもてにかきくやう（供養）
しまいらせ候
ほけきやう（法華経）いちふ（一部）
おなしくかきくやう（供養）しまい
らせ候
しやうと（浄土）の三ふきやう（部経）
いちふ（一部）
あみたきやう（阿弥陀経）
く（具）してのくやう（供養）
う

本堂須弥壇格狭間《こうざま》羽目板《はめいた》

重要有形民俗文化財

一九四三年から始まった元興寺本堂の解体修理の際、須弥壇格狭間羽目板の裏面から墨書が発見された。この墨書は、「當堂佛壇造替事、嘉慶二年戊辰卯月十一日始之、勧進申■■并番匠等所■《(願)》■■■併薦尸、骨於此壇内期門生■■《(浄)》土往諸者也、右衛門當知事小比丘永■、當住持南山沙門重然」と記し、嘉慶《かけい》二年（一三八八）に須弥壇が造り替えられたこと、南北朝時代には須弥壇内部をはじめ、本堂内への納骨が盛行していたことを伝える資料である。本堂は、木製納骨容器が柱や壁に打ちつけられ、土製納骨器がところ狭しと並んでいるような景観だったと推察できる。

しかし、このような景観は江戸時代に本堂の整理が行われたことにより、失われてしまった。中世元興寺の景観を語るには、中世庶民信仰資料と本堂の隅々に残された釘穴などから読み解くことが重要なのである（岩城　一九九九、辻村編　一九八〇）

（坂本）

納骨容器　重要有形民俗文化財

木製（納骨五輪塔）　総高二・三〜二四・七
鎌倉時代〜江戸時代前期　真言律宗元興寺

納骨容器には、五輪塔や宝篋印塔などを削り出した塔婆型を代表として羽釜《はがま》型、竹筒型、曲物型などがある。その中でも納骨五輪塔は三〇〇〇基余りが確認されており、銘文から、北大和全域と南山城の貴族や武士、上層町民が極楽坊に納骨していたことが明らかになっている。大きさは二センチ前後〜一〇センチ以上まで多様で、底面ないし地輪《ちりん》・水輪《すいりん》に背面から骨穴が穿たれ、遺骨の一部がそこに収められる。四面立体→三面立体→板状への形態的な変遷が認められ、資料の多くに残る釘穴の存在から、置くものから打ちつけるものへの変化が見て取れる。

羽釜型や竹筒型などは日常的に使用する容器を転用したものである。竹筒型納骨容器は遺骨を納め、宝珠型の栓をすることで塔婆に見立てて納骨したと思われる。身近な物で死者の極楽往生を願った人々の精神性をうかがい知ることができる（辻村編　一九七八・一九七九）。

（坂本）

蔵骨器　重要有形民俗文化財

瓦質土器（火消壺型）　総高一七・七～六三・七
室町時代～江戸時代中期　真言律宗元興寺

蔵骨器《ぞうこつき》は、地下に遺骨を埋葬することを意図した容器であり、納骨容器とは性格が異なる。元興寺本堂の南側では、発掘調査によって墓地が形成されていたことが明らかになり、蔵骨器が埋設された状態で検出された。本来、遺骨を納めた蔵骨器を土坑内に埋め、その上に直接ないし台石を据えて石塔が建てられたと考えられる。

蔵骨器には、瓦質や陶質の壺形土器のほか、羽釜や鍋といった土師質《はじしつ》土器、香炉《こうろ》を転用したものが確認されている。壺形土器には火消壺や信楽焼壺などの日常容器を転用したものもあり、さまざまな形態が存在する。蔵骨器には決まった形はなく、遺骨を極楽坊に納める行為が重要だったのだろう（辻村編　一九七六）。

（坂本）

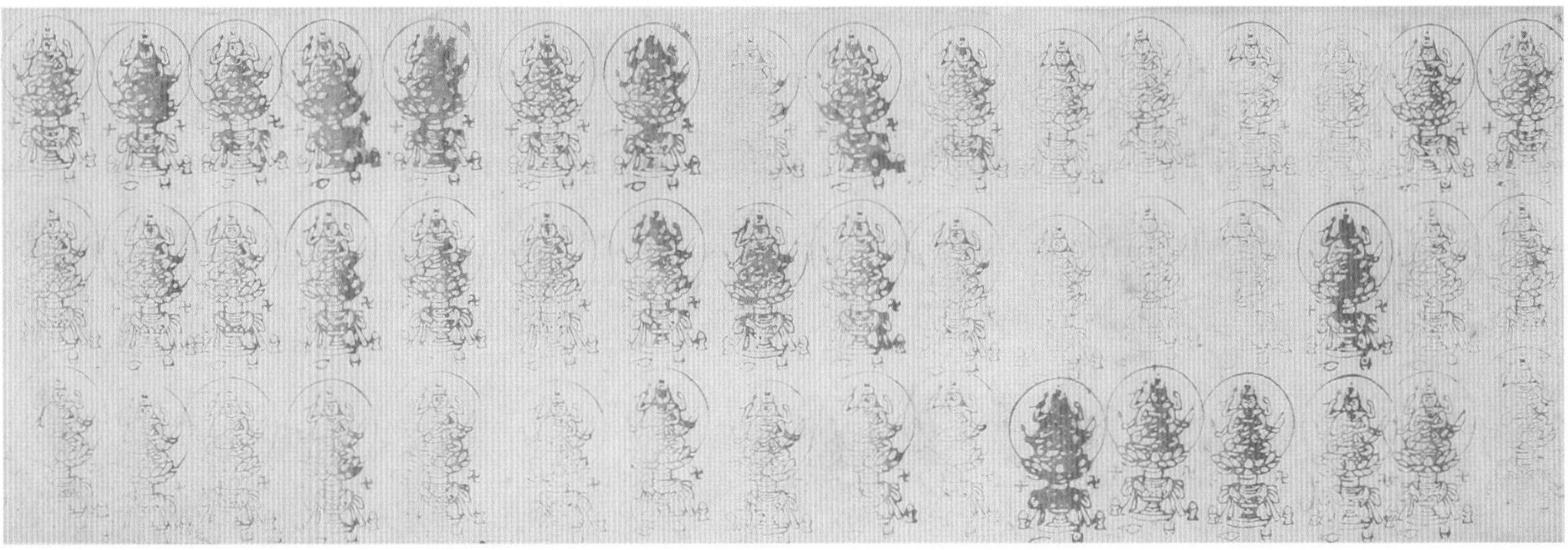

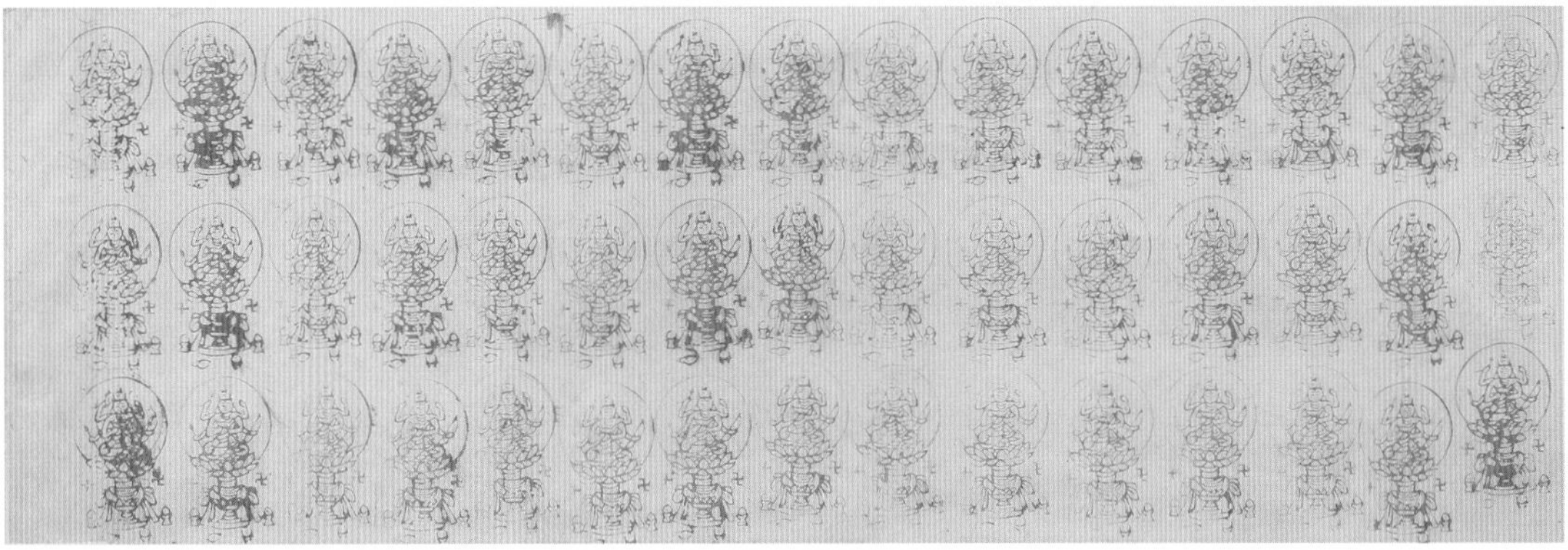

愛染明王印仏　重要有形民俗文化財

紙本朱印　縦一六・五×横五〇・一（上段）
縦一六・七×横四九・三（下段）
鎌倉時代末　真言律宗元興寺

木造弘法大師坐像（鎌倉末、重要文化財）から発見された一三種の納入品のうちの一つである。愛染明王像印仏は、珠敬白文一紙と小さく折りたたまれた五色舎利を巻子の中心に据えて巻き込み、坐像頭部に収められていた。

印仏紙は四二枚あり、表面には愛染明王像の朱印仏と右上端に料紙一枚の捺押数、裏面左上端にそれまでの捺印総数を朱書きする。すなわち、本資料は日課印仏として珠禅が押したものと推定され、製作時期は朱の特徴や納入状況などから坐像とほぼ同じと考えられる。

同様の納入事例としては、法隆寺護摩堂に安置されている応安《おうあん》八年（一三七五）銘の木造弘法大師像がある。『古《こ》今一陽集《こんいちようしゅう》』西之部、明王院条には、この像について「…御腹内愛染明王像壹躰、奉納入…」と記述しており、鎌倉時代の南都における信仰の一端がうかがえる（辻村編　一九七四）。

（坂本）

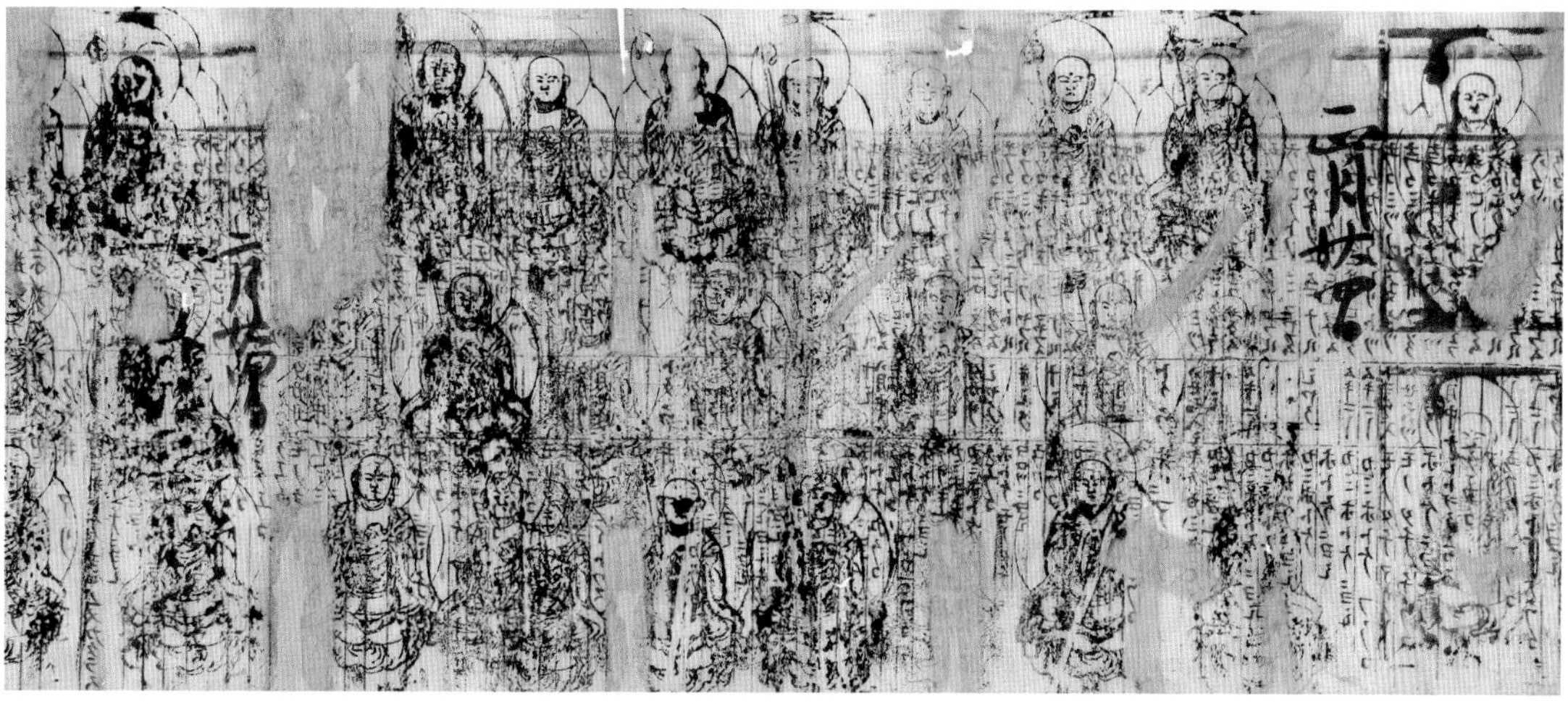

地蔵菩薩印仏　重要有形民俗文化財

紙本墨摺　縦二三・八、横一九二・〇（巻子）
縦二六・〇～三九・一×横一六・三～三九・一（料紙）
室町時代　真言律宗元興寺

本像容は、右手に錫杖《しやくじよう》、左手は胸前にして掌に宝珠を取り、頭光《ずこう》と身光《しんこう》を背にして岩座に坐す、総高九・九センチの地蔵菩薩坐像である。一体一版、同一版木を用いて薄手の楮紙に捺された印仏料紙が一巻と一四枚確認されている。

料紙のものは像が重複するなど乱雑に捺されているが、巻子装のものは、応永十四年（一四〇七）の摺本仮名暦の表裏に捺しており、二四体捺すごとに各月二十四日の日付を墨書する。これは、毎月二十四日が地蔵菩薩の縁日とする信仰を背景にしたものと考えられ、室町時代に盛行した供養方法の実例として重要なものである（辻村編　一九七四）。　（坂本）

古位牌　重要有形民俗文化財

木製漆塗　高四一・六
南北朝時代　真言律宗元興寺

庶民信仰資料の古位牌は、形態は多様だが大きく二種に大別できる。一つは、素地に生漆を塗った白木の位牌で、一九六一年の発掘調査で出土した。葬礼後の納骨の際、遺骨や物忌札などとともに堂内に納められた、いわゆる野位牌と考えられる。

もう一方は、黒漆塗りの位牌で、発掘調査で出土した遺物と堂内に祀られていたものがある。前者は頭部を雲形とするもので、膨大な出土遺物のうちわずか八点（うち完形は一点）しか確認されていない。完形の位牌は、表面に陰刻に金泥《きんでい》で物故者銘を、背面に紀年銘を朱書きしており、応安四年（一三七一）に近い時期に製作されたものと考えられる。後者は、江戸時代の堂内整理後、元興寺に関係する人々の位牌を有縁者が作成し、堂内に収めたものと考えられる（辻村編　一九七七）。

（坂本）

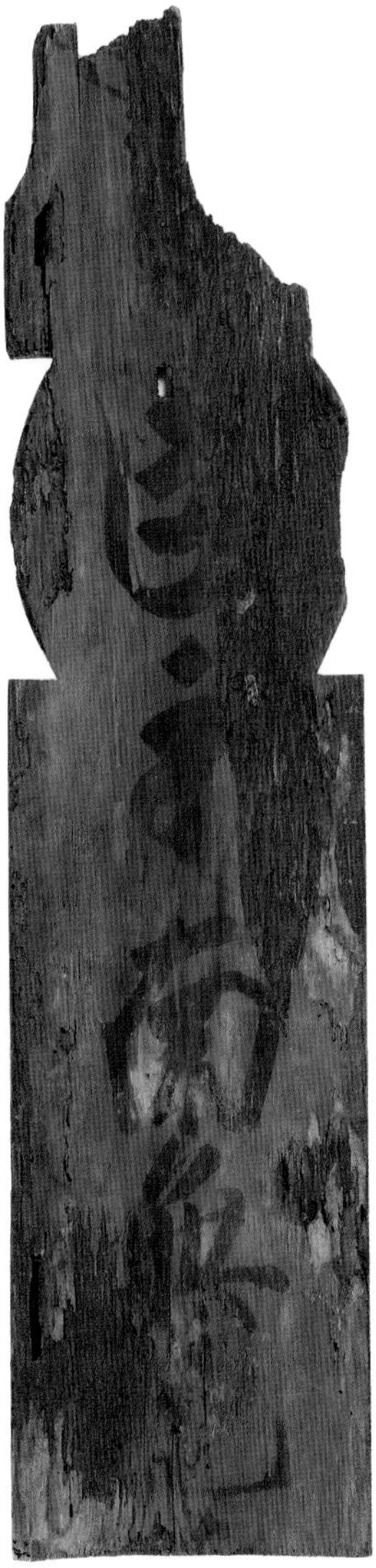

裏

表

絵塔婆　重要有形民俗文化財

木製彩色　残存高七九・七
室町時代　真言律宗元興寺

絵塔婆は、貴族や僧侶などが逆修や追善供養のため、各忌日や年忌の本尊を塔婆に図説し、供養したものである。元興寺では、本堂天井裏や発掘調査で合計二〇点が確認されている。うち、天井裏から発見された三点は欠損や腐朽部分が多くあるものの、彩色や墨書の残りが比較的良好であった。

本資料は、淡彩で地蔵菩薩を描いている。光輪部内縁や頭部は群青《ぐんじょう》、光輪部外縁や衣、宝珠は朱彩で描き、水輪部分の中央に方形の釘穴を穿孔して塔婆堂などに打ち付けていたものと考えられる（辻村編　一九七九）。このような絵塔婆は、十輪院《じゅうりんいん》や伝香寺《でんこうじ》、金躰寺《こんたいじ》、福智院《ふくちいん》などの周辺寺院にも見られ、尊形や彩色などの類似が認められる（元興寺仏教民俗資料研究所　一九七五）。

（坂本）

物忌札

重要有形民俗文化財

木製墨書　総高三五・三〜四七・五
南北朝〜室町時代　真言律宗元興寺

人が亡くなったときに穢《けが》れを避けるために作成された呪符《じゅふ》の一種で、正平七年（一三五二）から文安《ぶんあん》二年（一四四五）までの年紀を有する二一点が残される。表面には大日如来の種子とともに「堅固物忌」の主文、「急々如律令」「九九八十一」「八九七十二」など呪符の決まり文句が書かれ、下部は差し立てられるように尖らせてある。元興寺に伝わった葬送関係の次第書『入棺作法』（一三五二年）に、遺体に取りつく魔縁や魔王、百万鬼などを退けるために枕元や門口、庭中に立てられた類似の呪符の書様が載っており、本史料もこうした次第書に則って作成されたのであろう（藤澤　一九九五）。中陰《ちゅういん》明けに納骨器、位牌などとともに納められたと考えられる。

（服部）

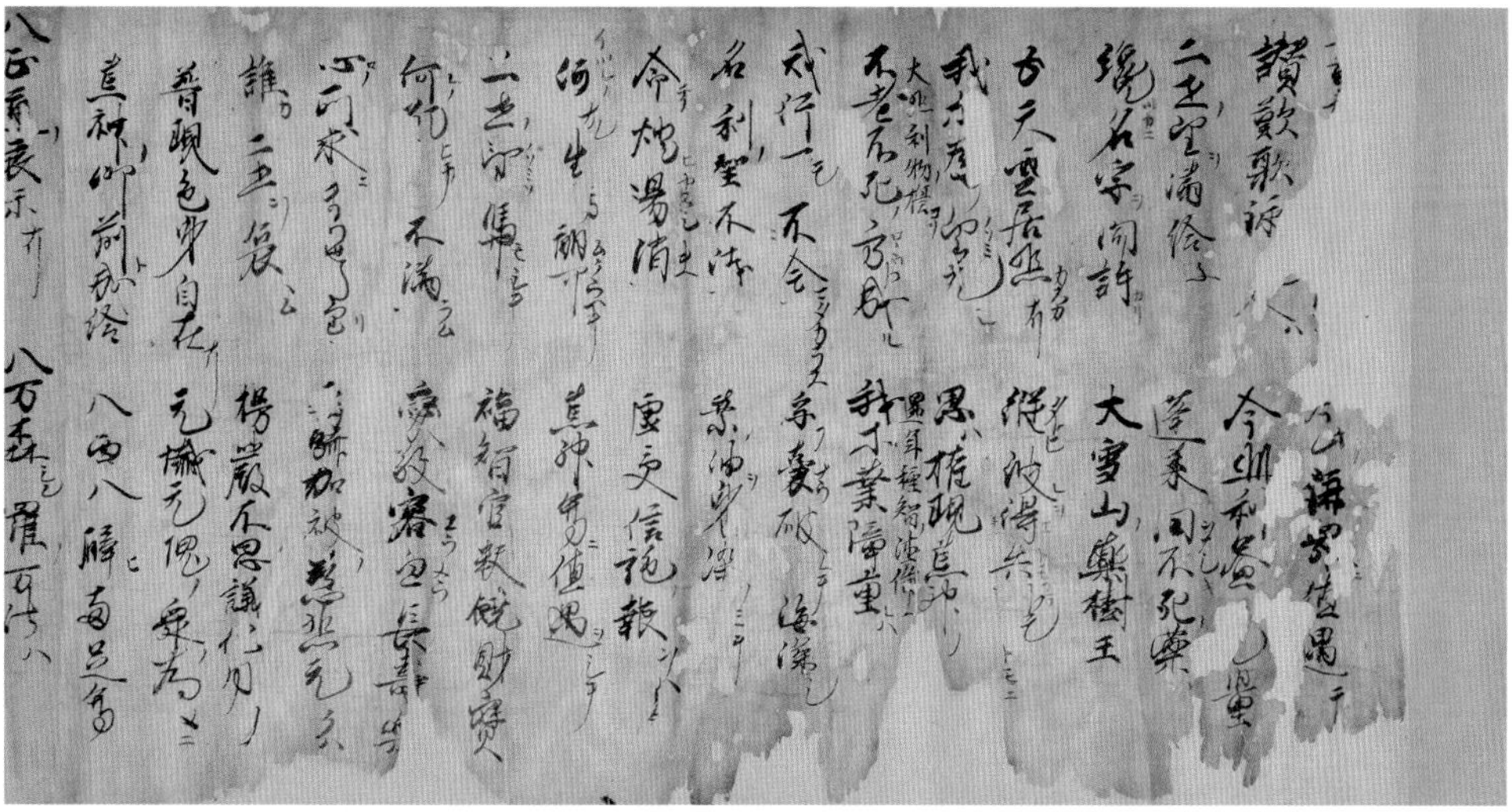

荒神和讃 重要有形民俗文化財

紙本墨書　縦二八・二、横九二・四（全長）
貞応三年（一二二四）　真言律宗元興寺

荒神《こうじん》の徳を七五調の和語でたたえる讃文《さんもん》（和《わ》讃《さん》）である。本文に「今この講衆に値遇して」とあり、荒神を信仰する講衆が集う場で唱えられたと考えられる。内容は、業障が重く、戒行の勤めも完全ではなく、みずからの罪を反省し、恥じることのない「我等」も、八面八臂の荒神にめぐりあって二世安穏を祈願すれば、みなその加護を得て利益に預かることができる、というものである。講衆には俗人の存在も念頭に置かれていたのであろう。類例はなく、和讃や荒神信仰の歴史を考えるうえでの重要な信仰資料である（柴田　一九七五）。（服部）

赤外線撮影写真

勧進杓　重要有形民俗文化財

木製墨書　径九・九　高五・八
室町時代　真言律宗元興寺

元興寺極楽坊に納められた曲物納骨器のひとつで、もともと柄のついていた柄杓が転用されたものと考えられる。側面に「□楽院／□子殿／□進杓／□□三十一／□□阿弥」、底板に「□□阿弥／太子堂／極楽院／智阿」の墨書があり、智阿弥陀仏という勧進聖《かんじんひじり》による太子堂のための勧進で用いられた柄杓であった。中世の勧進聖が勧進に柄杓を用いていたことは、『三十二番職人歌合』や『六道珍皇寺《ろくどうちんのうじ》参詣曼荼羅』などの絵画資料に見られ、本資料はその種の勧進柄杓の原物資料ということになる。太子堂は応永年間（一三九四～一四二八）に創建されており（『大乗院寺社雑事記《だいじょういんじしゃぞうじき》』）、この勧進柄杓が用いられたのもあるいはそのときのことだとも考えられている。　（服部）

千体仏　木造千体仏像
板彫地蔵菩薩像

重要有形民俗文化財

木造彩色　高七・三〜一一・三
鎌倉時代〜室町時代初期　真言律宗元興寺

本堂東側軒裏から発見された板彫地蔵菩薩立像（一一四枚）、本堂天井裏と境内地下から発見された木造千体仏像（八八六躯）などがある。前者は檜材を切り抜いて地蔵菩薩像を描いたもので、九点には「勢至丸」「南無地蔵菩薩」などの墨書がある。釘穴があり、堂内に打ちつけられたものとみられる。後者は地蔵菩薩像のほか阿弥陀如来像、薬師如来像、聖観音像、十一面観音像、十王像もある。像底に「法名□□姉子」「丑十一月廿日」、背面に「僧永玄」などと墨書があり、追善供養のために造立されたとみられる。多数の造仏造塔は実際には権力事業として行われることも多かったが、元興寺の千体仏は多人数の結縁によって造立されたと考えられている。江戸時代の享保十一年（一七二六）には本堂に「万体地蔵」が祀られ、聖徳太子と弘法大師による作と伝えられていた（「極楽院由緒書上」国立歴史民俗博物館所蔵水木家資料）。当時の段階で五六〇〇軀が残されていたという。

（服部）

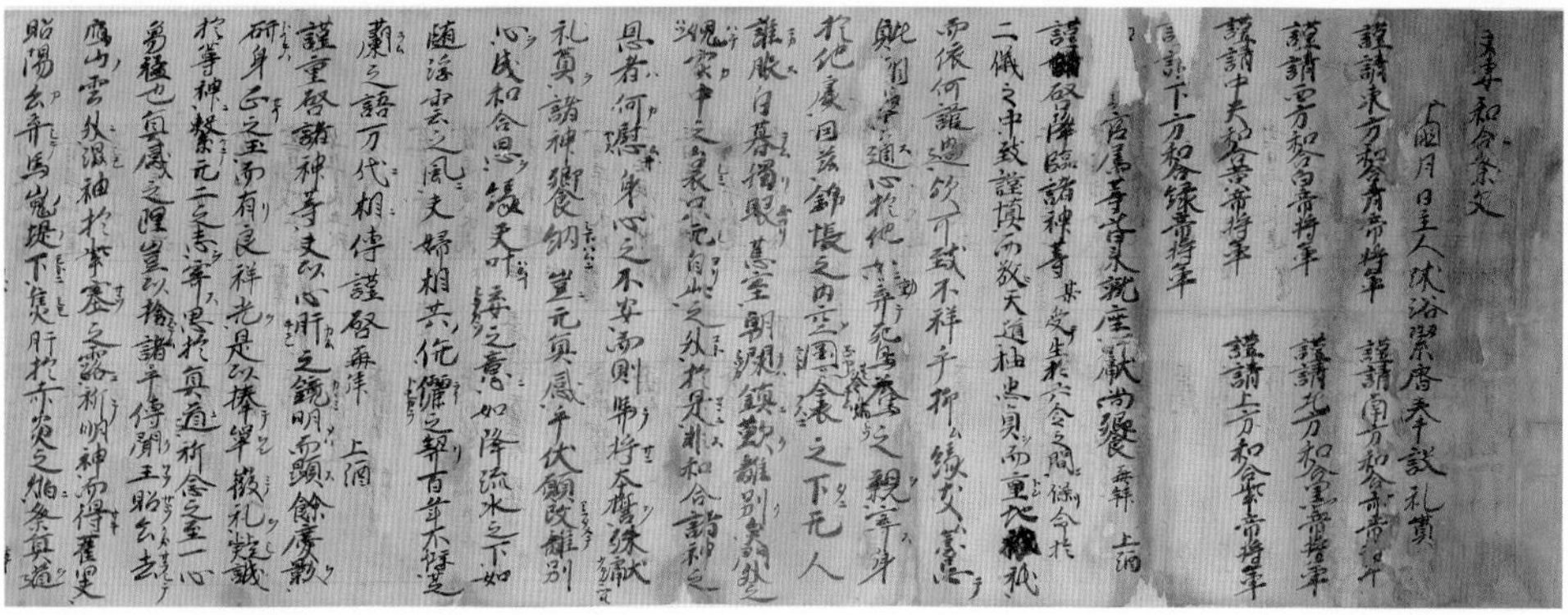

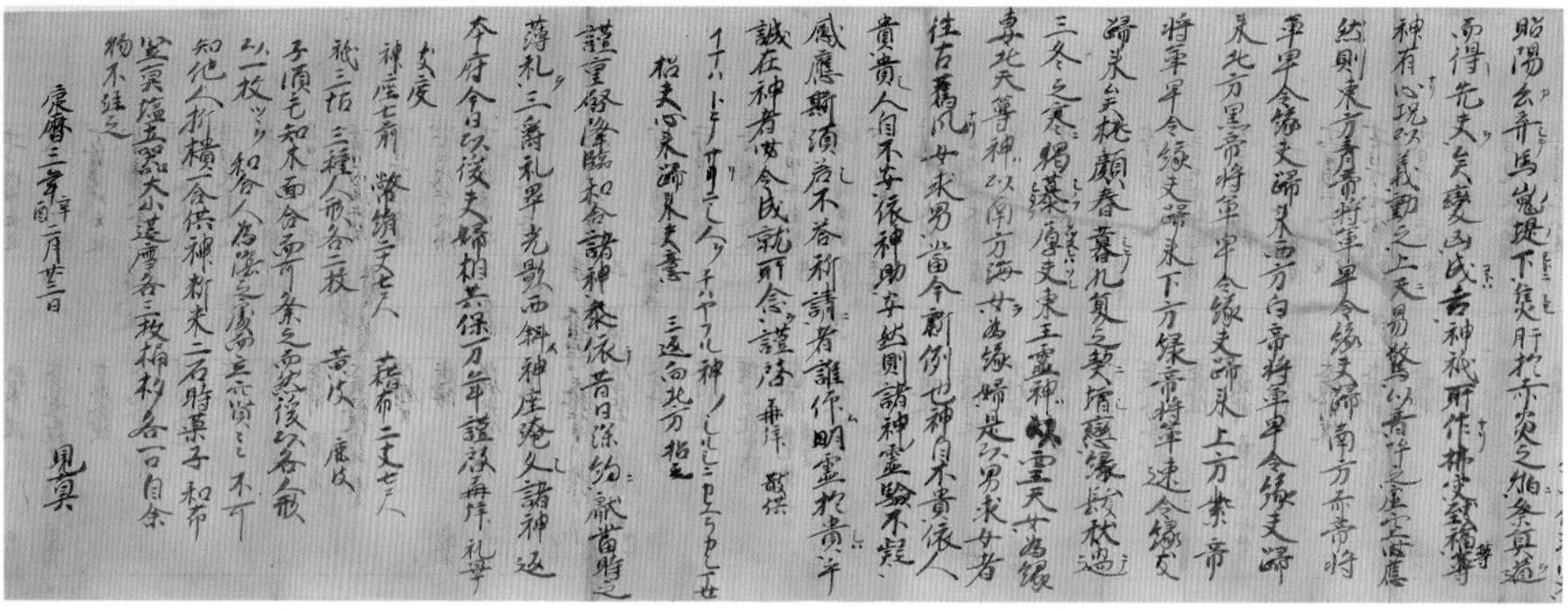

夫妻和合祭文　重要有形民俗文化財

紙本墨書　縦二九・〇　横一七〇・九（全長）
康暦三年（一三八一）　真言律宗元興寺

夫妻の契りを忘れて、他の女に心を通わせ、他所に行ってしまった夫（「縁友」）が、離別の心を改めて、もと通り夫妻和合し、芝蘭《しらん》の語らいをしたいという、妻の切実な願いを祈るための祭りの作法書である。康暦《こうりゃく》三年（一三八一）見真の筆によるもので、紙背には康暦二年の具《ぐ》注暦《ちゅうれき》がある。

この祭りでは和合を司る諸方の将軍神が勧請され、「もしも願いをかなえて下さらないなら誰が神を尊く信仰するか」などと神々に成就を強く迫る祭文《さいもん》が読み上げられた。儀式で用いられる人形《ひとがた》や、供物《くもつ》など用意するものも記される。陰陽道家によって作成されたとみられるが（柴田　一九七五）、他に類例は知られていない。文中に「男、女を求むるは往古の旧風なり。女、男を求むるは当今の新例なり」とあるなど、当時の男女関係、夫婦関係の一端もうかがえる興味深い資料である。

（服部）

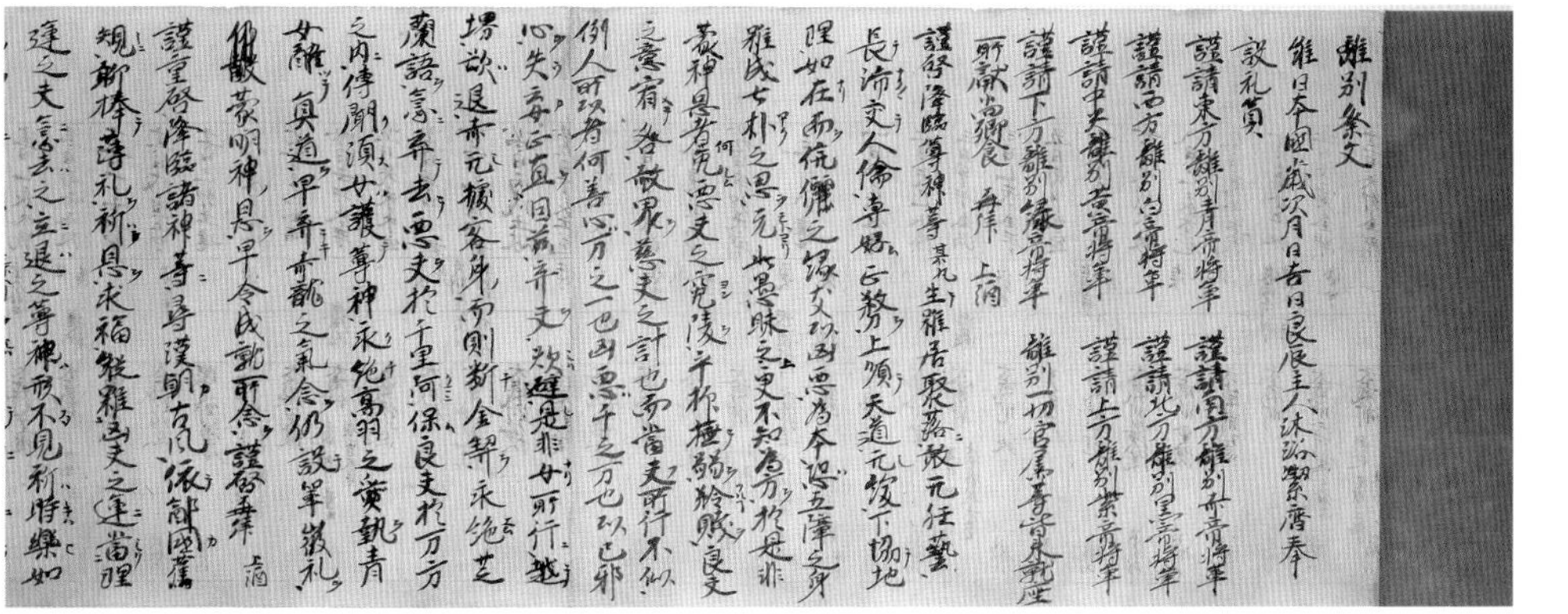

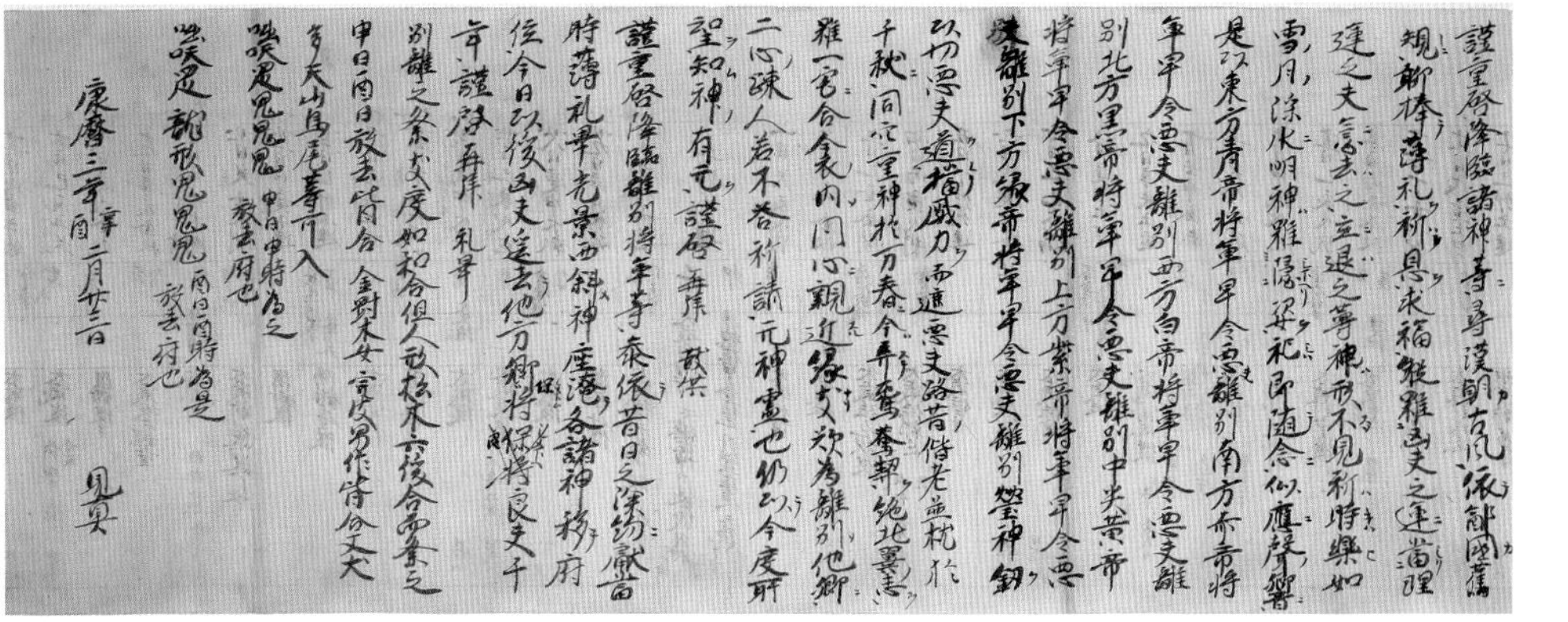

離別祭文　重要有形民俗文化財

紙本墨書　縦二九・〇　横二一六・九（全長）
康暦三年（一三八一）　真言律宗元興寺

「夫妻和合祭文」とともに、康暦三年（一三八一）見真の筆によるもので、同じく紙背には康暦二年の具注暦がある。「夫妻和合祭文」とは逆に、凶悪な夫と堅い契りを断って遥か遠くに離れて、良夫と一緒になりたいという女性の願いを祈るための祭文である。この祭りでも人形が用意されたが、これは背中合わせに祀られた。「夫を追い出すことは女性のすることではなく、自分から遠くに出て行こうにも身を寄せるところがない」とあり、当時社会的に弱い立場に置かれていた女性の切実な願いを祈る祭りであったことが知られる。

（服部）

3 元興寺と「ならまち」のほとけたち

元興寺伝来のみほとけ

元興寺には、紆余曲折を経ながらも幅広い時代の仏像が多数伝来する。制作背景や当初安置堂宇《どうう》などが詳らかでないが、これまで看過されがちであった注目すべき作例が多数伝来する点も、一三〇〇年にわたる信仰の軌跡というべきであろう。

華厳宗元興寺は、一九三五年に仏師石原定興によって制作された弥勒菩薩坐像を本尊とし、その四方を四天王像が守護する。このうち持国《じこく》天《てん》・多聞天《たもんてん》像は本尊像と同年に石原定興《いしはらじょうこう》による制作と判明したが（元興寺文化財研究所　二〇二〇）、増長《ぞうちょう》天《てん》・広目天《こうもくてん》像は鎌倉時代後期に遡ると考えられる。同寺所蔵文書の悉皆調査により、近世後期から近代の寺史がかなり明瞭となっているが、持国天・毘沙門天像は五重大塔、観音堂本尊十一面観音像などとともに安政《あんせい》六年（一八五九）の大火で「大いに破損」し、修復中に像内から「四寸之尊体」が見いだされたことが新たに知られた。その尊体の行方は不詳だが、史料が確かならば再興にともない改めて納入された可能性もあるだろう。

救い出された二軀は、増長天が左手を腰に当て右手は挙げて戟《げき》を執り、広目天が左手を胸まで挙げて経巻を、右手は腰辺りで筆を執るさまをみせる。このすがたは醍醐寺蔵「東大寺大仏殿図」（弘安七年〈一二八四〉）に記す鎌倉時代復興期に制作された大仏殿四天王像と同じくし、いわゆる「大仏殿様四天王」と称される像容である。特に建久《けんきゅう》七年（一一九六）頃の快慶《かいけい》工房制作と考えられる和歌山金剛峯寺《こんごうぶじ》像と細部まで一致する点は、金剛峯寺像と元興寺像が大仏殿四天王像の忠実な模刻であることを示唆することとなり興味深い（奥　二〇一一）。

元興寺像は、同種の現存作例で等身以上の法量を持つものとして、先述の金剛峯寺像、十三世紀の制作と考えられる神奈川宝城坊像に次ぐ作例としても注目される。

元興寺由来伝承と都市民の仏

元興寺旧境内域に形成されたいわゆる奈良町《ならまち》については5－1に詳しいが、現在の奈良町にはさまざまな宗派の寺院が存在する。元興寺の子院《しいん》や別院であったとする由緒を伝え、なかには平安時代や鎌倉時代に遡る仏像を蔵する寺院も少なくない。また、南都はすでに中世頃から東大寺・興福寺を頂点とする宗教都市が形成されていたことが指摘されており（藤原　二〇〇九）、都市民たちによる造仏や信仰が活発であった。

現在真言律宗元興寺に寄託される鵲《かささぎ》町有の地蔵菩薩像は、像内納入願文から延応《えんおう》元年（一二三九）に元興寺僧常行《じょうぎょう》房《ぼう》行増《ぎょうぞう》が三十軀修造したうちの一軀であることが記され、永仁《えいにん》二年（一二九四）に「元興寺鳴河□」の香阿弥陀仏が重修したものと記した銘文も確認される。この時点では鵲郷と元興寺の関係は明確ではないが、嘉吉《かきつ》三年（一四四三）には鵲郷に地蔵堂があったことが知られ、元興寺ゆかりの仏像が郷民たちによって護持されていった好例であろう。

　さらに、融通念佛宗徳融寺《ゆうずうねんぶつしゅうとくゆうじ》に所在する薬師如来坐像は、薬師堂町によって護持された町有の本尊像であった。『大和名勝誌』には、「元興寺全盛の時の仏像なり」と記され、『奈良《なら》坊目拙解《ぼうもくせつかい》』にも「上古の元興寺一院本尊なり」とする。薬師堂郷は文永《ぶんえい》六年（一二六九）にはすでに成立しており、これまでに郷有となったことがうかがわれ、近隣の御霊《ごりょう》神社本地仏として祀られたと考えられている。なお、御霊神社は中世後期には元興寺の鎮守となる。

　これらの事例は、元興寺ゆかりの仏像が旧境内域近郊において都市住民たちにより護持され祀られるという庶民的な信仰が中世には醸成されていたことを示している。さらにいえば、その基層を育んだのが極楽坊であり、南都という宗教都市に生まれた奈良町という空間であったのだろう。

（植村）

薬師如来坐像　木造彫眼漆箔
平安時代　薬師堂町（徳融寺寄託）

聖観音立像　木造彫眼彩色
平安時代　徳融寺

増長天

四天王像

木造彫眼彩色
像高（増長天）一七三・二
（広目天）一七一・五
鎌倉時代及び
昭和十年（一九三五）
華厳宗元興寺

広目天

須弥壇四方を守護する堂々たる大仏殿様四天王像である。

持国天・多聞天像は五重大塔・観音堂焼失とともに罹災し、一九三五年に再興されたことが近年の調査で明らかとなった。増長天・広目天像は鎌倉時代後期に遡ると考えられ、等身以上の法量をもつ大仏殿様四天王像として注目される。

（植村）

薬師如来坐像

木造玉眼漆箔　像高七一・〇
鎌倉時代　真言律宗元興寺
写真提供：便利堂

髪際線の中央を下げ、理知的な面貌、適度な頭体部の肉付きをあらわす。まとまりの良い端正な作風を示すことから十三世紀前半頃の制作と考えられる。しかし、螺髪《らはつ》を貼付けとする点や捻塑的で深く大きく流れる衣文線、袈裟が左肘にかかり、結跏趺坐《けっかふざ》した左足先まで衣をかける点などは古様を意識した造形とみられ、像底もいわゆる上げ底式内刳《うちぐ》りをとらないなど、制作年代についてはなお検討を要する。

光背の裏面には、多数の木製宮殿《くうでん》が釘留めされている。薬師の瑠璃光浄土《るりこうじょうど》における宝楼閣《ほうろうかく》をあらわしたと考えられているが珍しい工作であり、庶民信仰資料に通じる趣がある。（植村）

毘沙門天立像

木造彫眼彩色　像高一〇九・〇
鎌倉時代　真言律宗元興寺

精悍な面貌を示し、引き締まったしなやかな肢体で、総じて端正な作風を示している。

左手に戟を執り、右手は腰にあてる姿は毘沙門天像としては珍しく、むしろ当初は四天王や二天像における持国天・増長天像であった可能性もあるだろう。なお、享保十一年（一七二六）「極楽院由緒書上」（国立民俗歴史博物館所蔵「水木家資料」）中には「多聞天」が挙げられ、本像にあたるとみられる。江戸時代すでに多聞天像として祀られていたと考えられる。（植村）

地蔵菩薩立像

定正作　木造玉眼素地　像高一二七・〇
天文十五年（一五四六）　真言律宗元興寺

錫杖・宝珠を執らず、左第一・二指、右第一・三指を捻じる珍しい像容を示す。本像では逆手となるが、矢田寺地蔵菩薩像（平安時代前期）に先例がある。元興寺では「印相地蔵」と称されている。

頭部内および台座墨書から琳勝法師の発願により天文十五年に宿院仏師定正によって制作されたことがわかる。作風に同門仏師と異質な面が指摘されるが、頭部や面部の一部に彩色を施すのみで、素地仕上げとするのも宿院仏師作例に共通する所である。近世においては「志保屋（塩屋）の地蔵」として知られていた。

近年の研究では、願主の琳勝法師は興福寺塔頭に住した僧と知られ、寂後に本像を預かったのが脇戸町の塩屋夫妻であったことが指摘され、その後庶民信仰の拠点である極楽坊に寄進、あるいは寄託されたものと考えられている（高橋　二〇一八）。（植村）

定正作の地蔵菩薩像とともに安置されている。銘記の類は見当たらないが、おおらかな体軀の表現や木取りは宿院仏師系統の作例に共通するところである。

なお、『大和巡画日記』（東北大学図書館蔵）の正覚寺条に本群像に近似する像容の三軀を描く。かつて正覚寺には十王堂があり、十王のうち三軀を描いたものとみられるが、現在正覚寺に伝わる十王像（現存三軀）は『日記』記載像とは別のもので、像内および台座銘により天文二十一年（一五五二）より「宿院仏師源次」や「定政（定正）」ほかの仏師によって制作されたことがわかる。正覚寺像が時代的にも遡ると考えられるが、『日記』記載の情報は興味深いものである。（植村）

閻魔王坐像（上）
木造玉眼彩色　像高六五・二
室町時代　真言律宗元興寺

泰山府君坐像（下）
木造玉眼彩色　像高六五・二
室町時代　真言律宗元興寺

司録像
木造玉眼彩色　像高八一・三（頂―右足先）
室町時代　真言律宗元興寺

大日如来坐像

木造彫眼漆箔　像高四七・〇　平安時代
元興寺町共和会（奈良国立博物館寄託）
写真提供：奈良国立博物館（撮影　佐々木香輔）

元興寺町会所の本尊で、智拳印《ちけんいん》を結ぶ金剛界大日如来である。頭体幹部は両上膊を含んで一材より彫出し、膝前に横一材を寄せる。小作りな面貌表現や等間隔に配した弧状の衣文線も十世紀頃の特徴を示すが、全体に穏やかな浅い彫りとなり十世紀末から十一世紀初頃の制作と考えられる。（植村）

薬師如来立像

木造玉眼漆箔　像高六五・八
江戸時代　中院町（真言律宗元興寺寄託）

真言律宗元興寺が位置する中院町会所（白山社・薬師堂）に所在した本尊像。宮殿厨子には薬師如来立像のほか、日光・月光菩薩立像および十二神将像が付属する。
白山社との関連は不明で、売薬業に関するものかとも指摘されている。
（植村）

地蔵菩薩立像

木造彫眼彩色　像高五四・〇　平安時代後期
鵲町（真言律宗元興寺寄託）

真言律宗元興寺の近隣鵲町会所（地蔵堂）に所在した本尊像。左手に宝珠、右手に錫杖を執る通用の像容であるが、沓《くつ》を履く点で特異である。像内には、本像が延応元年（一二三九）に元興寺像行増が古仏の地蔵を三十軀修造したうちの一軀で、永仁元年（一二九三）に元興寺鳴河□の香阿弥陀仏が重修したことを記す願文が納入されていた。（植村）

第5章

近世奈良町と元興寺三カ寺

1 奈良町の形成

元興寺境内域の変化

元興寺旧境内は現在、真言律宗《しんごんりつしゅう》元興寺、華厳《けごん》宗《しゅう》元興寺、真言律宗小塔院《しょうとういん》を除き市街地化し、元興寺主要伽藍域を「ならまち」の核として観光地化している。この「ならまち」は歴史的な用語ではなく、中世は「南都」「奈良」などの名称で呼ばれていたのであるが、いずれにしても大寺の伽藍が町へと変わってゆく過程は、奈良の歴史を知る上でも重要な出来事である。

中世元興寺の景観を直接的に知ることのできる資料に『小五月郷絵図《こさつきごうえず》』と呼ばれる絵図がある。これは十五世紀に大乗院門跡尋尊《だいじょういんもんぜきじんそん》が描かせた絵図で、元興寺禅定院《ぜんじょういん》鎮守天満社の小五月会に際して、祭礼費用を負担させた郷を描いた地図である。ここには元興寺境内として金堂・南大門・極楽坊《ごくらくぼう》・観音堂・塔・小塔院・吉祥（堂）が描かれており、中世後期に至っても主要伽藍域が寺院としての体裁を保っていたこと

元興寺旧境内付近の町並航空写真　元興寺文化財研究所

がわかる。ただし、極楽坊以北や南大門以南の寺地に関しては元興寺として扱われていない。まずこの部分から検討してみよう。

先にみた「堂舎損色検録帳《どうしやそしきけんろくちよう》」は長元《ちようげん》八年(一〇三五)段階の古代元興寺伽藍について記したものであるが(3－1)、これによると主要堂舎以外に新堂院、中院・温室院・蔵院・大衆院・修理所・南院・花園院などが存在したようであるが、その大半が建物を失い、残る建物も大破していた。この状況からは主要堂舎以外は人が常駐する施設はなかったとみてよい。実際、当該地域で行われた発掘調査でも十一世紀後半以前の遺構・遺物はほとんど見られない。十一世紀後半までは荒廃した寺地という景観だったと考えられる。

ところが、十一世紀後半になると急激に遺構・遺物が増加する。長元段階において、すでに蔵のすべてを失っていた修理所推定地に突然井戸が出現するほか、西僧房周辺に土坑《どこう》が出現する。さらに、十二世紀になると食堂《じきどう》以北の各地で井戸が見られるようになり、このころには荒廃した寺地に居住空間が成立したと思われる(佐藤　二〇〇六)。ただし、これが単なる町屋《まちや》であったかについては、古代寺院の境内が何の規制もなく町屋化するとも考えにくい。近世の地誌であるが、『奈良坊目拙解《ならぼうもくせつかい》』には仙岳院《せんがくいん》や勝南院《しようなん(み)いん》などが元興寺の子院《しいん》として当該地にあったという伝承を載せている。近世の地誌をそのまま信じることはできないが、食堂以北の寺地に元興寺の子院が存在した伝承は無視できない。横内裕人氏は十一世紀前半には元興寺僧が興福寺院家《いんげ》に住していることや、十二世紀以降禅定院を足がかりとして興福寺僧が別当《べつとう》とは別系列で元興寺へ介入する事例をあげ、元興寺寺内勢力の衰退を示す一方、十二世紀の元興寺僧が三間四面房をもつ私領を有し、これを妻に譲渡する事例などを紹介し、私領を持ちイエを形成する中世的僧侶の存在を指摘している(横内　二〇一〇)。こうした事例を参照すると、先にみた『奈良坊目拙解』の記述もあながち無視できず、元興寺境内地にこうしたイエを形成する子院群が成立してきた可能性が考えられる。

さて、同じ『奈良坊目拙解』には東大塔周辺にあった観音堂に懸けられていた板の銘文が採録されている。そこには徳治三年(一三〇八)に食堂東北にあたる東寺林の屋敷地を売却したことが書かれており、このころには通常の町屋が広がる空間となっていたようである。また、西北行大房での発掘調査では十四世紀初頭の製《せい》墨《ぼく》土器がみつかっており、この付近が手工業者の居住地となっていたことがわかる。元興寺に展開しはじめた院家は、貴種の家産化などの道

製墨用の土器　鎌倉時代　奈良市教育委員会

を経ることなく早い段階で分解、民有地化されたものと思われる。

このように十一世紀後半に始まる寺地の再利用は、遅くとも十四世紀初頭までには食堂以北の空間の町屋化を導いた。これに対し、先にみた十五世紀の『小五月郷絵図』には僧房周辺に辻子《ずし》と呼ばれる径《こみち》が見られるほかは、伽藍中枢部に道路などはなく、また街区《がいく》表現も見られないことから、僧房以南の伽藍については維持されていたようである。実際、伽藍中枢部の発掘調査ではこの時期の遺構はほとんど見られない。

主要伽藍域の変化

では元興寺の主要堂舎はいつ頃消滅し、現在見るような町屋の立ち並ぶ空間はいつ頃出現したのだろうか。これまで大きな画期とされていたのは宝徳《ほうとく》の土一揆《つちいっき》による伽藍焼失であった。これは宝徳三年（一四五一）、興福寺に対して徳政《とくせい》を求めて土民《どみん》が蜂起したもので、興福寺に向けて進軍する一揆勢が元興寺辺に放火、金堂をはじめ諸堂が焼失した事件である。これにより伽藍が衰退、町屋が侵入したとする見方が多い。しかし、『大乗院寺社雑事記《だいじょういんじしゃぞうじき》』には火災から一一年後の寛正《かんしょう》三年（一四六二）に金堂

金堂跡の発掘調査で見つかった金堂礎石　1975年
写真提供：奈良県立橿原考古学研究所

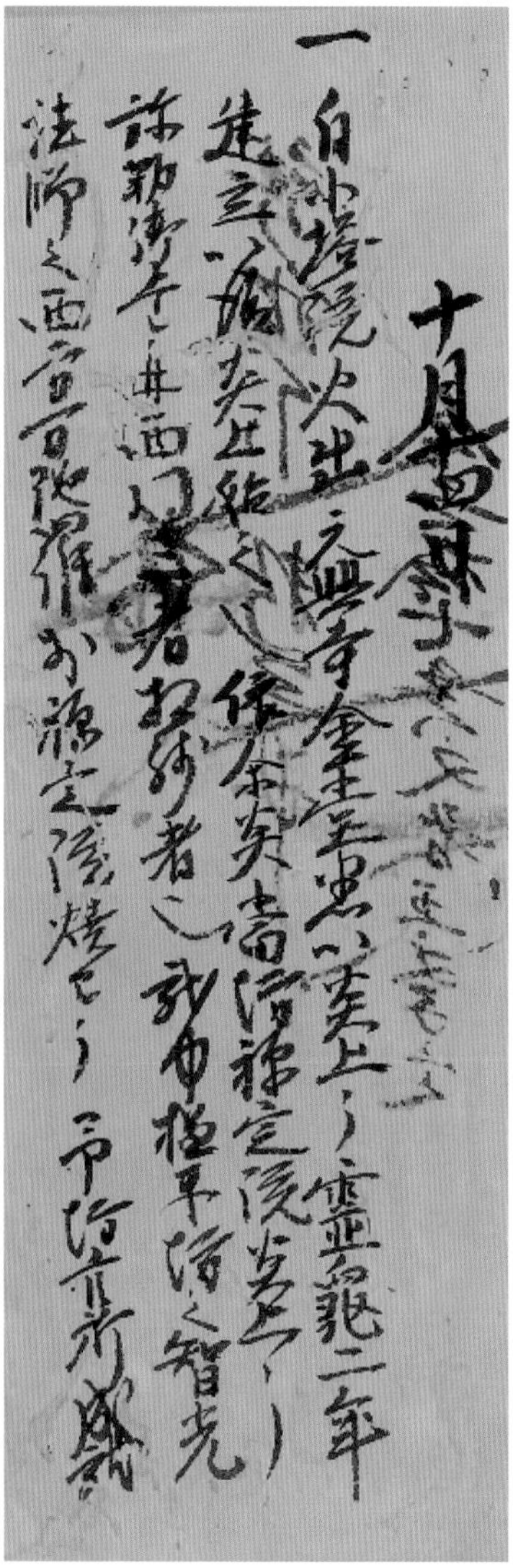

宝徳三年　元興寺炎上の記録
（『大乗院寺社雑事記』宝徳3年10月14日条）　国立公文書館

の再建が行われていることが記されている。この金堂は無事完成したようであるが、文明《ぶんめい》四年（一四七二）の台風で倒壊してしまう。しかし、文明七年（一四七五）には再建されており、宝徳三年の火災によって元興寺そのものが解体、消滅したわけではなかったようである。また、南大門は宝徳の火災を免れたようだが、寛正三年に火災によって焼失する。しかし、こちらもすぐに再建に取りかかった痕跡がある。

以上のように元興寺主要伽藍域の街区形成は遅くとも十五世紀後半以降に降るようである。そこで主要伽藍域の発掘調査から、井戸や土坑の検出例を調べると、十六世紀後半までほとんど遺構が見つからないことがわかる。『多聞院《たもんいん》日記《にっき》』永禄《えいろく》十三年（一五七〇）正月二十八日条には「元興寺弥勒堂ノ跡ヨリ石ノ櫃ホリ出、金数多在之、人夫三人シテ取逃了ト、実否ハ不知ウソ也」とあり、十六世紀後半には金堂は基壇を残すのみとなっていたようであるが、この状況にいたっても残された基壇を破壊して町屋を建設する行為はまだ行われていないようである。

「ならまち」の成立

では元興寺伽藍中枢部が現在のように町屋が立ち並ぶ景観となったのはいつであろうか。元興寺講堂推定地で行われた発掘調査（元興寺旧境内四七次調査）では、講堂の巨大な礎石《そせき》を、隣に掘った穴に落とし込んで処理している状態が検出された。これはそれまで残されていた元興寺の痕跡を完全に消し去って、新しい町屋を建設する象徴的な行為である。この穴からは十七世紀初頭頃の土器が見つかっている。同様の礎石片付け痕跡は金堂跡や鐘楼《しょうろう》跡でも同時期のものがみつかっており、十七世紀初頭に元興寺の痕跡を消し去る大規模な開発が行われたようである。

現在「ならまち界隈」として観光地となっている街区の中枢部ともいえる元興寺伽藍中枢部は、十五世紀の災害による衰退を受けながらも伽藍域を守っていたものが、十六世紀後半から新たに開発が始まり、十七世紀初頭に現在見るような町屋が密集する空間に変貌したと考えられる。この変遷過程はそのまま中世的な寺社による奈良の支配体制が、奉行所《ぶぎょうしょ》による近世的支配体制へと変遷してゆく過程と歩を一にしている点は興味深い。

肝要図会類聚抄のうち 小五月郷指図写

紙本墨書　縦三一・二、横二一・一（表紙）
宝暦六年（一七五六）　興福寺

元興寺禅定院鎮守天満社（現在の天神社）の祭礼小五月会の費用を賦課《ふか》されていた奈良中の小郷「小五月郷」の位置を示した指図写のうちの一枚である。原本は大乗院尋尊によって作成された。室町後期当時の猿沢池以南の都市奈良の状況をうかがうことができる。元興寺については、二町四方に縮小した境内域に、金堂・南大門・五重大塔・観音堂・極楽坊・小塔院・吉祥堂が記される。金堂・南大門は枠取りされていないのは、宝徳四年（一四五二）の土一揆による焼亡後の時期にあたり、建物の体を為していなかったとも考えられている。また二町四方の域内にも、吉祥堂北方の南室郷（法界寺辻子。法界寺は永享年間成立という）や極楽坊周辺にも辻子が形成されており、町場化が一部及んでいた。極楽坊・観音堂・小塔院など独自の基盤を形成していた諸堂を除くと、すでに元興寺旧境内域では伽藍としての実態をなくしつつあった。

「小五月郷指図写」に描かれた元興寺周辺の様子を江戸時代の絵図と比べると、室町時代に縮

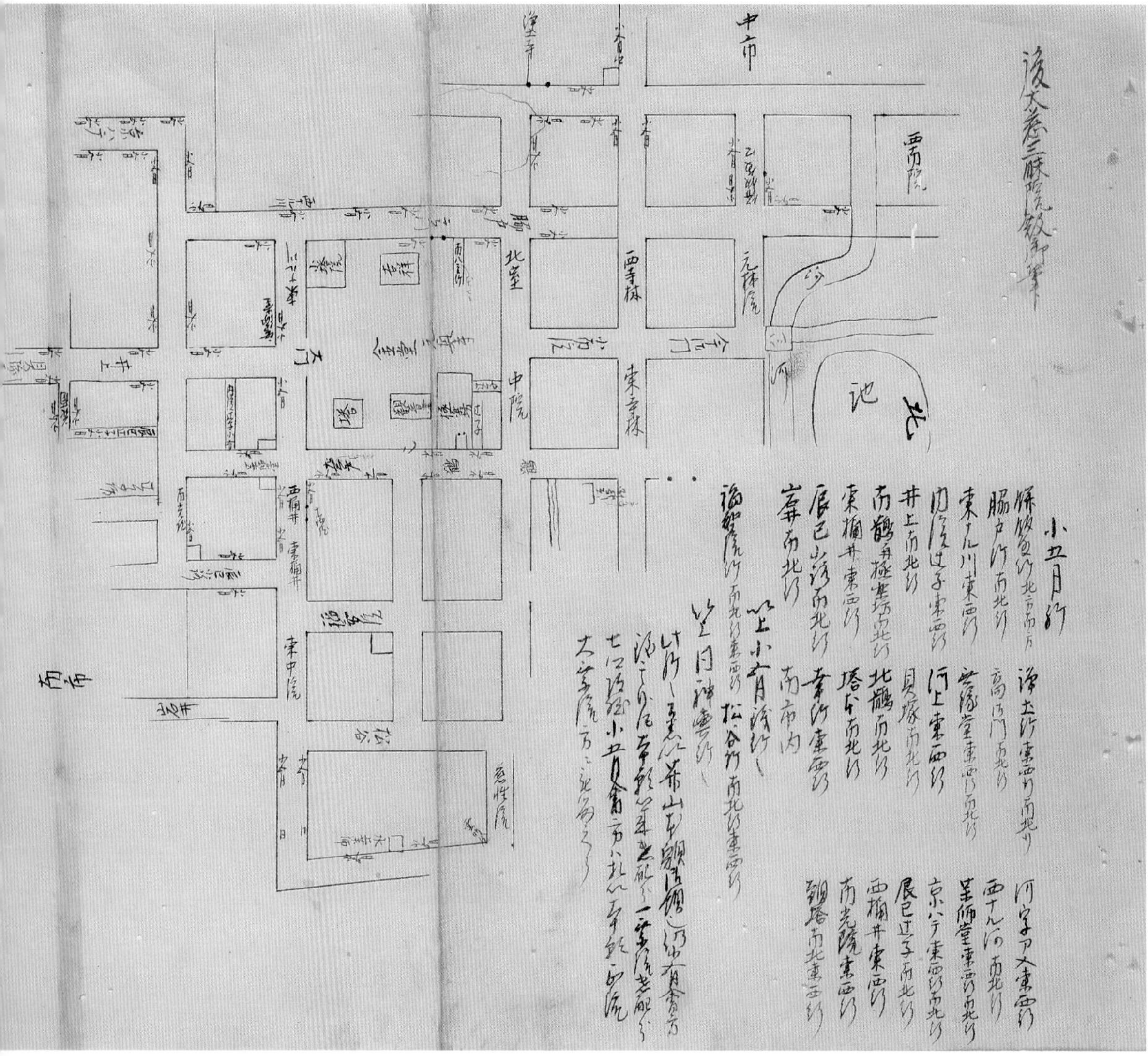

小しながらも維持されていた二町四方の寺域は完全に解体し、元興寺は元興寺・極楽院・小塔院の三ヵ寺に分立するとともに、金堂跡の周辺には「中新や」（中新屋町）、「しば新屋丁」（芝新屋町）、「西新屋丁」（西新屋町）、「きつねがづし」（芝突抜町）、「吉城戸」（吉祥堂町）などの町が開発されている。大門の南の無縁堂郷の周辺には「元興寺丁」（元興寺町）も新しく成立した。

十六世紀後半から十七世紀初頭にはこの地域の再開発が進行し、旧境内中心部にも新屋町や辻子・突抜などの新規開発道路が成立して町場化していくとともに、その周辺でも既存の小郷の町への再編が進み、この絵図に見られるような近世奈良町の基本的なかたちが完成していったとみられている。（服部）

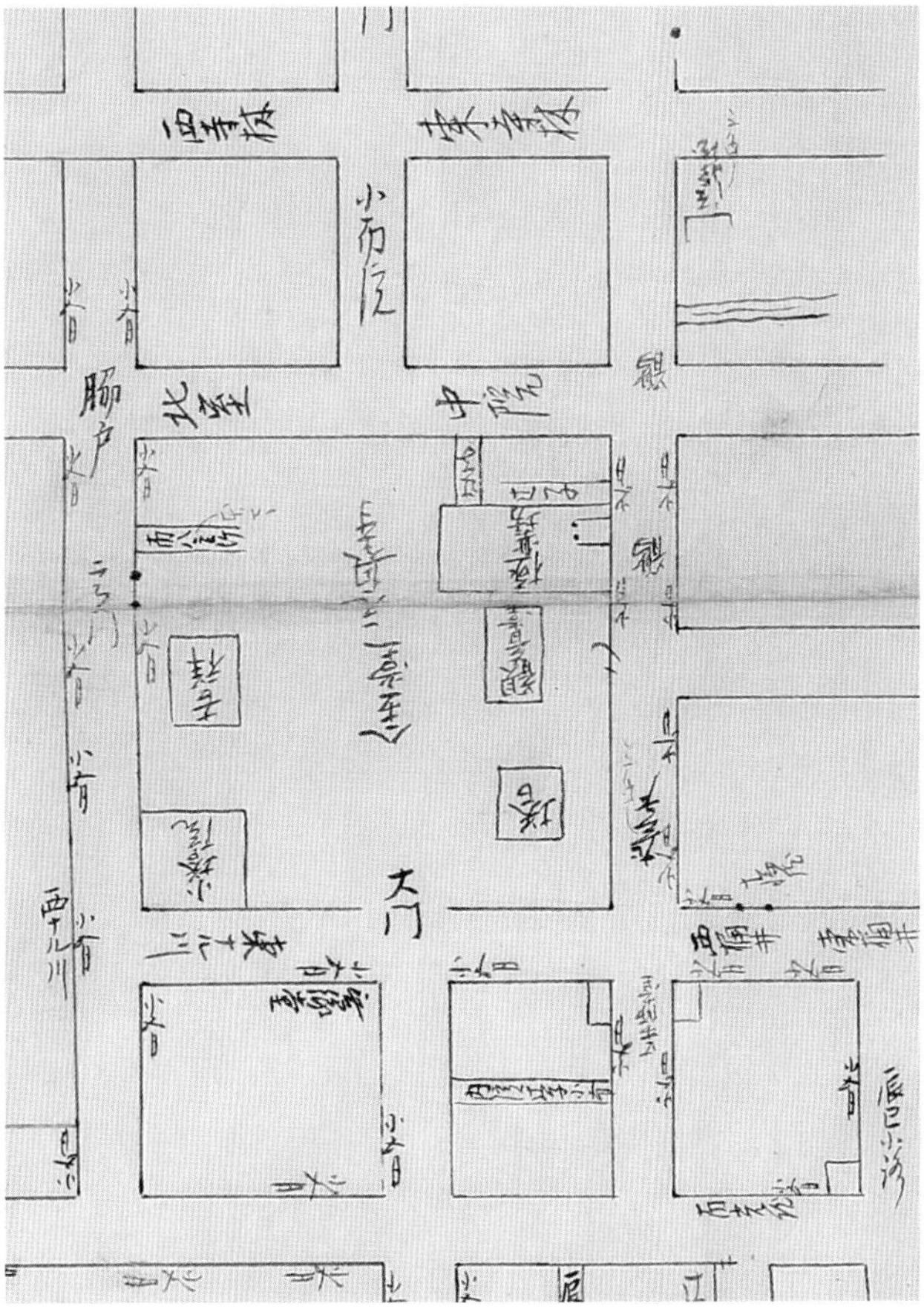

（元興寺周辺部分・拡大）

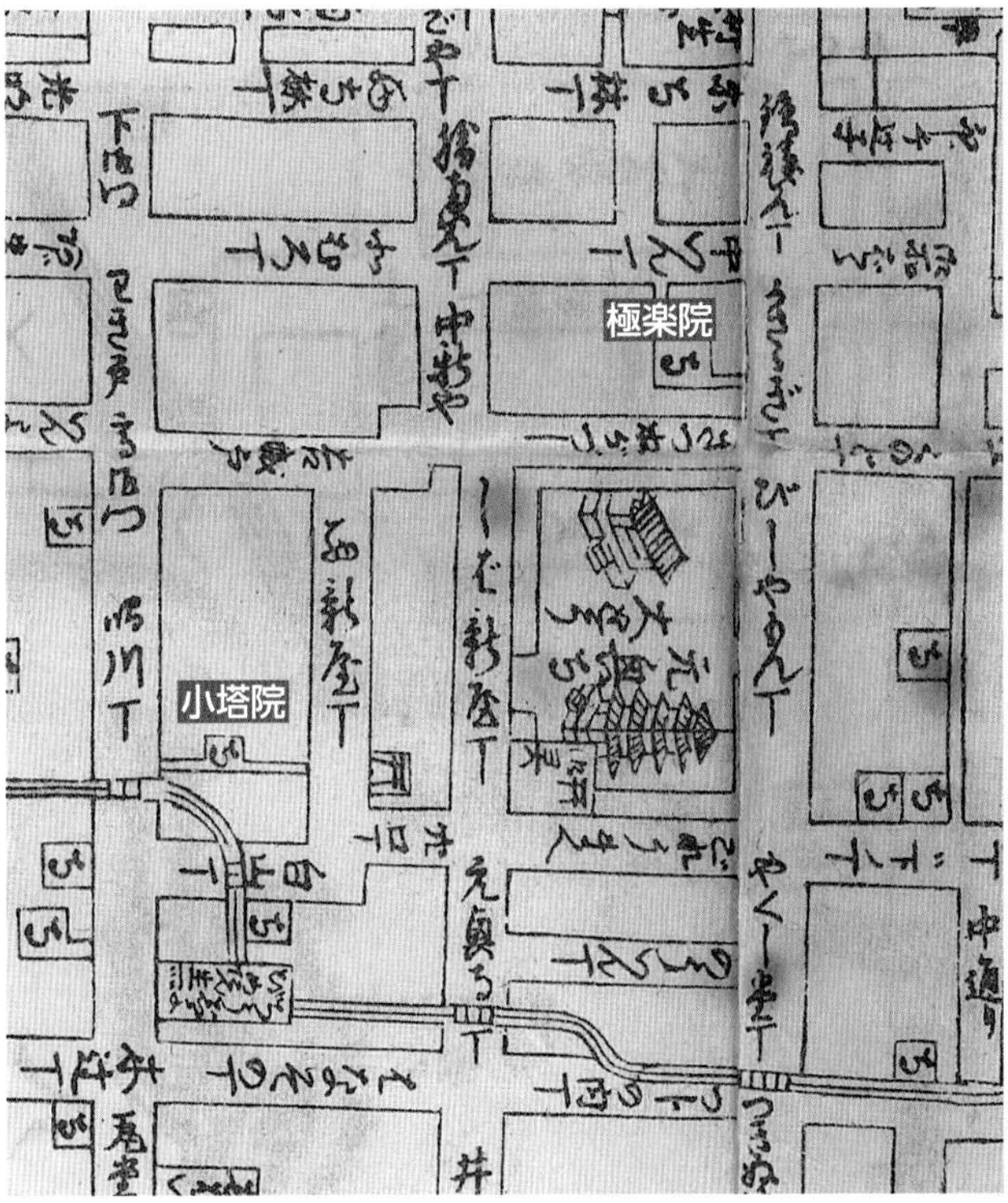

江戸時代の元興寺周辺（『和州奈良之図』天保十五年（一八四四）、個人蔵より）
観光用に供された絵図であるため、観光名所であった元興寺五重大塔とその境内がひときわ大きく描かれている。

2 近世寺院への転生

三ヵ寺の分立

十六世紀から十七世紀初頭にかけて金堂などの主要堂宇《どうう》を失い、伽藍中枢部が町家に化した元興寺は、その後の江戸時代にはどのように継承されていったのであろうか。

江戸時代に元興寺の法灯《ほうとう》を直接継いでいた寺院は、東大寺末の元興寺、西大寺末の極楽院と小塔院である。これらの寺院は、現在華厳宗元興寺、真言律宗元興寺、真言律宗小塔院となり、境内地はそれぞれ元興寺に関わる史跡となっている。江戸時代に分立した三ヵ寺の枠組みが、現在へとつながっているのである。

もっとも、この三ヵ寺は江戸時代に突如として分立したわけではない。その前提には、3－4でみたように、元興寺の惣寺《そうじ》中枢の衰退の一方で、それぞれ都市霊場や都市領主の祈願所として、堂衆《どうしゅ》や律僧《りつそう》の拠点となり、独自の社会的基盤と信仰を形成していた観音堂、極楽坊、小塔院の存在があった。

元興寺のなかでも律院として従来自立的であった極楽坊、小塔院に対して、惣寺では、金堂などが有名無実化していった後も、観音堂衆と吉祥堂衆は寺僧集団として実態をもちつづけていたようである（堀池　一九七五）。吉祥堂は江戸時代に復興されて吉祥堂町の会所となっており、元興寺の堂としてはいったん退転していたらしい。一方、観音堂はかつての東塔院から引き継いだ同じ敷地内にある五重大塔とともに、宝徳の土一揆の大火も免れて存在感を増していたなか、寺院境内としての実態を持ちつづけ、町場化せずに残された。「元興寺千部経会《せんぶぎょうえ》」などの法会《ほうえ》を執行するなどの堂衆の活動や、おそらくは元興寺別当を輩出していた東大寺のバックアップもあったのであろう。結局ここが最後まで実態を持ちつづけた惣寺に属する主要堂宇となり、東大寺末の「元興寺」として惣寺

元興寺の法灯を継ぐ３ヵ寺の変遷

古代	中世	江戸時代	現在	史跡の名称
僧坊	極楽房 ➡ 極楽坊	極楽院	元興寺（真言律宗）	元興寺極楽坊境内
東塔院	観音堂・五重大塔	元興寺	元興寺（華厳宗）	元興寺塔跡
西小塔院	小塔院	小塔院	小塔院	元興寺小塔院跡

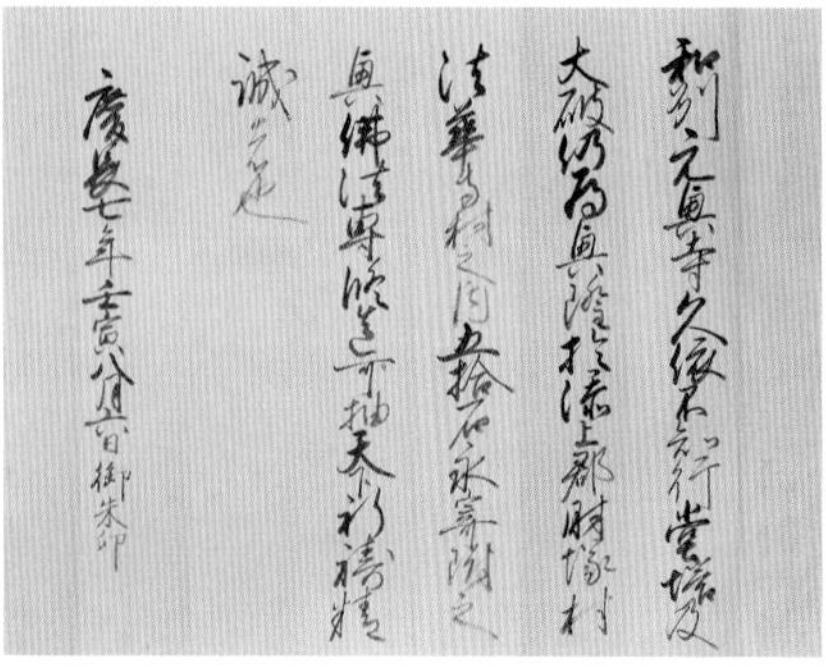

徳川家康朱印状写　江戸時代　華厳宗元興寺

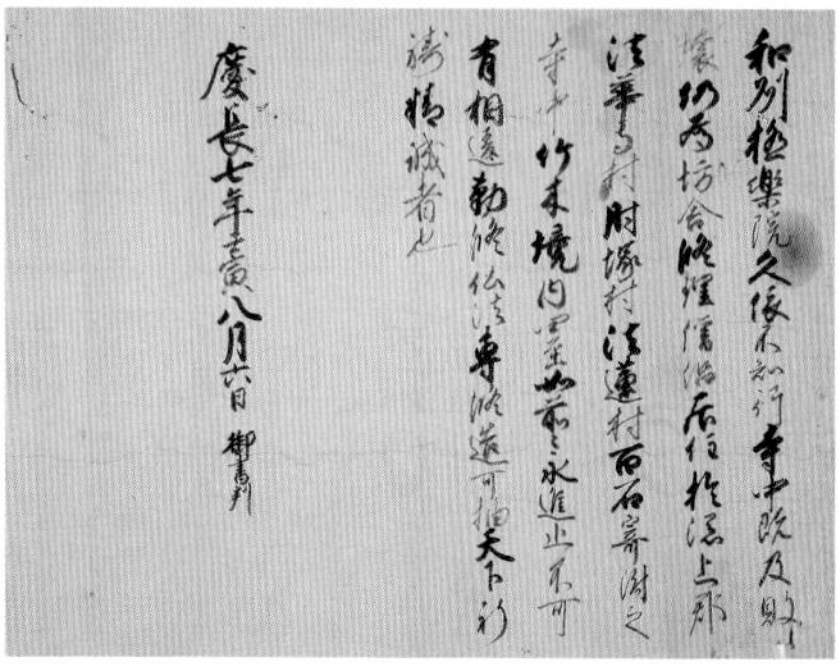

徳川家康朱印状写　江戸時代　真言律宗元興寺

部分を継承していくことになった。

秀吉《ひでよし》の時代には寺社領が没収されていったん退転したが、慶長《けいちょう》九年（一六〇四）、徳川家康《とくがわいえやす》によって慶長七年八月六日付の領地充行朱印状《りょうちあてがいしゅいんじょう》が発給された（林　二〇一二）。このとき、元興寺、極楽院にはそれぞれ別に発給されており、この時点ですでに実態的にも法的にも別々の寺院に分かれていたようである。

東大寺末元興寺

江戸時代の元興寺は、東大寺の末寺で、住持は置かれず、東大寺堂衆方の諸院が惣代《そうだい》を勤めた。ふだんは留守居僧が常駐していたようである。

元禄期頃に作成された「東大寺諸伽藍略録」（岩城　一九六六）によって当時の元興寺の寺容をみてみよう。

元興寺の境内地は東西二三間、南北三三間二尺で、主要堂宇に観音堂と五重大塔があった。

観音堂は八間四面で、本尊は丈六の十一面観音菩薩像であった。かの中門観音《ちゅうもんかんのん》である。毎月十八日には観音講の仏事が行われ（『東大寺年中行事記』）、元禄《げんろく》五年（一六九二）には東大寺大仏開眼供養《かいげんくよう》に合わせて開帳が行われるなど、前代から引きつづき信仰を集めていた。

五重大塔は五間四面で、高さは一六丈であった。後の由緒書や勧進状《かんじんじょう》で二四丈とされるのに比べると、実態に近い数字かもしれない。本尊は釈迦如来像とされるが、推古《すいこ》天皇作という大日如来像であったとか（『和州寺社記』）、五智《ごち》如来が安置されていたとする史料もある（『奈良坊目拙解』）。江戸後期になると、薬師如来立像が本尊として祀られていた。中世以来「飛鳥の堂塔を奈良の都に引き遷しはすなわちこの塔婆《とうば》なり。我が朝の塔婆の始まりか」（『大乗院寺社雑事記』）と言われ、飛鳥法興寺《ほうこうじ》の塔に結びつけられて由緒が説かれており、江戸時代にも「聖徳太子十六才の御時御建立」などと喧伝されて、奈良の一大観光名所にもなるに至った。伴信友《ばんのぶとも》の旅行記によれば、銭六文で登ることができたという（天理図書館　二〇一九）。

観音堂も五重大塔も古代・中世以来の大規模建造物であり、その維持・修復は容易ならざるものがあった。宝永《ほうえい》四年（一七〇七）の大地震で傾いた観音堂の修復は、明和《めいわ》六年（一七六九）にようやく一段落し、今度は五重大塔の修復が始められた。文化《ぶんか》六年（一八〇九）からも勧進職が置かれて五重大塔・観音堂の修復が行われている。近世を通じて連続的に堂舎の修復

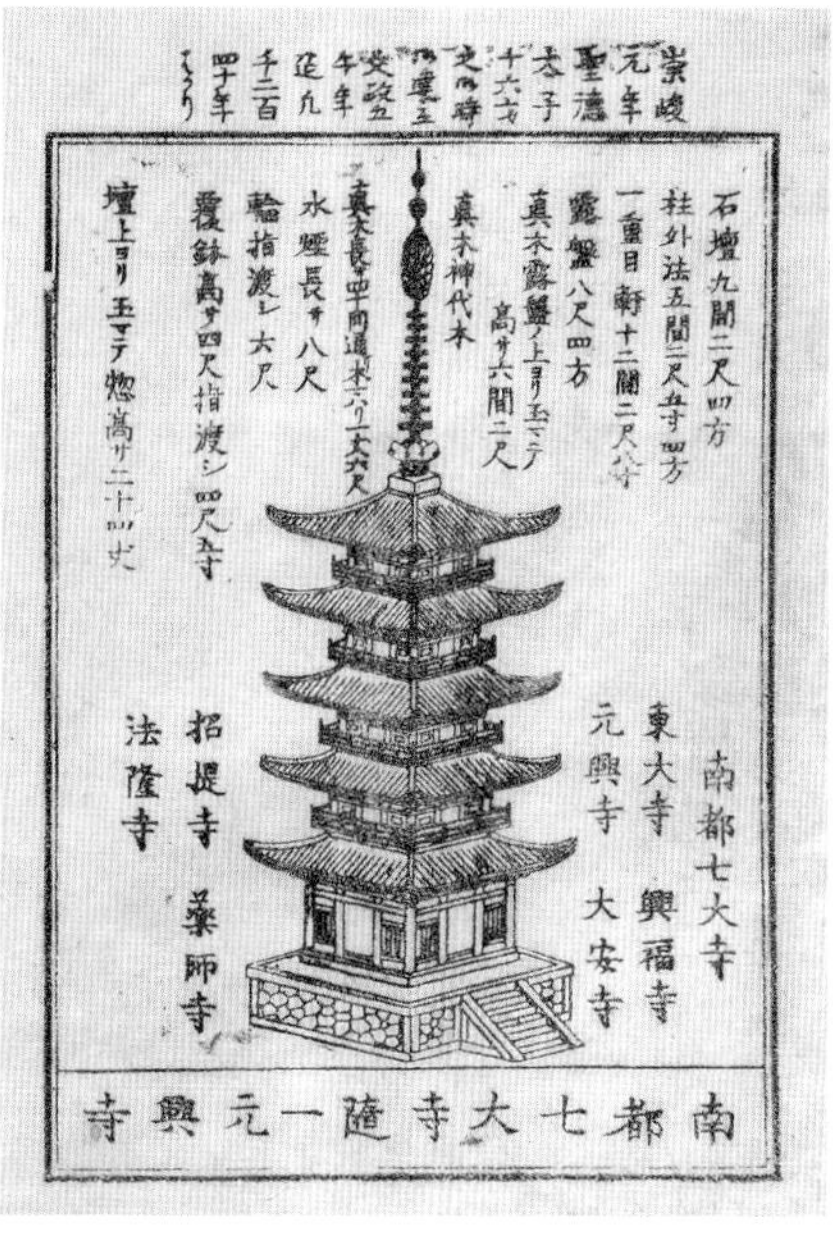

五重塔図紙札　江戸時代　華厳宗元興寺

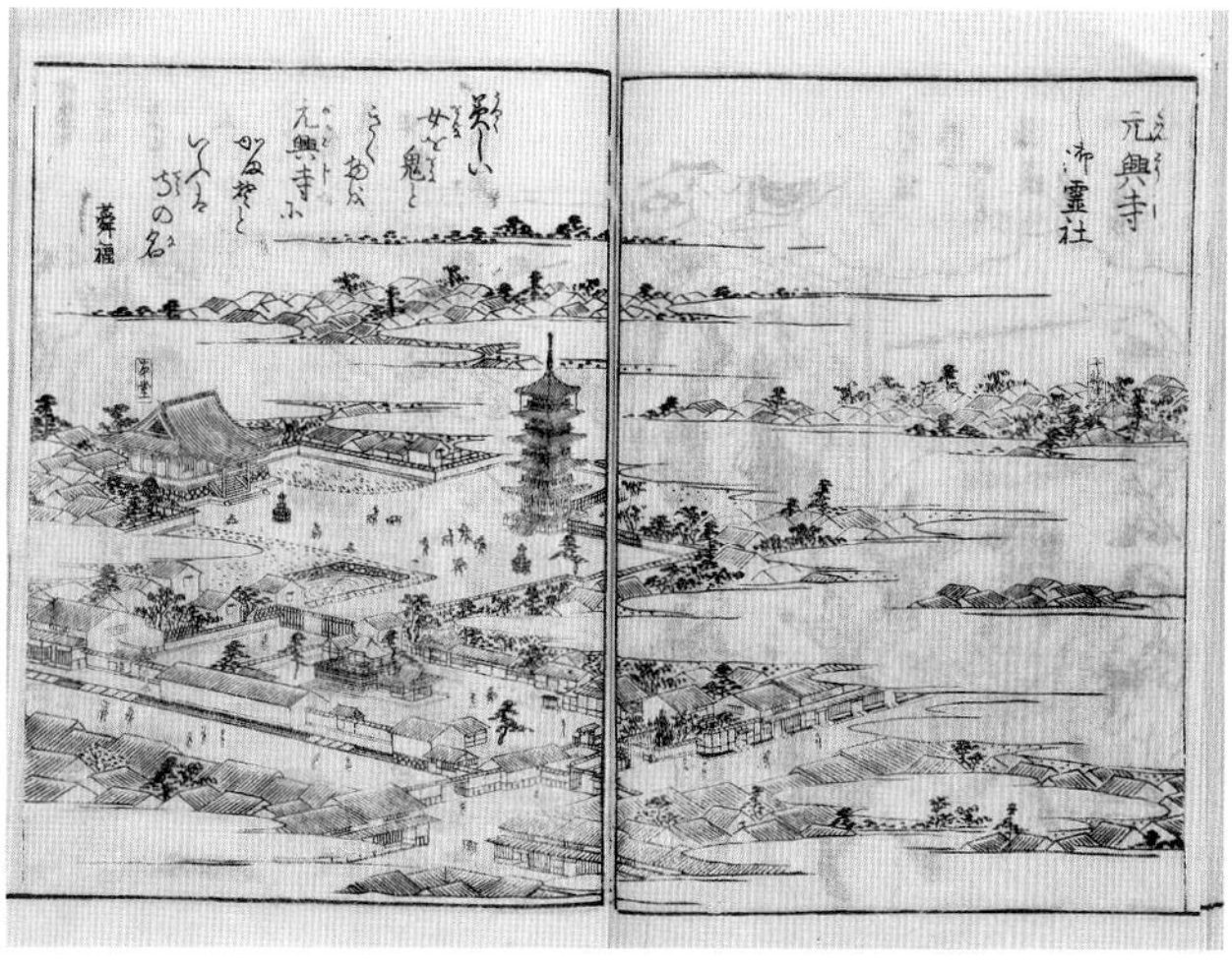

大和名所図会　江戸時代　念仏寺

が行われていたのである。十一面観音菩薩像の開帳《かいちょう》や五重大塔の観光名所化、そして次節でふれる「八雷神面《はちらいじんめん》」の霊験《れいげん》の流布などは、自然と信仰や伝承が広まったのではなく、間断なく修復勧進が続けられた江戸時代の元興寺の基本的なあり方を背景として、信徒・参詣者らの呼びこみが積極的に図られていった結果であろう。

西大寺末極楽院

都市奈良の浄土霊場となっていた極楽院（中世の極楽坊）では、十四世紀後半の応安《おうあん》頃に、大乗院孝覚が戒師《かいし》であった律僧光円道種《こうえんどうしゅ》に住持させて律院となったという（『大乗院寺社雑事記』）。江戸時代も西大寺の末寺で、真言律を宗旨としていた。『梵網古迹抄《ぼんもうこしゃくしょう》』などの戒律関係の典籍が集積され、慶長十二年（一六〇七）には『四分律刪繁補闕行事鈔《しぶんりつさんはんほけつぎょうじしょう》』が摺写《しゅうしゃ》されるなど律院としての教学活動が顕著であった（西大寺聖教《しょうぎょう》典籍）。江戸時代には、賢瑜《けんゆ》・尊信《そんしん》・尊《そん》覚《かく》ら極楽院の住持から西大寺長老を輩出した。西大寺の有力末寺の一つに位置づけられよう。

江戸時代には寺領一〇〇石が与えられて朱印寺院となり、納骨信仰がとだえるなど、庶民との関わりを薄めたともいわれる。朱印寺院となった極楽院のすがたを元禄十一年（一六九八）（『庁中漫録《ちょうちゅうまんろく》』）と、享保《きょうほ》十一年（一七二六）の書《かき》上《あげ》（国立歴史民俗博物館所蔵「水木家資料」）によって探ろう。

本堂は、阿弥陀如来像を中尊として、智光曼《ちこうまん》荼羅《だら》六軸、五重小塔、弁財天、多聞天、万体地蔵、十王像、地蔵菩薩像（「しほやの地蔵」）、閻《えん》羅《ら》王像が安置されていた。室町期には石浮図（石塔）を中心に智光曼荼羅が四方に掛けられていたというから（『極楽坊記』、菅家本『諸寺縁起集』）、江戸時代には堂内の様子が大きく変わ

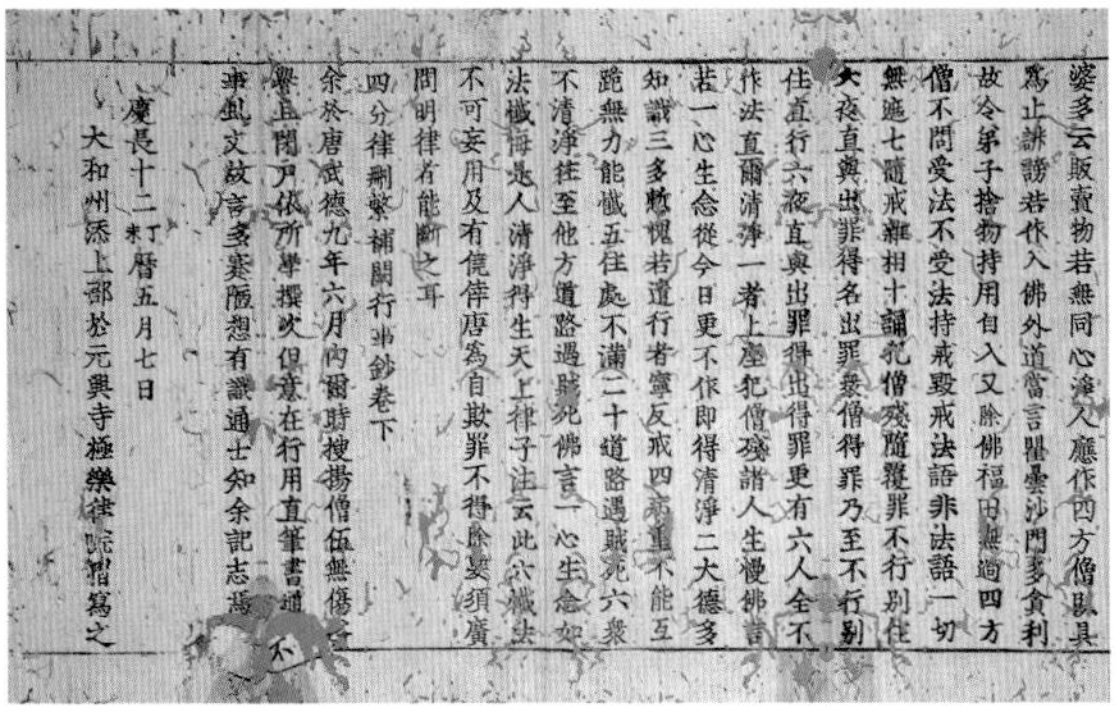
婆多云販賣物若無同心淨人應作四方僧臥具
爲止誹謗若作入佛外道當言瞿曇沙門多貪利
故令弟子捨物持用自入又除佛福田無過四方
僧不問受法不受法持戒毀戒法語非法語一切
無遮七隨戒雜相十誦犯僧殘隨覆罪不行別住
大夜直與出罪得名出罪衆僧得罪乃至不行別
住直行六夜直與出罪得出得罪更有六人全不
作法直爾清淨一者上座犯僧殘諸人生慢佛言
若一心生念從今日更不作即得清淨二大德多
知識三多慚愧若遣行者寧反戒四病重不能互
跪無力能懺五住處不滿二十道路遇賊死六衆
不清淨往至他方道路遇賊死佛言一心生念如
法懺悔是人清淨得生天上律子注云此六懺法
不可妄用及有僥倖唐爲自欺罪不得除要須廣
問明律者能斷之耳
四分律刪繁補闕行事鈔卷下
余於唐武德九年六月内爾時搜揚僧伍無傷於
學且閉戸依所學撰次但意在行用直筆書通
乖亂文故言多蹇陋想有識通士知余記志焉
慶長十二丁未暦五月七日
大和州添上郡於元興寺極樂律院智寫之

四分律刪繁補闕行事鈔 巻下之四
慶長12年（1607） 西大寺

尊覚版智光曼荼羅　江戸時代　極楽寺（奈良市七条）

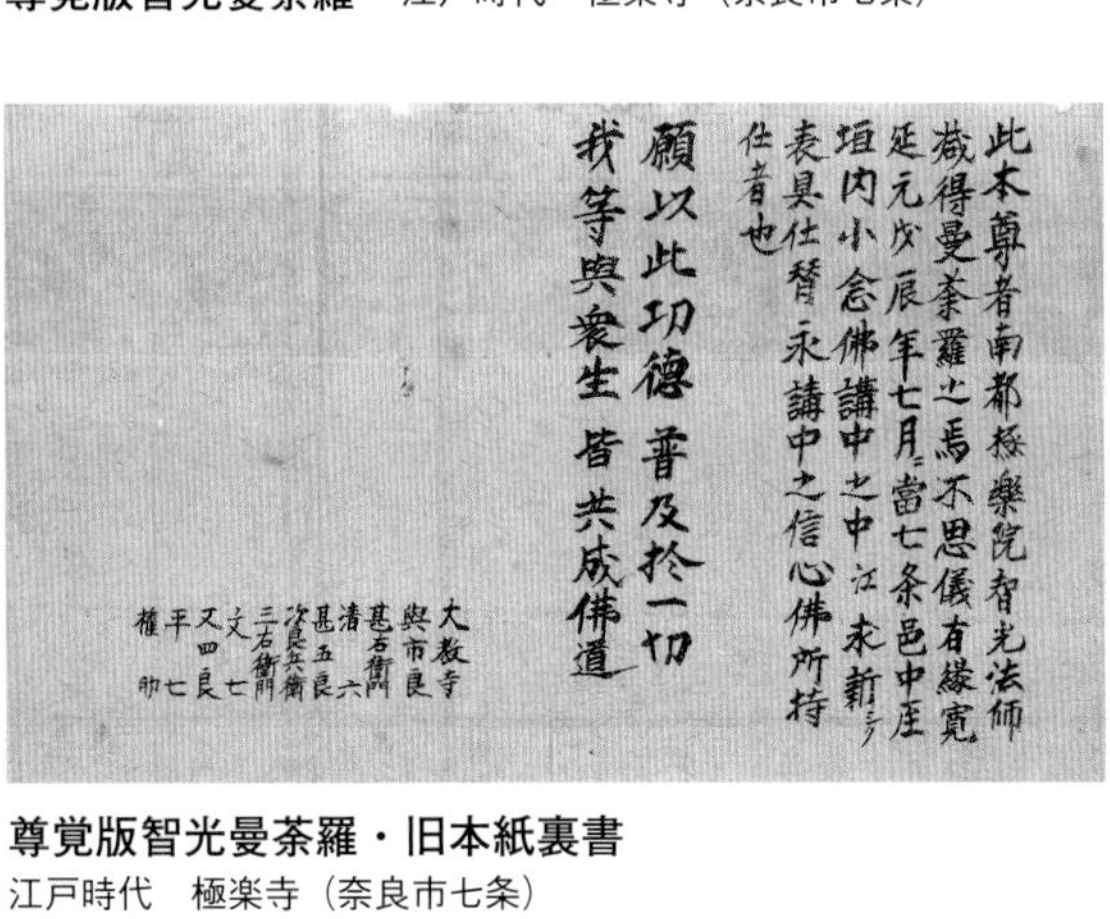
此本尊者南都極樂院智光法師
蔵得曼荼羅之焉不思儀有縁寛
延元戊辰年七月ニ當七条邑中庄
垣内小念佛講中之中江求新シ
表具仕替永講中之信心佛所持
仕者也
願以此功德　普及於一切
我等與衆生　皆共成佛道
大教寺
與市良
甚右衛門
清六
甚五良
次良兵衛
三右衛門
文七
又四良
平七
權助

尊覚版智光曼荼羅・旧本紙裏書
江戸時代　極楽寺（奈良市七条）

ったことになる。納骨信仰の終焉にともなって堂内も一新されたということであろう。

　太子堂は方五間で、聖徳太子の二歳像・孝養像、智光・頼光像、弘法大師像、如意輪観音像、薬師如来像が安置されていた。この太子堂は現存しないが、応永年間に創建された、南都を代表する太子堂であった（4－1参照）。今《いま》在家町《ざいけちょう》の鍛冶《かじ》に夢告があって参拝し、太子から浄土三部経を手渡されたという伝説がある。毎年二月二十二日には太子会《たいしえ》が年中行事として勤められた。

「智光法師禅室」とよばれた禅室には、西に春日明神影向《ようごう》の間があり、智光曼荼羅と智光感得の舎利、弘法大師の春日曼荼羅などが納められていた。その北には「頼光法師禅室」（小子房）、他に鐘楼、経蔵、宝蔵などがあった。

　延享《えんきょう》四年（一七四七）には極楽院で智光一千年忌法事が執行され、智光曼荼羅をはじめとする宝物の開帳が行われている（『西大寺日記』）。元禄十四年（一七〇一）に開板《かいはん》された智光曼荼羅は各地の念仏講にも頒けられ、智光曼荼羅の信仰は広がりを見せていた。こうしてみると、極楽院は江戸時代にも智光曼荼羅信仰、太子信仰にもとづく都市霊場として求心力を持ち続けていたといえよう。

西大寺末小塔院

小塔院も室町期から律院となっていたが（3－4参照）、寛永十年（一六三三）には西大寺末寺として届け出られている（「西大寺諸国末寺帳」）。

　境内には、虚空蔵堂《こくうぞうどう》、愛染堂《あいぜんどう》、弁財天社、地蔵堂などがあった。虚空蔵堂は、宝永三年（一七〇六）頃に造立された（『西大寺日記』、以下同じ）。慶長十年（一六〇五）に唐招提寺良《りょう》舜《しゅん》によって造立された虚空蔵菩薩が安置され、それを納める厨子《ずし》を造立する際には多くの周辺町人らの奉加《ほうが》があった。愛染堂には、聖徳太子自作と伝えられる愛染明王像が祀られる。元禄十年（一六九七）に修復勧進が行われ、「愛染講」も組織されていた。安永十年（一七八一）には京都清水寺で出開帳も行われた。弁財天社は天川弁財天を勧請したもので、享保九年（一七二四）に修復と開帳が行われている。

　天和年間（一六八一～八四）に本寺西大寺を背景に復興された小塔院であったが、朱印地も檀家も無い「無檀無禄の貧寺」（『西大寺集会引付』）であったためその経営は安定しなかった。加えて、高台にあって、風が強く吹きつけるため、堂舎が傷むのも激しかった（同）。元禄十二年（一六九九）、小塔院愛染講中が境内を芝居に貸したいと本寺西大寺に申請した際、西大寺は「律院の内で芝居に場所を貸すことは不相応で良くない。あってはならない」と許可しなかったが（『西大寺日記』）、背に腹は代えられなかったのであろう。江戸中期以降には、軍記物の講談・曲馬・相撲・浄瑠璃・手品・物真似など諸種の芸能が興行され、さながら劇場と化している。江戸時代の小塔院では、こうした努力が重ねられ、都市民衆に根づいた寺院として生き残っていったのである。（服部）

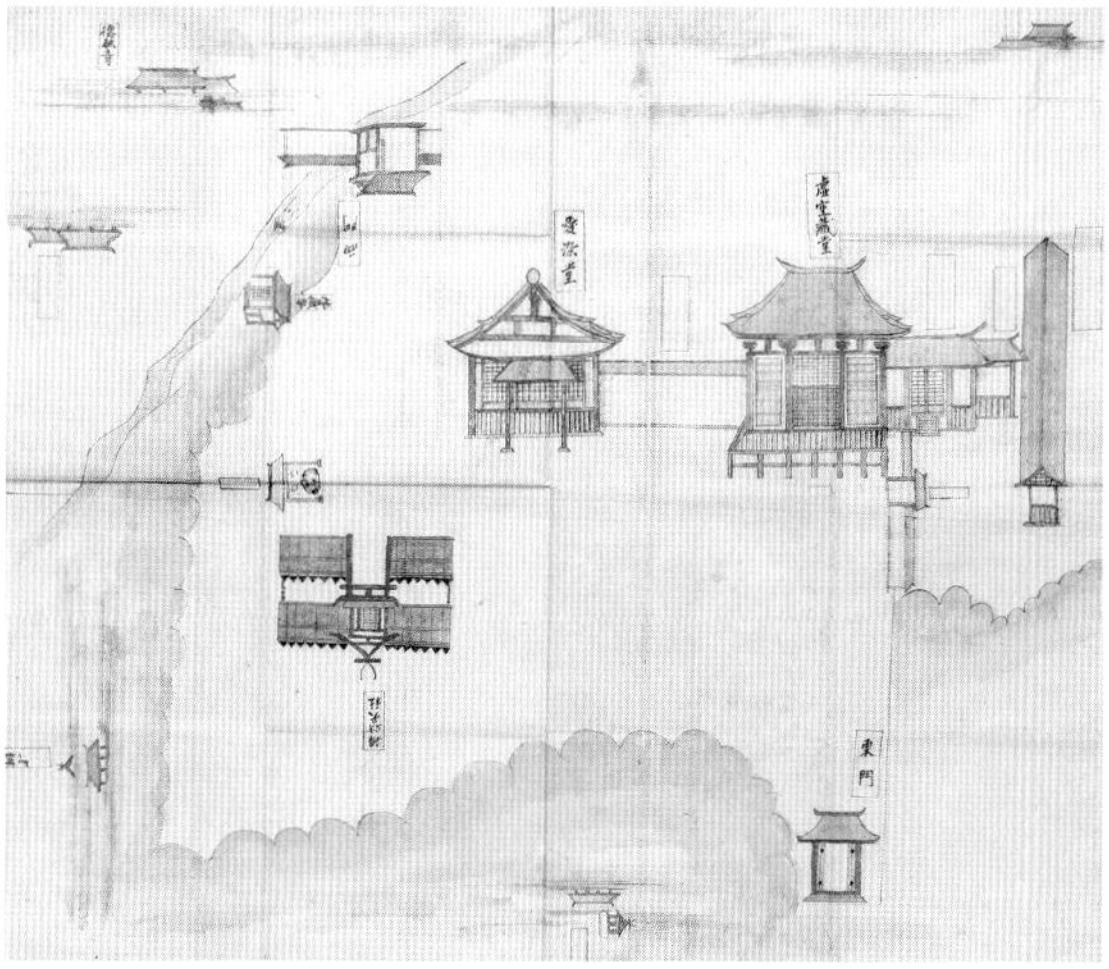

小塔院境内図　江戸時代　小塔院

大和巡画日記

禽江画・全海書　紙本墨書　縦二七・七　横二〇・二
天保十二年（一八四一）写　東北大学附属図書館

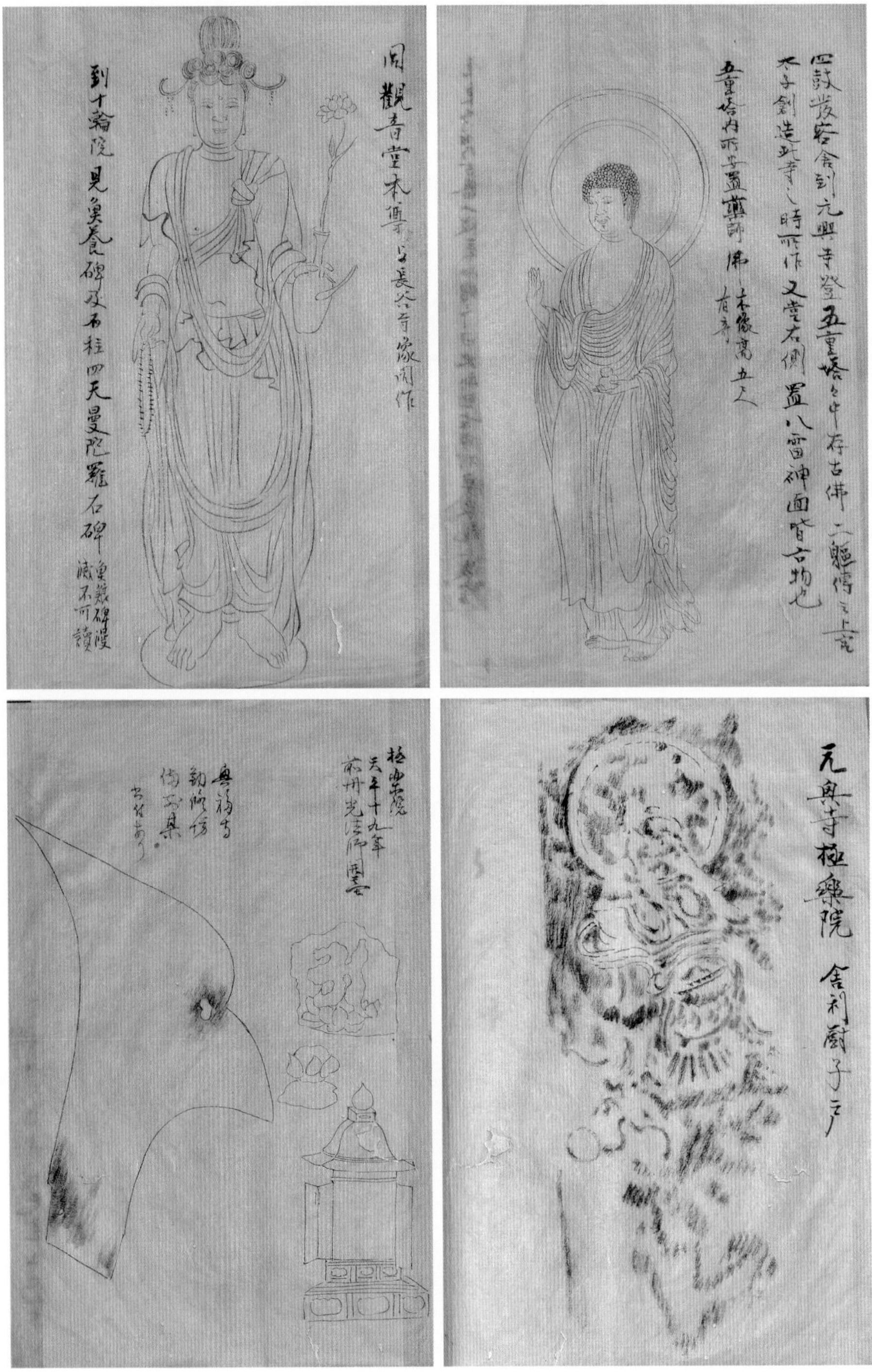

江戸の絵師谷文晁《たにぶんちょう》（一七六三〜一八四〇）が寛政八年（一七九六）に赴いた大和紀行時の絵日記の写しとなる。寛政頃の南都における什宝物《じゅうほうもつ》類が描かれており、本書にのみ残される情報も少なくない。この大和紀行は松平定信《まつだいらさだのぶ》主導による『集古十種《しゅうこじっしゅ》』編纂のためと指摘され、同書に収められることのない仏像や祭事・風景なども描き留めている。（植村）

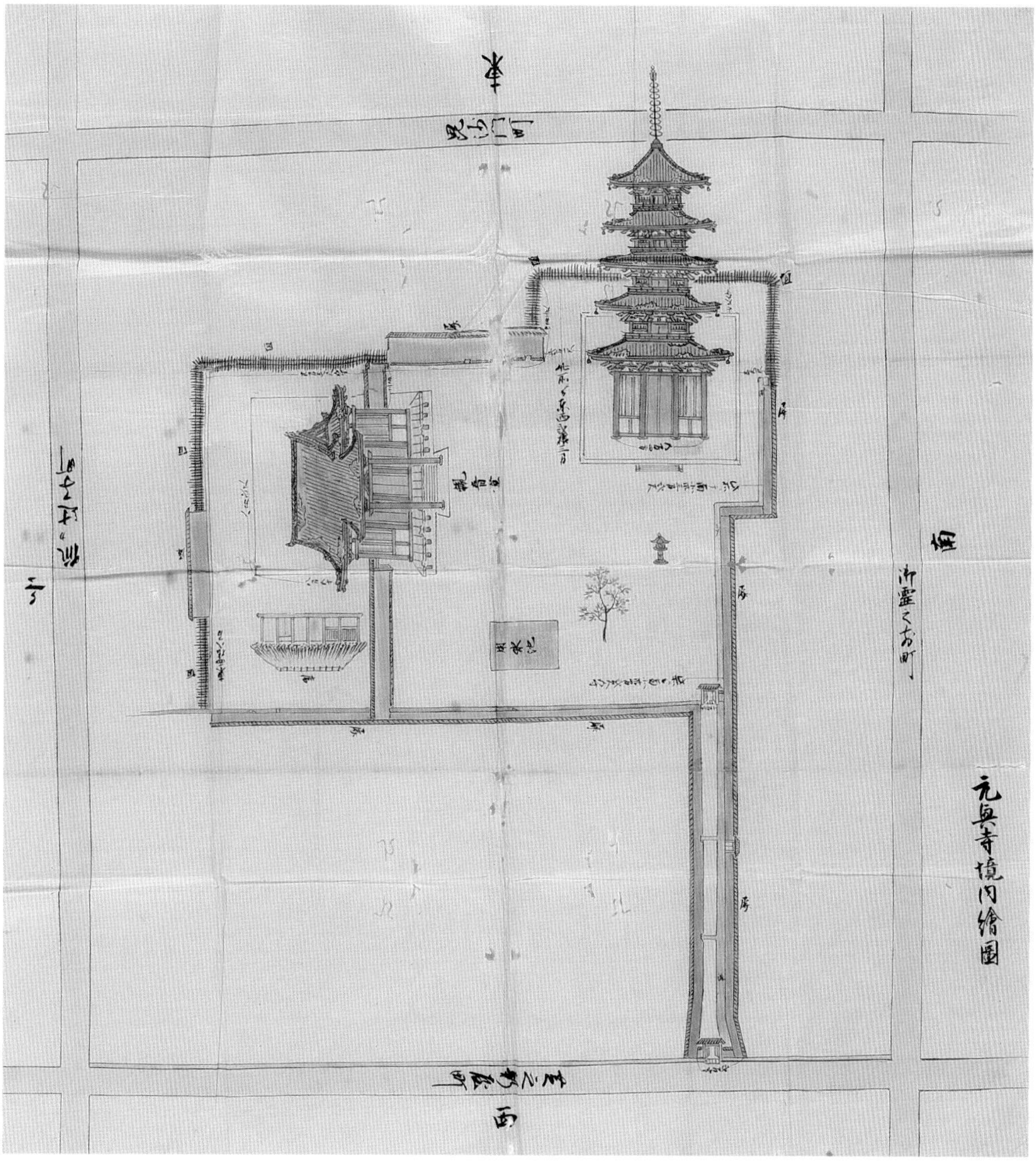

元興寺境内絵図

紙本著色　縦八六・四　横八〇・九
江戸時代　華厳宗元興寺

二〇二〇年の調査で見いだされた江戸時代の華厳宗元興寺の境内絵図のうちの一つ。東を上にし、薬師堂町・狐ヶ辻子町（芝突抜町）・芝新屋町・御霊之前町（薬師堂町）に四方を囲まれた江戸時代の華厳宗元興寺の境内が描かれる。境内には、安政六年（一八五九）に焼失する前の観音堂と五重大塔が大きく描かれ、往時の壮麗なすがたがしのばれる。観音堂、五重大塔ともに、屋根瓦のところどころに破損個所が表現されているのが見受けられることから、本史料はあるいは江戸時代中期から立て続けに行われていた堂舎修復に関わって作成されたものかもしれない。

（服部）

平城極楽院坊舎境内絵図

絹本著色・掛幅装　縦六八・九　横七一・三
江戸時代　真言律宗元興寺

江戸時代の極楽院（現在の真言律宗元興寺）の境内の様子を描いた絵図である。制作年代は不明だが、文久《ぶんきゅう》三年（一八六三）の修補銘がある。

絵図は、西を上にし、境内地を中心に、中新屋町（西）、中院町（北）、鵲町（東）、芝突抜町（南）の町屋と、北接する光傳寺、南方には華厳宗元興寺の観音堂と五重大塔も描かれている。安政六年（一八五九）の観音堂・五重大塔焼失以前の作成であろう。極楽院境内地には中央の本堂（極楽堂）と禅室（智光法師禅室）のほか、禅室の北に、現在は南に移築されている小《しょ》子房《うしぼう》（頼光法師禅室）、本堂の東には明治時代に失われた太子堂と鐘楼などがあった。当時の境内とその周辺の様子を視覚的にうかがい知ることができる史料である。

（服部）

虚空蔵菩薩坐像

木造玉眼彩色　像高四三・四
慶長十年（一六〇五）　小塔院

小塔院本堂本尊として安置される虚空蔵菩薩像で、体部背面材の内側に慶長十年銘が確認される。小塔院はかつて吉祥堂が栄え、近世には愛染堂愛染明王像が信仰を集めたが、宝永三年（一七〇六）に本像を祀る堂の建立が許され翌年に建立されている。

（植村）

愛染明王坐像

木造彫眼彩色　像高二八・六
江戸時代　小塔院

小品で素朴な作風をみせ、聖徳太子御作として信仰を集めていた愛染堂愛染明王像の後身像にあたると考えられる。

現在納められる厨子には雨《う》宝童子《ほうどうじ》（伊勢《いせ》）と赤童子《あかどうじ》（春日《かすが》）が両扉に描かれる。なお、これは西大寺愛染堂愛染明王（善春作、宝治三年〈一二四七〉）および、その模刻と考えられる愛染明王像（北川運長作、元禄十四年〈一七〇一〉）が納められる厨子扉絵と同様である。（植村）

3 語られた「古代元興寺」

町々の結集核

江戸時代、奈良町には現在にもつながる多くの町があったが、元興寺周辺の町の名の多くは、古代元興寺の堂舎・院坊など施設を由来とすると伝えられていた（『奈良曝《ならさらし》』他）。

一部は中世の郷名を引き継いでおり、四室辻子《しのむろのづし》、西寺林町《にしてらばやしちょう》、東寺林町《ひがしてらばやしちょう》、勝南院町《しょうなみちょう》、今御門町《いまみかどちょう》、北室町《きたむろちょう》、南室辻子《みなみむろのづし》、中院町《ちゅういんちょう》、公納堂町《くのうどうちょう》、毘沙門町《びしゃもんちょう》、薬師堂町《やくしどうちょう》、十輪院町《じゅうりんいんちょう》、納院町《のういんちょう》、花園町《はなぞのちょう》、築地内町《つじのうちちょう》、下御門町《しもみかどちょう》、脇戸町《わきどちょう》、高御門町《たかみかどちょう》、吉祥堂町《きっしょうどうちょう》など立地的にも由来に一定の妥当性のあるものもあったが、瓦堂町《かわらどうちょう》、北風呂町《きたふろちょう》、南風呂町《みなみふろちょう》、東城戸町《ひがしじょうどちょう》、西城戸町《にしじょうどちょう》、浄言寺町《じょうごんじちょう》など境内域から外れた周辺地域の町々でもその由来が古代元興寺に結びつけられることがあった。

こうした町々の結集核には町会所《まちかいしょ》があった。

このうち元興寺の堂宇院室であったという毘沙門堂（毘沙門町）は中世から郷民の寄合が行われた辻堂であり、江戸時代にも吉祥堂（吉祥堂

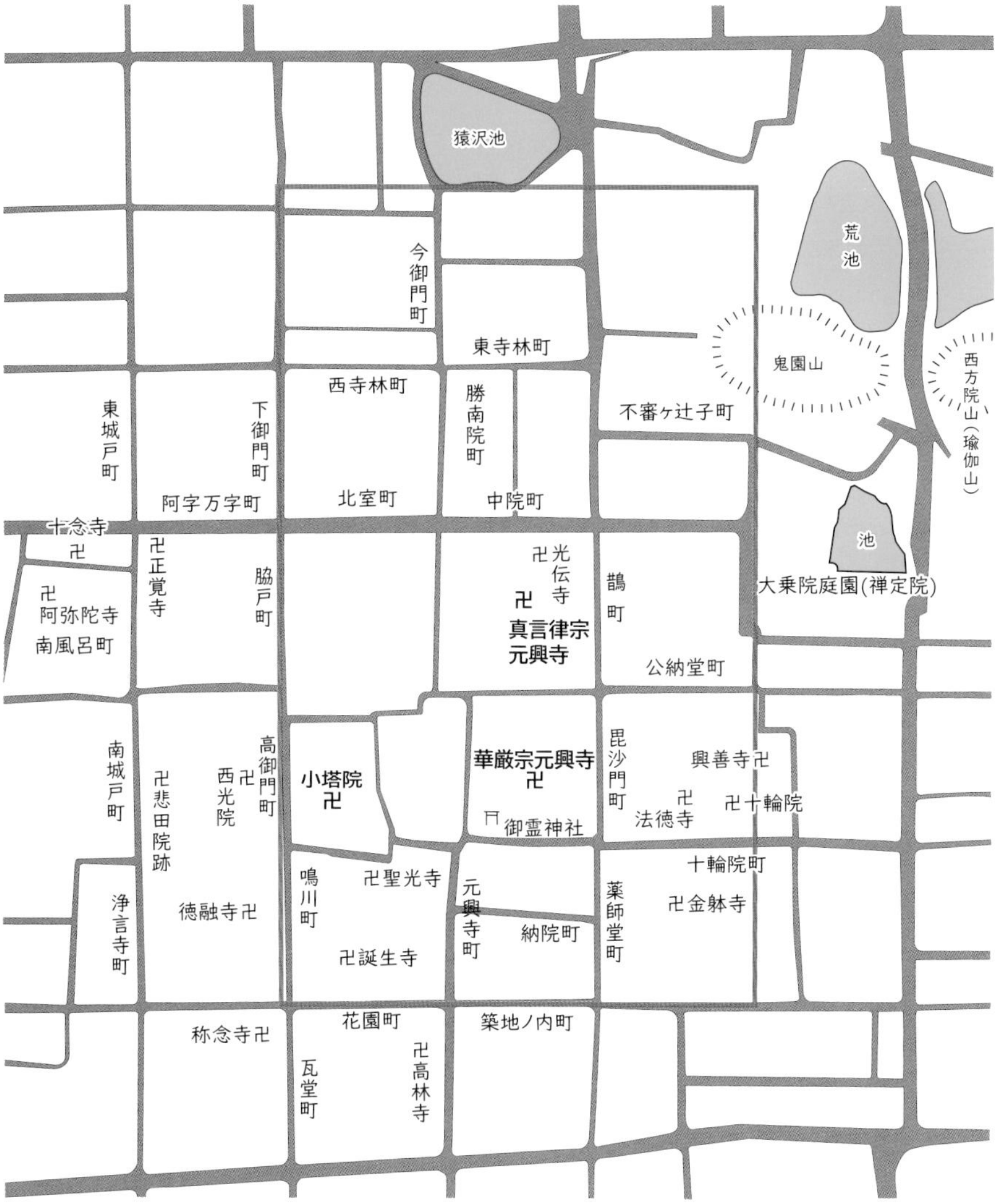

関連する町と寺の分布図

町）や薬師堂（薬師堂町）、大興院（東寺林町）などが町会所になった。毘沙門堂や薬師堂では元興寺伝来の毘沙門天像、薬師如来像が祀られ、吉祥堂の吉祥天像は御髪だけになっていたのが復興されて祀られた。また、西新屋《にしのしんや》町の飛鳥神並《あすかかんなみ》神社（率川《いさがわ》神社）、白山辻子町の白山《はくさん》妙理権現《みようりごんげん》社（白山神社）、今御門町の道祖《どうそ》神社などの辻々の神社も元興寺鎮守という由緒を伝えていた。古代元興寺の堂宇院室は町民たちの信仰と社会的結合の中心として生き続けていたのである。

新興寺院の由緒の源泉

元興寺旧境内域の町々には、江戸時代の初頭に浄土宗、融通念佛宗《ゆうづうねんぶつしゅう》などの多くの信仰寺院が成立した。これらの寺院でも元興寺に関わる由緒が伝えられることがあった（下表）。

多くは史実としての裏付けを欠き、江戸時代以降に伝えられていた諸説あるうちの一説にすぎないものであるが、ここでは元興寺に結びつけられた由緒がこれだけあったことを重視したい。みずからの歴史的な由緒を古代元興寺に求めて権威づけたということである。

このうち十輪院は、奈良時代の元興寺僧善覚《ぜんかく》を開基と伝え、少なくとも中世に遡る地蔵信仰の霊場であったことが確実である。金躰寺《こんたいじ》の前身となった南光院《なんこういん》も、室町期には存在が確認できるので、金躰寺は実際に南光院の寺基を継いでいる可能性がある。おそらくは念仏聖が浄土宗寺院として再興したということであろう。

一方、興善寺《こうぜんじ》は中世十輪院境内にあった阿弥陀三尊石仏を守る念仏聖の庵が発展して、天正年間（一五七三～九二）に成立したと考えられる。聖光寺《しようこうじ》も無縁堂郷《むえんどうごう》（元興寺町）にあった無

阿弥陀三尊石仏　鎌倉時代　興善寺

元興寺旧伽藍域周辺寺院に伝わっていた元興寺関連の由緒（服部　2018 参照）

浄土宗	興善寺	十輪院畑町	前身は元興寺奥院。
	光伝寺	中院町	前身は元興寺徳蔵院。
	金躰寺	十輪院町	前身は元興寺南光院。
	阿弥陀寺	南風呂町	前身は元興寺の草庵龍樹庵
	聖光寺	鳴川町（白山辻子町）	前身は元興寺塔頭の一庵。
	称念寺	東木辻町	法相宗で築地ノ内にあった草庵が始まり。
	誕生寺	三棟町	前身は元興寺誕生堂。
	安養寺	北袋町（もと東城戸町）	前身は元興寺別院護国殿。
	十念寺	南風呂町	前身は元興寺の一院。
融通念佛宗	法徳寺	十輪院町	前身は元興寺多聞院。
	徳融寺	鳴川町	前身は元興寺高林院。
	高林寺	井上町	前身は元興寺子院。
浄土真宗	正覚寺	南中町	元興寺ゆかりの井戸を有する。
華厳宗	西光院	高御門町	前身は元興寺西室。
真言宗	十輪院	十輪院町	前身は元興寺別院。

縁堂・墓所が発展して承応二年（一六五三）までに伽藍が成立したという。西光院はもともと十一面観音像を祀る高御門町会所であったが、寛文年間（一六六一〜七三）に高御門町会所を真言僧頼専《らいせん》が買い取って開創した。これらの事例から類推すると、新興寺院の多くは、中世都市奈良にあった草庵や無縁堂、会所などの信仰空間が発展して江戸時代初頭前後に成立したというのが実状であろう。

江戸時代の元興寺旧境内域周辺の町や寺は、みずからの由緒を古代元興寺に結びつけて、その成り立ちを歴史的に価値づけていた。古代元興寺はこの地域のアイデンティティとなっていったといえよう。

高僧護命への追慕

周辺町々では、古代元興寺の高僧護命《ごみょう》（2—4参照）の伝承がいたるところで語られた。中世から奈良の名産であった「法論味噌《ほろみそ》」は、護命が初めて作ったので「護命味噌」とも呼ばれたという（『南都名所集』）。また、付近を流れる鳴川は、蛙が群れて鳴き声が喧しかったが護命がこれを鎮めてから鳴き声がやんだことから「ナカヌ川」というべきを、「啼川」と呼んでいるという（『奈良地誌』）。いつしか日本における華道の始祖であるとか、西新屋町の会所庚申堂《こうしんどう》（もと吉祥堂）の庚申信仰の創始者であるといった伝も生じた。

こうした伝承の広がりの前提には、護命臨終の地である小塔院の存在がある。小塔院では、すでに平安後期段階で護命像や護命の輿《こし》が祀られていた（『七大寺日記』）。境内の宝篋印塔《ほうきょういんとう》は、護命四五〇年忌の供養塔として弘安《こうあん》七年（一二八四）頃に律僧らによって造立されたとも考えられている（狭川・角南　二〇一三）。小塔院の前にあった井戸は玄昉《げんぼう》が掘ったものとされていたが（菅家本『諸寺建立次第』）、後に護命が掘ったものと伝えられていた（『大乗院寺社雑事記』）。明応七年（一四九八）には護命像の絵ができて、小塔院で開眼供養されており、永正二年（一五〇五）段階では護命の木像が吉祥堂に、絵像が小塔院にあったという（同）。

こうした中世以来の護命信仰は、江戸時代の小塔院でも重視されていた。延宝五年（一六七七）には「当寺本願聖徳太子・護命菩薩・代々尊霊等」の大型位牌が造立された。小塔院では護命は「菩薩」として信仰されていたのである。その後も護命九〇〇年忌の享保十九年（一七三四）に供養石碑が造立されている。こうした小塔院における護命信仰の高揚こそが、周辺の町々で諸種の伝承が展開

伝護命僧正供養塔　鎌倉時代　小塔院

聖徳太子・護命菩薩位牌（裏）
延宝6年（1678）小塔院

した理由であったと考えられる。

元興寺のオニ伝説

元興寺をめぐる伝承でもっとも著名なものが道場法師《どうじょうほうし》説話である。はじめ『日本霊異記《にほんりょういき》』に収められた説話は、敏達《びだつ》天皇の頃に尾張《おわり》で生まれた雷神の子が元興寺（当時は法興寺）の童子となり、鐘楼に夜ごと現れては人を死なせていた鬼を退治したり、大きな石を動かして寺の水田に水を引いたりして、「元興寺の道場法師、強き力多くあり」と言われたというものである。

飛鳥法興寺を舞台にしていたこの説話は、平安時代以降には奈良元興寺を舞台に定着していく。『南都《なんと》七大寺《しちだいじ》巡礼私記《じゅんれいしき》』で元興寺の鐘楼の項に「道場法師の鬼の髪は本元興寺《もとがんごうじ》宝蔵に納められているのでここには記さない」とわざわざ注記されるのは、裏返せば平安後期の段階ですでに道場法師説話が奈良元興寺の鐘楼と結びつけて語られることが多かったということであろう。中世の極楽坊の縁起にも奈良元興寺を舞台とする道場法師による鐘楼の鬼「元興神《ガゴウジ》」（ガゴゼ）退治の説話は取り入れられた（『極楽坊記』）。

江戸時代の東大寺末元興寺では、道場法師が

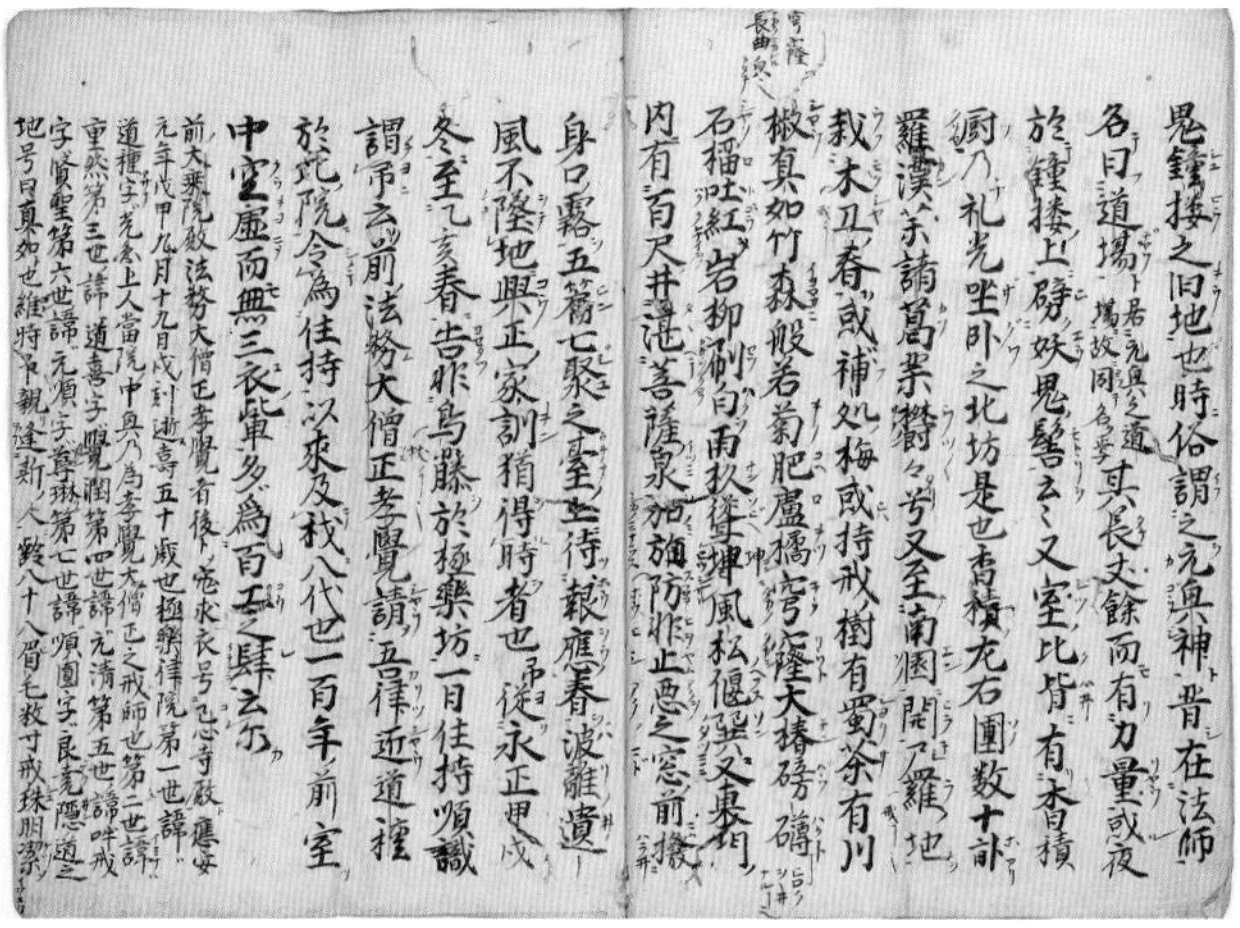
鬼鐘楼之旧地也時俗謂之元興神昔在法師
名曰道場其長丈余而有力量或夜
於鐘楼上殺妖鬼髪云々又室北背有杳積
礼光坐臥之北坊是也杳積充石圍数十計
羅漢并諸菩薩鬱々乎又至南閣閻羅地
栽木瓜春或補処梅或持戒樹有蜀茶有川
椒真如竹森般若菊肥廬橘穹窿大椿磅礴
石榴吐紅岩柳削白雨秋
内有百尺井湛善薩泉
身口露五篇七聚之臺
風不墜地興正家訓猶得時者也予従永正甲戌
冬至乙亥春
於玆院令為住持以来及八代廿一百年前室
中空虚而無三衣

極楽坊記　永正 12 年（1515）　真言律宗元興寺

梵鐘　奈良時代　新薬師寺

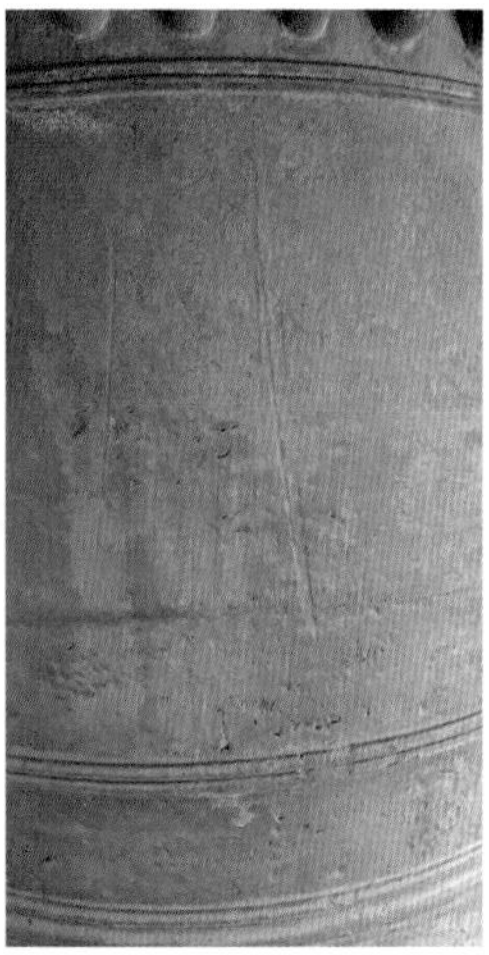
鐘のキズは鬼が引っ掻いてできたとの伝承がある。

八雷神面護符　江戸時代　華厳宗元興寺

鬼を退治した形相をうつした寺宝「八雷神面」がたびたび開帳された。享保十八年（一七三三）には道場法師の故郷尾張へと出開帳する計画もあった（『東大寺年中行事記』）。「八雷神面」がこうして突如としてクローズアップされていったのは、当時の元興寺で打ちつづいていた観音堂・五重大塔の修復勧進の必要からであった。大田南畝《おおたなんぽ》も宝暦五年（一七五五）の開帳のときの八雷神面護符《ごふ》を『南畝莠言《なんぽゆうげん》』に写しているように、護符や縁起は盛んに刷られて配られ、その霊験が広められていった。

　元興寺周辺でも、新薬師寺では鐘楼の鐘がもとは元興寺にあった鐘で、道場法師が鬼を退治したときのものだという伝承（『南都名所集』）や、道場法師から逃げた鬼は「不審ヶ辻子町」ですがたをくらまして「鬼薗山」に逃げこんだという地名の由来伝承（『南都名所八重桜』）なども生まれている。鬼伝説は奈良元興寺周辺地域を舞台に江戸時代に大きく発展したのである。

絶えず生み出されつづけた伝承

　江戸時代の元興寺にまつわる伝説には、古代に結びつける以外にも、まったく新しく生み出されていったものもあった。

　華厳宗元興寺境内にある正嘉《しょうか》元年（一二五七）銘石灯籠は「啼灯籠《なきとうろう》」と呼ばれている。文献上は明治以降に確認される伝説で、かつて大阪に移されたが、夜ごとに泣き声がして「元興寺に帰りたい」と言ったので主人が恐れて元興寺に戻し、「啼灯籠」と呼ばれるようになったという（川井　一八九一）。また、延享年間（一七四四〜四八）に京都の下村某が元興寺にあった延元（一三三六〜四〇）銘の石灯籠を請い受けて持ち帰ったが、夜ごとに南都に向かって「帰りたい」と泣くのでふたたび元興寺に戻されたと伝える文献もある（上野　一九三二）。どの程度史実を背景としている話なのかは分からないが、正嘉元年銘石灯籠や延享五年（一七四八）下村氏奉納の銘を有する石灯籠などの具体的な什物の存在を前提とする伝説であった。

　安政六年（一八五九）の東大寺末元興寺の大火（6－1参照）では、五重大塔に安置されていた薬師如来立像が紀寺町璉《きでらちょうれん》城寺《じょうじ》の住職らによって救出された。その際、はじめは容易に動かすことができなかったが、「お逃げになりたいとお思いならば、早く私の肩につかまってください」と祈念すると軽々と持ち上げることができたという奇譚が直後から語られている。その後、明治時代には一転して「自ら大火から免れた不思議の霊像」として災難除けの功徳も説かれた（服部　二〇二〇）。

　こうして、元興寺は絶えず伝説が生み出されつづける場にもなっていた。奈良町の人々にとっても元興寺の存在は大きく、求心力を持ちつづけていたのである。　（服部）

啼灯籠　正嘉元年（1257）　華厳宗元興寺

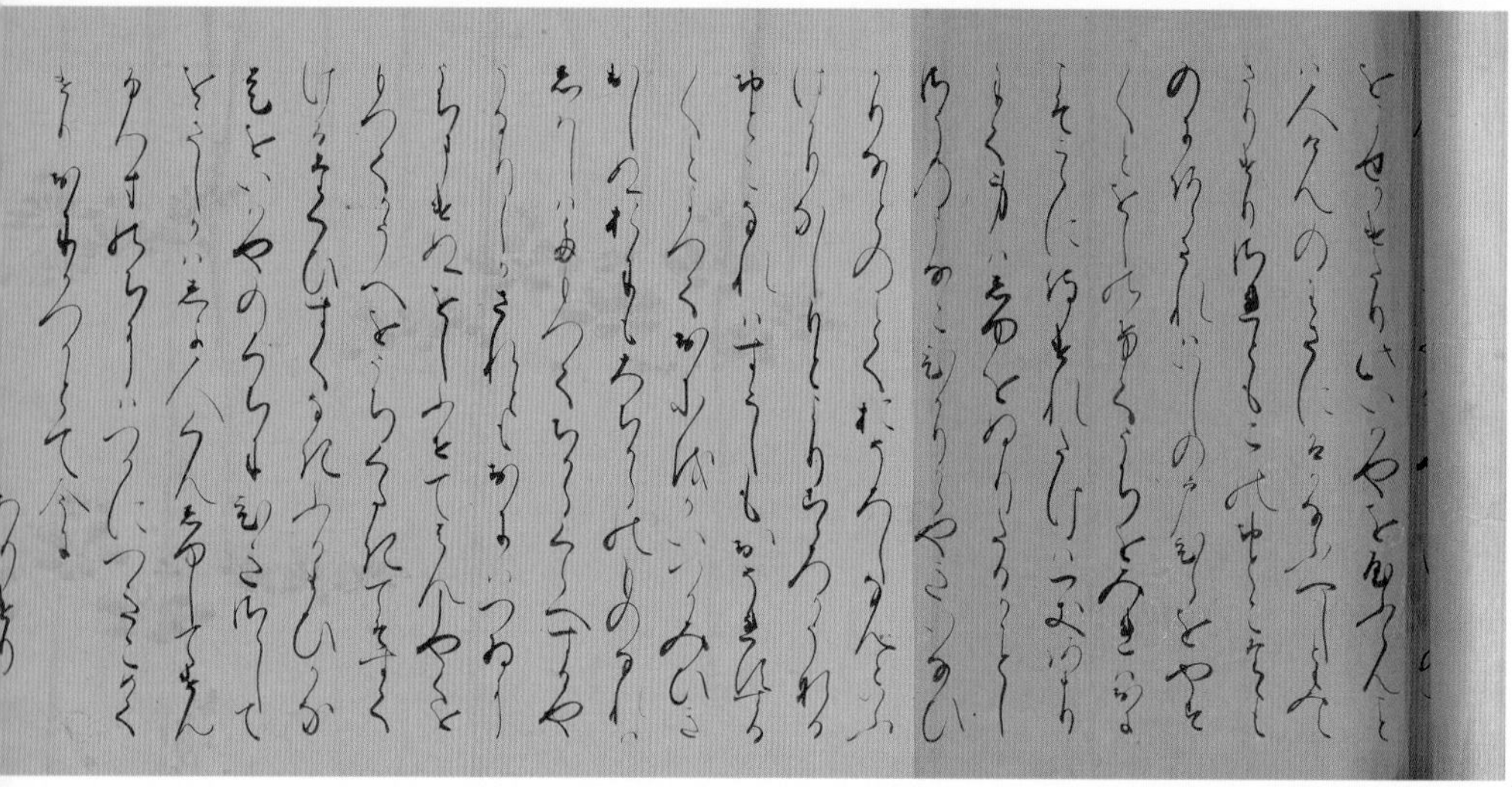

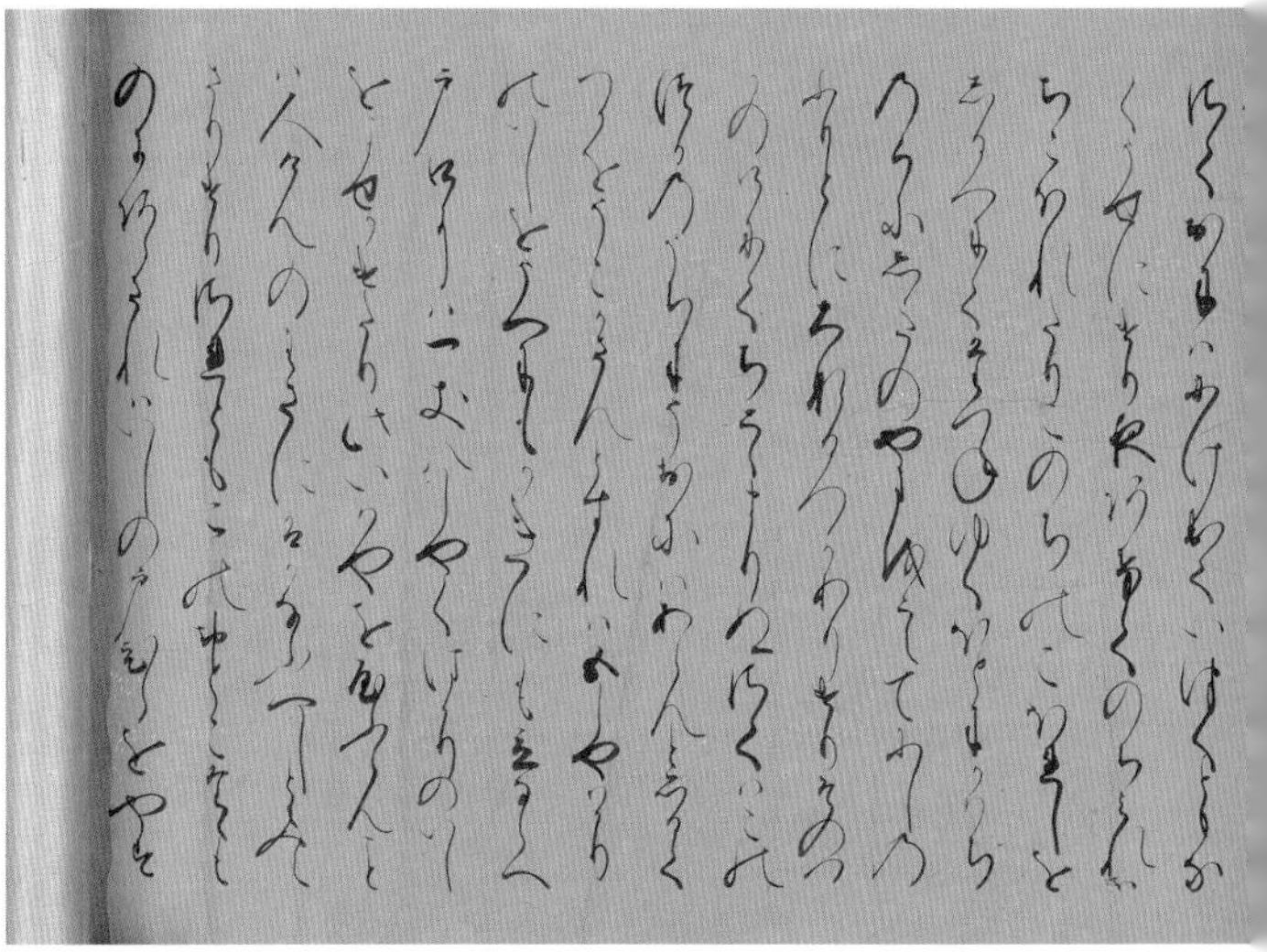

元興寺《ガゴジ》縁起絵巻

紙本著色　縦三三・〇　全長一一一・〇
江戸時代　ベルリン国立図書館

『日本霊異記』以来知られてきた元興寺ゆかりの鬼「元興寺（ガゴジ）」の伝説を主題とした縁起絵巻である。法興寺創建と道場法師説話を合わせた縁起絵巻で、鐘楼でのガゴジとまだ俗人であった道場法師との立ちまわりや、「おにかつか（鬼ヵ塚）」がつくられたさまを描く。別々の説話を有機的に連結させる術として、元興寺に害をなす鬼を物部《もののべ》氏の亡霊と読み替えている。本絵巻最大の独創的部分と指摘される。

寛文頃（一六六一–七三）の制作が指摘されている。（植村）

八雷神面

木造彩色　高五〇・〇
室町時代　華厳宗元興寺

雷神の子とされた道場法師の形相を写したとされるもので、頭上には龍に跨《またが》る鬼をのせた鬼面のさまで、両頬あたりには不動・毘沙門天の面があらわされ、牙が大きく上下出する。類を見ない特異な図像は八雷神面が元興寺独自のものであることを示す。伝承と図像成立背景の検討、構成要素の理解が課題となる。図版は華厳宗元興寺所蔵絵葉書による。

（植村）

元興寺八雷神面

コラム　『大和巡画日記』の元興寺

『大和巡画日記』（以下『日記』と略記）には、谷文晁（一七六三～一八四一）が寛政八年（一七九六）に「元興寺」（現華厳宗元興寺）および「極楽院」（現真言律宗元興寺）を巡見した際に描き写した什宝物をみることができる。その内容や意義についてはすでに詳細な報告があるが、ここでは記録された元興寺について眺めてみたい。

たとえば、「五重塔内所安置仏」として薬師如来立像が描かれるが、著衣や衣文《えもん》、左袖裾《すそ》の渦文など特徴的な点から現在も伝わる薬師如来立像（国宝）にあたると考えられる。平安時代初期彫像の代表作としてよく知られる本像について記したもっとも古い史料である。

『日記』には、本像のように今に伝わるものの情報の補完のみならず、失われた什宝物も描かれ、復元的な情報を有している。

その最たるものは、古代以来元興寺において一般に広く信仰を集めていた「中門観音」と称された観音堂本尊十一面観音立像であろう。中門観音は長谷寺十一面観音像と同木で制作されたという伝承を有し、霊像として知られており、安政六年（一八五九）に焼失するまで元興寺諸仏のなかでもとりわけ重要な位置にあった。異同はあるが中門観音は諸史料に法量一丈六尺（約四八〇センチ）と記される。

『日記』では「同観音堂本尊〈与長谷寺像同作〉」と記され、右胸辺りで結んだ条帛《じょうはく》や脛前《すね》を渡る天衣《てんね》のさまは古様さを伝え、変化面が団子状に結われた髪のように描かれるのは、厨子入の丈六像であったゆえに上方が不分明であった可能性がある。逆説的となるが本像の法量に関する情報の信憑性を高める点となる。なおかつ観音堂本尊十一面観音像の唯一の図像としてきわめて重要となろう。

また、「元興寺極楽院 舎利厨子戸」として扉に描かれた神将形（四天王か）を写し、同舎利厨子の簡略図を別に描いている。大乗院門跡尋尊による『大乗院寺社雑事記』では、明応八年（一四九九）十二月に極楽坊の僧良尭房《りょうぎょうぼう》が「智光法師舎利殿」を持ち来たとする記事があり、「厨子入智光曼荼羅」がその舎利殿にあたると考えられてきた。

扉絵の神将形像の図容に相違がみられる点では、別に舎利厨子があった可能性も浮上する。

これら以外に華厳宗元興寺には天平時代の金銅製菩薩像（頭部のみ）があったことが知られるほか、今も伝わる真言律宗元興寺蔵の聖徳太子二歳像（南無仏太子像）などが記載される。

また、中巻にあたる森川竹窓『大和日記』の写本（文化六年〈一八〇九〉）には、祈雨に霊験あらたかとして著名であった八雷神面を描き、五重塔の項には「内ニ古仏ノ朽廃シタル多シ」と記している。五重塔や観音堂の焼亡記録を眺めると、火災の中から小仏像が救い出されたことが記され、現在華厳宗元興寺に伝わる多数の仏像群にあたるとも考えられる。

『大和巡画日記』は、元興寺のみならず南都諸社寺における当時のすがたを推定させるきわめて貴重な情報を伝えている点で重要な資料といえるだろう。彼がいかなる眼をもって什宝物を拝し描きのこしたのかという点は興味深い課題である。

（植村）

第6章

元興寺を受け継ぐ

1 近代化と昭和の復興

五重大塔の焼亡

安政《あんせい》六年（一八五九）二月二十八日深夜、東大寺末元興寺の五重大塔と観音堂が火に包まれた。火元は、「むかしよりこの町火事にあいし例なし」（『奈良曝《ならさらし》』）といわれた毘沙門町《びしゃもんちょう》。元興寺の境内地のすぐ東隣の町で、植木屋の家から出火し、隣家に燃え広がっていった。

毘沙門町での出火の知らせを聞いた元興寺の留守居僧らはすぐさま門を開けたが、門に明かりを灯すために行灯《あんどん》や火打盆を探して狼狽しているうちに、火は五重大塔五重目の屋根に燃え移った。不運なことにこの屋根は、五年前に起きた伊賀上野《いがうえの》地震（安政の大地震の一つ）で瓦が崩れ落ち、その修復のために杉皮の仮屋根を葺《ふ》いたままの状態で燃えやすくなっていた。寺に出入していた日雇の寺男は五重目屋根まで登り、鎌で火を打ち消そうとしたが、風が吹きつけていよいよ燃え上がり、もはや鎮火は叶わなかった。

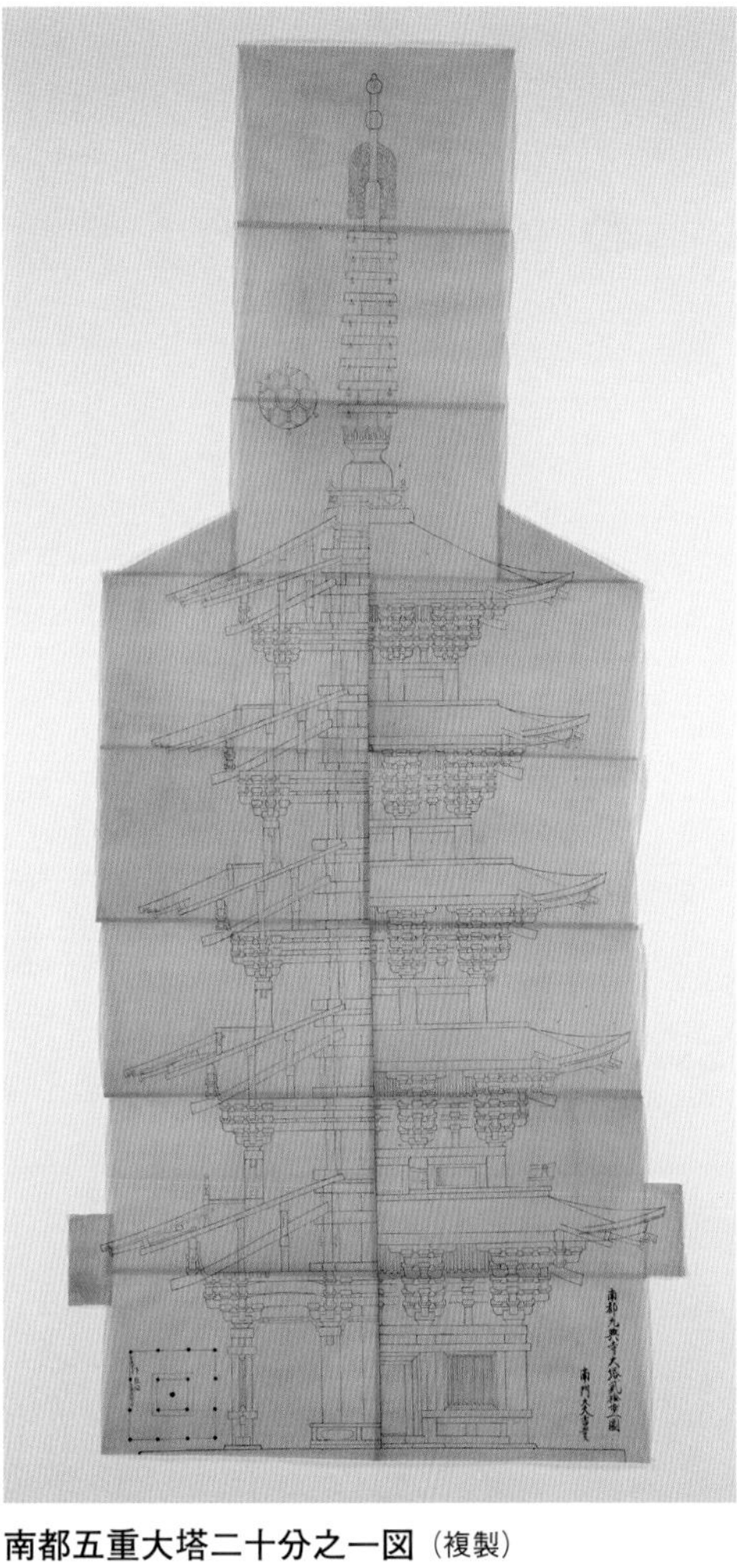

南都五重大塔二十分之一図（複製）
原本は江戸時代　奈良県文化財保存事務所

手の施しようもなく、留守居僧らは本堂から将軍位牌《いはい》と寺宝の八雷神面《はちらいじんめん》を古い袈裟《けさ》に包んで取り出した。つづいて蔵から諸道具を取り出そうとしたが、こういう時に限って鍵が見つからない。戸を蹴破ろうとしてもびくともしないので仕方なく庫裡《くり》から鍋・釜・火鉢などを取り出し、北側の芝突抜町《しばつきぬけちょう》から極楽院《ごくらくいん》の裏に退避し、辛うじて救出した仏像などを守った。

大塔五重目が燃え上がる様子は、近隣の町々からもよく見えた。興善寺《ごうぜんじ》の岸誉《がんよ》や蓮城寺《れんじょうじ》の了《りょう》融《ゆう》、西光院《さいこういん》の定恵《じょうえ》ら周辺寺院の僧侶らがそれぞれ元興寺に駆けつけると、門前には町人たちが騒然として群れ集まっていたが、留守居僧らが退避した後の境内にはもう誰もいなかった。岸誉は力持ちの黒鍬職人を引き連れ、定恵や同じく駆けつけた公納堂町《くのうどうちょう》の町人鞆屋宗七らと力を合わせて庫裡の諸道具や観音堂・大塔の仏像、屏風などを救い出した。了融は燃え盛る五重大塔の中に入り、薬師如来立像を救い出した（5－3参照）。寺領のあった肘塚村《かいのづかむら》からも百姓らが駆けつけ、仏像を救い出したり、東大寺に知らせに行ったりした。

　大塔は引火した五重目から徐々に下層へ延焼し、出火からおよそ二時間後には二重目まで焼け落ち、火炎は雨のように降り注いでいた。五重大塔だけでなく観音堂や庫裡も火に包まれ、そして芝突抜町の町家まで燃え上がった。下火になったのは翌朝で、完全に鎮火したのは降雨のあった三月一日のことであった（以上「元興寺焼亡記録」、服部　二〇二〇）。元興寺境内のほか、毘沙門町、芝突抜町、薬師堂町の半分の町家などおよそ一町四方が全焼する大火となった。

明治維新と近代の衰微

　この大火で、元興寺は観音堂、五重大塔とともに、「中門観音《ちゅうもんかんのん》」として平安時代から信仰を集めた本尊十一面観音像なども失われてしまった。大火の直後、大きく焼損していたこの十一面観音像や多聞天《たもんてん》・持国天《じこくてん》像の修復が試みられ、その際それぞれ「五尺六寸」と「四寸」の像内仏が取り出されて仮堂に安置されたという。大打撃をこうむった元興寺であったが、仮堂の建立、仏像の修復など着実に元興寺惣代《そうだい》の東大寺宝珠院のもとで再興が進められていたのである。

　ところが、世は間もなく明治維新を迎えて元興寺をとりまく社会的状況も一変し、元興寺も対応に追われることとなる。慶応《けいおう》四年（一八六八）には周辺の朱印寺院《しゅいんじいん》二〇カ寺と協議を重ね、結局元興寺惣代の東大寺宝珠院は大和鎮撫総督府に白銀一五枚を献納した。同年、いわゆる神仏分離令が出ると、それまで東大寺の院家《いんげ》から別当を補任《ぶにん》されていた元興寺鎮守御《ご》霊社《りょうしゃ》は奈良府の支配下に入ることとなった。祭礼の出輿への元興寺の関与も以後なくなった。「嘆かわしいがやむを得ないことだ」と記しているが、多くの町々の氏神であった御霊社との関係が断たれて元興寺の社会的な基盤の一つが失われることとなった（『元興寺本堂仮殿再建幷私記』）。

明治時代の元興寺境内指図　1891年　華厳宗元興寺

　もっとも大きな打撃は経済面であった。明治四年（一八七一）の社寺領を対象とする上知令《あげちれい》が出されると、法華寺村《ほっけじむら》、肘塚村《かいのづかむら》にあった寺領五〇石は没収され、江戸時代以来の経済基盤はここに失われることになった。大火の直後に試みられた復興はそれどころではなくなり、観音堂と塔跡はしばらく仮堂のままとなった。元興寺惣代の職を引き継いだ東大寺の子院《しいん》が住職となったが、兼務であったためふだんは無住状態であり、一八八七年段階では境内は荒廃して諸人の参詣もままならなくなっていたという。一八八九年には「啼灯籠《なきとうろう》」の売却が企てられて問題化した（以上、服部　二〇二〇）。

　こうした状況は、同じ朱印寺院であった極楽院も同様であった。明治期から昭和初期までは西大寺清浄院住職の尊誓、佐伯寶龍《さえきほうりゅう》をはじめ、

奈良女学校時代の元興寺　1920 年頃　勝野一氏蔵

極楽院の住職は代々西大寺の役者が兼務で勤めた。一八七二年に堂舎は学校に供され、中院町の町民有志によって設立された極楽院学校、ついで公立の研精舎第二小学（後に鵲小学校）が置かれた。一八八三年に小学校が御所馬場に移転すると（飛鳥小学校）、真宗大谷派本願寺の布教所が置かれ、一九一七年からは本願寺立の奈良女学校として使用されることとなる（岩城一九九九）。この間、本堂・禅室・五重小塔は古社寺保存法により「特別保護建造物」に指定されたが、太子堂《たいしどう》などは倒壊して失われた。

小塔院は近在信者からの「本尊御膳料」によって賄っていたが、それがなくなると芝居興行や商家に境内地を貸していたという（吉井一九九六）。

三ヵ寺の昭和中興記

こうした逼迫した状況にあった三ヵ寺であったが、昭和期に入ると寺院再興の動きが始まる。

華厳宗元興寺では、一九三〇年五月に東大寺から水野圭真《みずのけいしん》が住職に任じられた。圭真は大阪府に生まれ、摂津紡績《せっつぼうせき》（大日本紡績）に約二五年間勤めたが、大病を患って一九二四年に退職し、浄土宗西山禅林寺派《せいざんぜんりんじは》の僧侶となった。一九二六年には京都府木津の和泉式部廟主となって自坊としていたが、一九二九年、東大寺宝厳院の清水公俊の弟子となり、華厳宗僧侶に転じた。

元興寺住職に任じられると驚異的なスピードで元興寺の復興に乗り出す。六月には本堂修復に着手し、庫裡改築、表門建立、基壇跡の修繕など境内・堂宇整備をこの年のうちにおおかた終わらせた。この年の十二月八日の成道会《じょうどうえ》は東大寺管長以下一山の大衆・末寺が参列し、事実上第一期工事成就の披露となった。一九三四年、復興が一段落すると、「元興寺も已《すで》に復興せり。永く茲《ここ》に留まるは却《かえ》って慢心を生じて仏道修行に障碍あり」として元興寺住職を辞任し、浄土宗僧侶として三衣一鉢《さんえいっぱつ》の仏道修行に励むことを申し出たが、引き続き華厳宗のために勤めるよう慰留されて、同じ東大寺末の隔夜寺《かくやじ》と都祁金龍寺《つげきんりゅうじ》の復興を命じられた。この両寺も

水野圭真と再建本堂　1935 年頃　華厳宗元興寺

再建本堂内部古写真　1935年頃　華厳宗元興寺

間もなく復興を遂げたが、一九四〇年、圭真は五六歳で突如として亡くなった。華厳宗僧侶としての活動はわずか一〇年間であったが、荒廃していた三ヵ寺の復興を成し遂げるという濃厚な足跡を残した（以上、服部　二〇二〇）。

　真言律宗小塔院には、戦後一九五〇年代に西大寺瀬木俊明の徒弟河村恵雲が入寺し、律院としての伝灯と寺基を今日に伝えた。

　極楽院（真言律宗元興寺。一九五五年に元興寺極楽坊、一九七二年に元興寺に改称）には、一九四三年に辻村泰圓《つじむらたいえん》が特任住職として入寺した。泰圓は香川県の出身で、一九三五年に真言律宗生駒宝山寺《いこまほうざんじ》の駒岡乗圓の徒弟となった。特任住職となると、禅室の解体修理に着手したが、太平洋戦争の激化とともに泰圓もまもなく応召され、工事も中断やむなきに至った。戦後は、宝山寺で社会福祉事業の中心を担う一方で、「極楽院の真の意味での復興を我国仏教再興の魁《さきがけ》と致したい」と禅室の解体修理を再開させる。解体修理の予算を文部省に粘り強く求めつづけ、あげくに五重小塔を売り払って費用を捻出すると迫ったというのは当時も話題になったという（辻村　一九六三）。その真意は文化財保護行政や国民の文化財への意識に対する危機感にあり、当時としては先駆的な問題提起であった。禅室に続いて一九五一年からは本堂、一九五六年からは東門の修理、一九五八年からは特別防災工事を始めた。

　このときに当時類例を見なかった六万点余りの「中世庶民信仰資料」（4－2）が発見された。これらは当時の奈良国立文化財研究所で最初整理され、一九五八年からは同研究所を拠点とする総合研究へと展開する。とりわけこの総合研究に加わっていた五来重《ごらいしげる》、柴田實《しばたみのる》ら京都大学文化史学派を中心とする研究者らによって仏教民俗学・仏教考古学的な調査研究が大きく進められることとなった。一九六一年には、これらの資料の性格究明と保存処理を目的に、中世庶民信仰資料調査室が寺内に設立された。この調査室は、水野《みずの》正好《まさよし》によって国内で初めて出土木製品のアクリルアミドによる保存処理が開始されるなど日本の文化財科学のパイオニア的存在となり、後に法人化され、今日の公益財団法人元興寺文化財研究所へと発展していくことに

辻村泰圓の面影　1975年頃　真言律宗元興寺

なる。

宝山寺での社会福祉事業も、大乗滝寺（生駒市）庫裡を利用した戦災孤児の施設・愛染寮《あいぜんりょう》の設立を皮切りに、元興寺境内での極楽院保育所設立など拡充させていき、社会福祉法人宝山寺社会福祉事業団へと発展させた。

泰圓は東大寺観音院上司海雲《かみつかさかいうん》を中心とするサロンに連なり、杉本健吉《すぎもとけんきち》、須田剋太《すだこくた》、亀井勝一郎《かめいかついちろう》、安倍能成《あべよししげ》、上野直昭《うえのなおてる》、有光次郎《ありみつじろう》ら芸術家・文化人が中興を積極的に支援した。芸術家たちからは多くの書画が奉納され、杉本健吉の元興神《がごぜ》の絵や、棟方志功《むなかたしこう》の地蔵菩薩の版画は、それぞれ節分会、地蔵会の仏事再興の力にもなった。地蔵会では、彼ら各界著名人から揮毫《きごう》や絵が寄せられ、行灯《あんどん》に仕立てて献灯する万灯供養が恒例となった。

泰圓による元興寺の昭和中興は、元興寺の担ってきた歴史と信仰、そしてその証である文化財将来へとつなげることを使命とし、学術研究と芸術文化によって価値付け、寺門の興隆や社会的実践の根拠としていくことで成し遂げられた。

一九九八年、真言律宗元興寺は「古都奈良の文化財」として世界文化遺産に登録された。そして、元興寺の旧境内域を中心とする「ならまち」も世界遺産の登録資産に必要な緩衝地帯（バッファゾーン）に位置づけられた。元興寺一三〇〇年の歴史のもつ普遍的な価値は世界に発信され、共有されることになったのである。

（服部）

元興神絵馬　2019年　真言律宗元興寺
（原画は1957年　杉本健吉奉納）

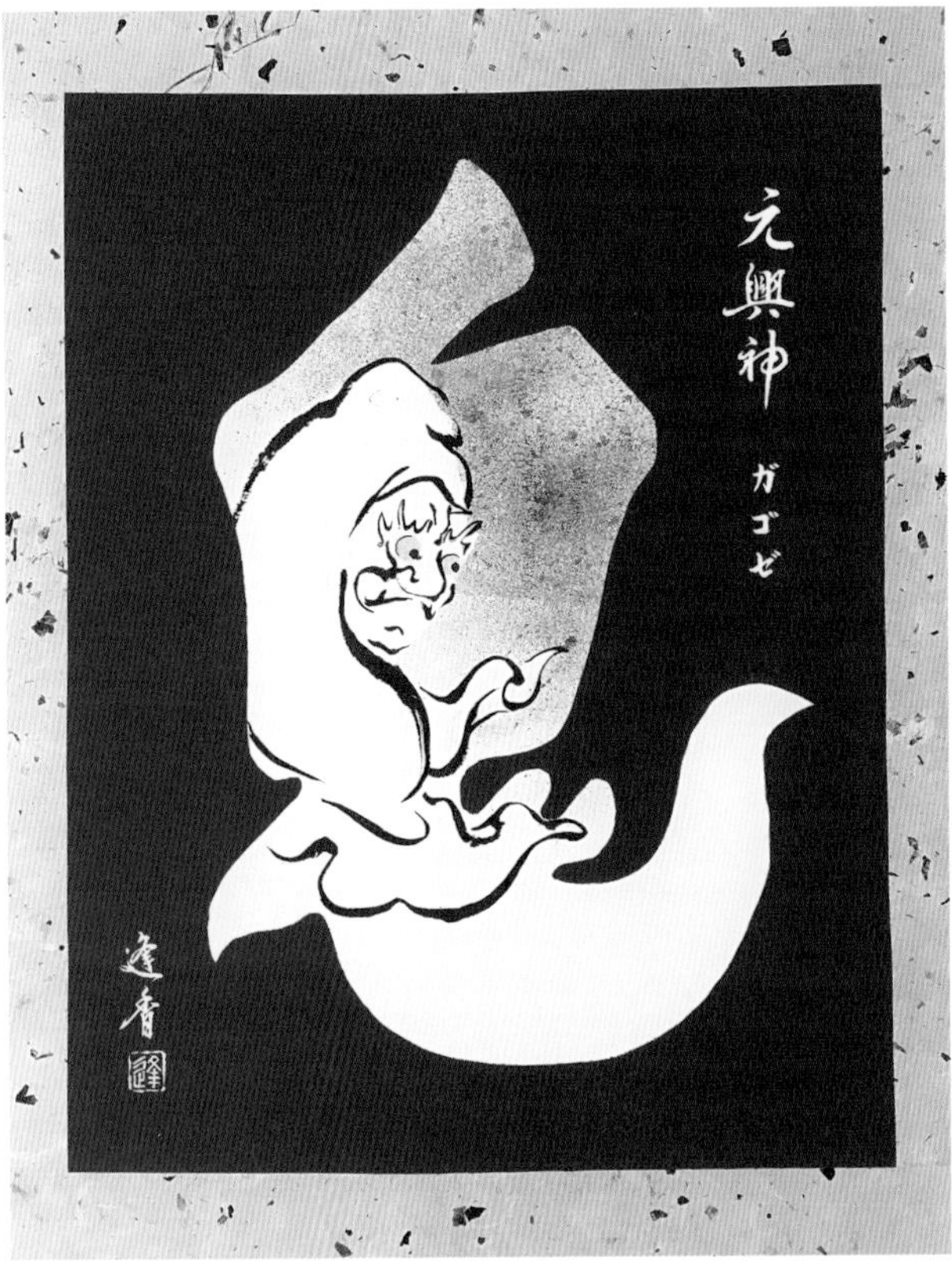

令和の元興神（妖怪書家・逢香作、2019年奉納）　真言律宗元興寺

2 創建一三〇〇年の節目に

本願蘇我馬子顕彰法要
撮影 桑原英文

大元興寺諸仏展開眼供養　撮影 桑原英文

創建千三百年記念法要　撮影 桑原英文

華厳宗元興寺の桜

二〇一八年、真言律宗元興寺（辻村泰善住職）、華厳宗元興寺（池田圭俊住職）、真言律宗小塔院（河村俊英住職）の三ヵ寺は、ともに元興寺の法灯を継ぐ寺院として共同で創建一三〇〇年記念の諸行事を執り行った。

五月十九日には真言宗豊山派飛鳥寺（植島寶照住職）をはじめとする明日香村や奈良の有縁の寺院の出仕も得て、石舞台古墳を望む国営飛鳥歴史公園石舞台地区にて、元興寺の前身法興寺の本願である蘇我馬子大臣顕彰供養を執り行った。また九月十三日には元興寺ゆかりの仏像である薬師如来立像（華厳宗元興寺所蔵）、十一面観音立像（同）、釈迦如来立像（奈良国立博物館所蔵）の三軀を元興寺法輪館に迎え、同二十日には西大寺長老大矢實圓大僧正（宝山寺山主）を導師として真言律宗元興寺本堂にて「創建千三百年法要」を執り行った。飛鳥寺とは「同法結縁の覚え」も取り交わした。

あわせて元興寺文化財研究所との共催で開催された記念企画展『仏法元興—法興寺の遺産・元興寺への道程—』、

真言律宗元興寺の桜　撮影 桑原英文

真言律宗小塔院の桜

真言律宗元興寺の桔梗
撮影 桑原英文

真言律宗元興寺地蔵会　撮影 桑原英文

記念特別展『大元興寺展』『大元興寺諸仏展』やその関連企画として開催された講演会、シンポジウムなどは、新しい調査・研究の知見もあり、学術的にも大きな成果を収めた。

一三〇〇年にわたって法灯を継いできた元興寺の歴史や信仰、諸文化、ひいては日本仏教の来し方を顧み、かつ将来につなげていくうえで、創建一三〇〇年の節目は宗教的にも学術的にも大きな意義を持ったといえよう。

（服部）

真言律宗元興寺の彼岸花　撮影 桑原英文

真言律宗元興寺の萩　撮影 桑原英文

真言律宗元興寺節分会
撮影 桑原英文

元興寺関係年表

和暦	西暦	関係事項	一般事項
崇峻天皇元年	588	**蘇我馬子が飛鳥に法興寺の工を起こす**（『日本書紀』）。	仏教公伝（538）
推古天皇元年	593	法興寺に塔を建て仏舎利を納入する（『日本書紀』）。	三宝興隆の詔（594）
推古天皇4年	596	**法興寺の塔が完成し、慧慈・慧聡が入寺する**（『日本書紀』）。	
推古天皇17年	609	銅製・刺繍製の丈六釈迦像それぞれ一軀を法興寺金堂に安置する（『日本書紀』）。	聖徳太子、勝鬘経を講ずる（606）
推古天皇33年	625	慧灌が法興寺に入寺し、三論を講ずる（『日本書紀』）。	法隆寺建立（607）
天智天皇元年	662	**道昭が帰国し、法興寺の東南に禅院を建てる**（『続日本紀』）。	乙巳の変（645）
天武天皇9年	680	法興寺を特に官治の寺とする（『日本書紀』）。	壬申の乱（672）
持統天皇5年	691	行基が二十四歳で元興寺に止住するという（『行基年譜』）。	藤原京造営（694）
文武天皇4年	700	道昭が禅院で没する（『続日本紀』）。	大宝律令制定（701）
和銅4年	711	法興寺を平城京に移し禅院寺とする（『続日本紀』、「薬師寺仏足石記」）。	平城遷都（710）
養老2年	718	**法興寺を平城京に移し元興寺とする**（『続日本紀』）。	
養老3年	719	神叡が元興寺に入寺し、封五十戸を賜る（『続日本紀』）。	
天平勝宝4年	752	智光が『摩訶般若波羅蜜多心経述義』を著す（『摩訶般若波羅蜜多心経述義』）。	大仏開眼供養（752）
この頃		元興寺五重大塔が建立される。	
天平神護3年	767	称徳天皇が元興寺に行幸し綿などを施入する（『続日本紀』）。	道鏡法王となる（766）
神護景雲4年	770	小塔院に百万塔を納める（『続日本紀』）。	長岡遷都（784）
弘仁3年	812	空海の高雄山寺灌頂会に泰範ら元興寺僧が参加する（『灌頂暦名』）。	比叡山戒壇許可（822）
弘仁10年	818	護命らが最澄の大乗戒壇設立に反対する（『伝述一心戒文』『顕戒論』）。	空海東寺を与えられる（823）
貞観3年	861	明詮が玉華院弥勒堂を建て竜華初会を修す（『日本高僧伝要文抄』『弥勒如来感応抄』）。	神仙苑で御霊会を修す（863）
元慶元年	877	禅院寺を元興寺の別院とする（『日本三代実録』）。	貞観地震（869）
正暦元年	990	右大臣藤原実資が元興寺に詣でる（『小右記』）。	
保延2年	1136	尋範が禅定院主となる。以後禅定院主は大乗院主が兼ねる（『大乗院寺社雑事記』）。	良忍の融通念仏（1124）
嘉応3年	1171	この頃より極楽房念仏講への田地寄進相次ぐ（元興寺極楽堂柱刻銘）。	法然の専修念仏（1175）
治承4年	1180	南都炎上、玉華院が兵火にかかる（『弥勒如来感応抄』）。	東大寺大仏開眼供養（1185）
寛元2年	1244	**元興寺極楽堂（国宝）を大改造する**（元興寺本堂棟札銘）。	貞永式目（1232）

宝治2年	1248	この頃より中門観音堂への田地・屋敷地の寄進相次ぐ（観音堂懸板銘写）。	
文永5年	1268	聖徳太子孝養像（真言律宗元興寺所蔵、重文）が造立される（同像像内納入文書）。	
文永10年	1273	小塔院旧蔵の釈迦如来立像（奈良国立博物館所蔵、重文）開眼（同像台座裏墨書銘）。	文永の役（1274）
弘安7年頃	1284	弘法大師像（真言律宗元興寺所蔵、重文）が造立される。	弘安の役（1281）
応安元年頃	1368	光円が極楽坊に入り律院とする（『大乗院寺社雑事記』）。	南北朝合一（1392）
応永18年	1411	東大寺西南院の門を極楽坊に移す（棟瓦刻銘）。	正長土一揆（1428）
応永年間	1394〜1428	極楽坊に太子堂を建立する（『大乗院寺社雑事記』）。	大和永享の乱（1430〜40）
嘉吉2年	1442	元興寺別当が東大寺務から出ることとなり円良房が補任される（『東大寺雑集録』）。	
宝徳3年	1451	**土一揆により金堂・禅定院・智光曼荼羅焼亡**（『大乗院寺社雑事記』）。	
寛正3年	1462	金堂を再建、中門仁王像焼けたが修理する（『大乗院寺社雑事記』）。	
寛正7年	1466	金堂に新造の弥勒像が納められる（『大乗院寺社雑事記』）。	応仁の乱（1467）
文明4年	1472	強風のため新造の金堂が倒壊する（『大乗院寺社雑事記』）。	
文明6年	1474	金堂を再建、極楽坊曼荼羅堂を修理する（『大乗院寺社雑事記』）。	明応の政変（1493）
慶長7年	1602	徳川家康より元興寺、極楽院に寺領が与えられる（「徳川家康朱印状写」）。	徳川家康、征夷大将軍となる（1603）
寛永9年	1632	飛鳥寺安居院の堂宇が作られる。	
天和3年	1683	極楽院尊覚が五重小塔（国宝）を修理する（五重小塔心柱銘）。	大仏開眼供養（1692）
元禄14年	1701	尊覚が『元興寺極楽坊縁起絵巻』を作らせ、一枚摺智光曼荼羅を板行する（阿弥陀寺所蔵版木）。	大仏殿落慶法要（1708）
安政6年	1859	五重大塔・観音堂が全焼する（『西大寺日記』他）。	
明治3年	1870	寺領（朱印地）が没収される（『興福寺御用向日記』他）。	大政奉還（1867）
明治5年	1872	極楽院に学校ができる（後の飛鳥小学校）。	古社寺保存法制定（1897）
昭和2年	1927	五重大塔跡が発掘調査される。同7年「元興寺塔跡」が史跡に指定される。	
昭和4年	1929	元興寺（華厳宗元興寺）に水野圭真が入寺する。	国宝保存法制定（1929）
昭和18年	1943	極楽院（真言律宗元興寺）に辻村泰圓が入寺する。禅室の修理始まる。	太平洋戦争敗戦（1945）
昭和26年	1951	小塔院（真言律宗小塔院）に河村恵雲が入寺する。	文化財保護法制定（1950）
昭和40年	1965	「元興寺小塔院跡」が史跡に指定される。	
昭和41年	1966	「元興寺極楽坊境内」が史跡に指定される。	古都保存法制定（1966）
昭和42年	1967	元興寺仏教民俗資料研究所（後の元興寺文化財研究所）が設立される。	
平成10年	1998	真言律宗元興寺が「古都奈良の文化財」の一つとして世界遺産登録される。	
平成30年	2018	元興寺創建千三百年法要を勤修する。	文化財保護法改正（2018）

参考文献

全体に関わるもの・総説

岩城隆利『元興寺の歴史』（吉川弘文館、一九九九年）

岩城隆利編『元興寺編年史料』上・中・下（吉川弘文館、一九六三～六六年、増補版一九八三年）

岩田茂樹「奈良・元興寺の十一面観音立像について」（『鹿園雑集』一〇、二〇〇八年）

元興寺文化財研究所編『仏法元興』（真言律宗元興寺他、二〇一八年）

元興寺文化財研究所編『大元興寺展』（真言律宗元興寺他、二〇一八年）

元興寺文化財研究所編『華厳宗元興寺所蔵歴史資料調査報告書』（二〇二〇年）

元興寺・元興寺文化財研究所編『日本仏教はじまりの寺 元興寺―一三〇〇年の歴史を語る―』（吉川弘文館、二〇二〇年）

五来重編『元興寺極楽坊中世庶民信仰資料の研究　地上発見物篇』（法藏館、一九六四年）

狭川真一編『季刊考古学　一三四号　特集中世の納骨信仰と霊場』（雄山閣出版、二〇一六年）

坂本亮太「中世都市奈良のなかの元興寺」（『坪井清足先生卒寿記念論文集』坪井清足先生の卒寿をお祝いする会、二〇一〇年）

佐藤亜聖『寺院を中心とした中世都市形成に関する基礎的研究』（平成一五～一七年科学研究費補助金（若手研究B）研究成果報告書、二〇〇六年）

鈴木嘉吉『古代寺院僧房の研究』（中央公論美術出版、二〇一六年）

薗田香融「古代仏教における山林修行とその意義」（『平安仏教の研究』法藏館、一九八一年、初出は一九五七年）

辻村泰圓編『日本仏教民俗基礎資料集成』一～七（中央公論美術出版、一九七四～一九八〇年）

奈良市教育委員会『奈良市彫刻調査中間報告書その3・4（昭和57～60年度実施）』（奈良市教育委員会、一九八五・一九八六年）

服部光真「華厳宗元興寺の歴史と史料」（『華厳宗元興寺所蔵歴史資料調査報告書』元興寺文化財研究所、二〇二〇年）

藤岡穣ほか「飛鳥寺本尊　銅造釈迦如来坐像（重要文化財）調査報告」（『鹿園雑集』一九、二〇一七年）

堀池春峰「極楽坊千部経について」（『南都仏教史の研究　遺芳編』法藏館、二〇〇四年、初出は一九七五年）

安田次郎「奈良の南市について」（石井進編『中世をひろげる』吉川弘文館、一九九一年）

吉田一彦『仏教伝来の研究』（吉川弘文館、二〇一二年）

吉川真司「飛鳥池木簡の再検討」（『木簡研究』二三、二〇〇一年）

横内裕人「平城京寺院の中世化」（『季刊考古学』一一二、二〇一〇年）

第一章

飛鳥資料館『飛鳥寺』（飛鳥資料館図録第15冊、一九八六年）

飛鳥資料館『飛鳥寺二〇十三』（飛鳥資料館図録第58冊、二〇一三年）

網　伸也「八坂寺の伽藍と塼仏」（岡内三眞編『技術と交流の考古学』同成社、二〇一三年）

石田尚豊「総論　聖徳太子の生涯と思想」（石田尚豊編集代表『聖徳太子事典』柏書房、一九九七年）

市　大樹『飛鳥の木簡』（中央公論新社、二〇一二年）

伊藤敬太郎・竹内亮「飛鳥池遺跡出土寺名木簡について」（『南都仏教』七九、二〇〇〇年）
大西貴夫「宮都と周辺の山寺」（久保智康編『日本の古代山寺』高志書院、二〇一六年）
大山崎町教育委員会『大山崎町埋蔵文化財調査報告書第25集　山城国府跡第54次（7XYS'UD-4 地区）発掘調査報告』（二〇〇三年）
加藤謙吉「蘇我氏と飛鳥寺」（狩野久編『古代を考える　古代寺院』吉川弘文館、一九九九年）
上川通夫「ヤマト国家時代の仏教」（『日本中世仏教形成史論』校倉書房、二〇〇七年）
上川通夫『日本中世仏教史料論』（吉川弘文館、二〇〇八年）
国立歴史民俗博物館編『古代の碑』（一九九七年）
鈴木景二「飛鳥寺西の槻に位置について」（大和を歩く会編『古代中世史の探究』法藏館、二〇〇七年）
曾根正人『聖徳太子と飛鳥仏教』（吉川弘文館、二〇〇七年）
田村圓澄「摂論宗の日本伝来について（補説）」（『南都仏教』三二、一九七四年）
田村圓澄『飛鳥仏教史研究』（塙書房、一九六九年）
逵日出典『奈良朝山岳寺院の研究』（名著出版、一九九一年）
坪井清足『飛鳥寺』（中央公論美術出版、一九六四年）
寺崎保広「奈良飛鳥池遺跡」（『木簡研究』二一、一九九九年）
東野治之「法興年号と仏法興隆」（『大和古寺の研究』塙書房、二〇一一年、初出は二〇〇八年）
東野治之「文献史料から見た中宮寺」（『史跡中宮寺跡発掘調査報告書』斑鳩町教育委員会、二〇一三年）
東野治之『聖徳太子』（岩波書店、二〇一七年）
中井真孝『行基と古代仏教』（永田文昌堂、一九九一年）
奈良国立文化財研究所『飛鳥寺発掘調査報告』（奈良国立文化財研究所学報第五冊、一九五八年）
平井俊榮「南都三論宗史の研究序説」（『駒沢大学仏教学部研究紀要』四四、一九八六年）
福士慈稔「仏教受容と民間信仰」（石井公成編『新アジア仏教史一〇　朝鮮半島・ベトナム　漢字文化圏への広がり』佼成出版社、二〇一〇年）
藤澤典彦「古代における誓約の場」（横田健一先生古稀記念会編『文化史論叢』上、創元社、一九八七年）
フランソワ・ベルチェ「飛鳥寺問題の再吟味—その本尊を中心として—」（『仏教芸術』九六、一九七四年）
牧　伸行「義淵と僧綱」（『仏教史学研究』四〇-二、一九九七年）
横田健一「義淵僧正とその時代」（橿原考古学研究所編『橿原考古学研究所論集』第五集、吉川弘文館、一九七九年）
米田雄介「聖語蔵本『成唯識論』巻四と慈恩大師」（『正倉院紀要』二六、二〇〇四年）

第二章

赤尾栄慶「法華経（藍紙本）京都・千手寺蔵」（『学叢』一五、一九九三年）
赤尾栄慶「法華経并観普賢経七巻のうち巻第一（藍紙本）一巻」（京都国立博物館編『古写経—聖なる文字の世界—』、二〇〇四年）
市　大樹『飛鳥の木簡』（中央公論新社、二〇一二年）
伊藤隆壽「智光の撰述書について」（『三論宗の基礎的研究』大蔵出版、二〇一八年）
井上　正「興福寺の平安彫刻」（『奈良の寺一二　興福寺　東金堂の諸像』岩波書店、一九七五年）
稲木吉一「元興寺中門夜叉像へのまなざし—説話・図像・様式をめぐって—」（大橋一章博士古稀記念会編『てらゆきめぐれ』中央公論美術出版、二〇一三年）
上原眞人「遷都にともなう寺院移転と元興寺」（元興寺・元興寺文化財研究所編『日本仏教はじまりの寺　元興寺—一三〇〇年の歴史を語る—』吉川弘文館、二〇二〇年）
植村拓哉「興福寺天燈鬼・竜燈鬼像について」（『佛教大学大学院紀要文学研究科篇』三九、二〇一一年）
植村拓哉「興福寺天燈鬼・竜燈鬼像の造形的系譜をめぐって」（『佛教大学宗教

文化ミュージアム研究紀要』一〇、二〇一三年）
太田博太郎「元興寺の歴史」（『大和古寺大観』第三巻、岩波書店、一九七七年）
大西龍峯「元興寺智光の出自及び本貫」（『駒澤大学仏教学部研究紀要』四五、一九八七年）
亀田隆之「救急料の考察」（『日本古代治水史の研究』吉川弘文館、二〇〇〇年、初出は一九八七年）
上川通夫『日本中世仏教史料論』（吉川弘文館、二〇〇八年）
河野貴美子「平安末期における善珠撰述仏典注釈書の継承」（『早稲田大学大学院文学研究科紀要』第三分冊五一巻、二〇〇六年）
栄原永遠男『奈良時代の写経と内裏』（塙書房、二〇〇〇年）
狭川真一「元興寺の設計と外京」（『続文化財学論集』文化財学論集刊行会、二〇〇三年）
狭川真一「元興寺古材の年輪年代測定について」（元興寺・元興寺文化財研究所編『日本仏教はじまりの寺 元興寺―一三〇〇年の歴史を語る―』吉川弘文館、二〇二〇年）
志賀町史編集委員会編『志賀町史』第一巻（志賀町、一九九六年）
曾根正人「奈良仏教の展開」（『新アジア仏教史一一 日本一 日本仏教の礎』佼成出版社、二〇一〇年）
田村吉永「元興寺の朝鮮鐘」（『史迹と美術』二二九、一九五三年）
築島 裕「片仮名の歴史的研究」（『日本学士院紀要』五一―三、一九九七年）
築島 裕「国語史上における明詮大僧都の訓説」（『南都仏教』三五、一九七五年）
東野治之「法興寺から元興寺へ」（元興寺・元興寺文化財研究所編『日本仏教はじまりの寺 元興寺―一三〇〇年の歴史を語る―』吉川弘文館、二〇二〇年）
奈良県教育委員会『元興寺金堂跡発掘調査概報』（一九七五年）
奈良国立博物館編『奈良朝写経』（一九八三年）
奈良国立文化財研究所『奈良時代僧房の研究』（奈良国立文化財研究所学報第四冊、一九五七年）
中井真孝「平城京の仏教」（直木孝次郎編『古代を考える 奈良』吉川弘文館、一九八五年）
中尾 堯「京都立本寺の法華経写経」（『立正大学文学部研究紀要』一六、二〇〇〇年）
平井俊榮「南都三論宗史の研究序説」（『駒澤大学仏教学部研究紀要』四四、一九八六年）
福山敏男「大安寺と元興寺の平城京移建の年代」（『日本建築史研究』墨水書房、一九六八年、初出は一九三六年）
堀 裕「化他の時代」（古代学協会編『仁明朝史の研究』思文閣出版、二〇一一年）
宮崎健司「奈良時代の一切経について―勘経の意義をめぐって―」（『佛教大学総合研究所紀要』二〇〇四―二、二〇〇四年）
宮崎健司『日本古代の写経と社会』（塙書房、二〇〇六年）
山下有美「五月一日経における別生・疑偽・録外経の書写について」（『市大日本史』三、二〇〇〇年）
山下有美「嶋院における勘経と写経―国家的写経機構の再把握―」（『正倉院文書研究』七、二〇〇一年）
毛利 久「元興寺と神護寺の中門二天像」（『仏教芸術』一三、一九五一年）

第三章

元興寺文化財研究所編『日本浄土曼荼羅の研究』（中央公論美術出版、一九八七年）
元興寺仏教民俗資料刊行会編『智光曼荼羅』（学術書出版会、一九六九年）
黒田昇義『大和の古塔』（天理時報社、一九四三年）
佐藤泰弘「東大寺東南院と三論供家」（『甲南大学紀要 文学編』一四四、二〇〇六年）
信ヶ原雅文・石川登志雄『檀王法林寺 袋中上人 琉球と京都の架け橋』（淡交社、二〇一一年）
高間由香里「智光曼荼羅正本の復元的考察」（『印度学仏教学研究』六二―二、二〇一四年）
田中 稔「金石文としての寄進状の一資料」（『中世史料論考』吉川弘文館、

一九九三年、初出は一九五五年）
田中　稔「興福寺所蔵覚遍本明本抄及び紙背文書」（『奈良国立文化財研究所年報一九六〇』、一九六一年）
田中　稔「本券文を焼くこと」（『中世史料論考』吉川弘文館、一九九三年、初出は一九七〇年）
奈良国立博物館編『解脱上人貞慶』（二〇一二年）
奈良国立博物館編『忍性』（二〇一六年）
永島福太郎『奈良』（吉川弘文館、一九六三年）
西谷　功「南宋仏教からみた鎌倉期戒律復興運動の諸相」（律宗戒学院編『覚盛上人御忌記念　唐招提寺の伝統と戒律』法藏館、二〇一九年）
服部光真「文献史料からみた元興寺極楽坊の納骨信仰」（『季刊考古学』一三四、二〇一六年）
安田次郎『中世の奈良』（吉川弘文館、一九九八年）

第四章

内田啓一「宋代版画三題―元興寺蔵如意輪を中心とした円成寺蔵如意輪・遍照寺蔵阿弥陀三尊―」（『仏教芸術』三四二、二〇一五年）
奥　健夫『奈良の鎌倉時代彫刻　日本の美術五三六』（ぎょうせい、二〇一一年）
神奈川県立金沢文庫編『聖徳太子信仰―鎌倉仏教の基層と尾道浄土寺の名宝―』（二〇一九年）
元興寺・元興寺文化財研究所「ならまちと仏たち―元興寺界隈―」（一九九二年）
元興寺仏教民俗資料研究所『絵塔婆調査報告書』（一九七五年）
元興寺仏教民俗資料研究所編『弘法大師信仰』（元興寺・元興寺仏教民俗資料研究所、一九七七年）
木下密運「こけら経とその手本―こけら経写経体制の考察―」『元興寺仏教民俗資料研究所年報　一九六八』（元興寺仏教民俗資料研究所、一九六九年）
柴田　實「元興寺極楽坊発見の和讃と祭文」（『柴田實著作集　日本庶民信仰史2仏教篇』法藏館、一九八四年、初出は一九七五年）
高橋平明「長谷寺所蔵彫刻の概要」（元興寺文化財研究所編『豊山長谷寺拾遺　第三輯　彫刻』総本山長谷寺文化財等保存調査委員会、二〇〇五年）
高橋平明「箍締柿経の新出事例紹介と若干の考察」（公益財団法人元興寺文化財研究所編『清洲城下町出土箍締め柿経』清洲市教育委員会、二〇一八年）
高橋平明「元興寺蔵地蔵菩薩立像」（『国華』一四七六、二〇一八年）
辻村泰善「南都における弘法大師信仰―元興寺弘法大師像の周辺―」（『南都仏教』六六、一九九一年）
辻村泰圓・水野正好「南都元興寺極楽坊発掘調査概要」（『大和文化研究』七―一、一九六二年）
天理大学附属天理図書館編『奈良町　江戸時代の観光都市を巡る』（天理大学出版部、二〇一九年）
永島福太郎「小五月郷指図について」（『ビブリア』二九、一九六四年）
藤澤典彦「資料紹介　元興寺所蔵　葬送関係次第『入棺作法』」（『元興寺文化財研究』四一、一九九五年）
藤原重雄「都市の信仰―像内納入品にみる奈良の年中行事―」（高橋慎一朗ほか編『中世の都市―史料の魅力、日本とヨーロッパ』東京大学出版会、二〇〇九年）
堀池春峰「史料紹介　元興寺極楽坊蔵離別祭文・夫妻和合祭文」（『仏教史学』七―二、一九五八年）

第五章

伊藤真昭「大和の寺社と西笑承兌」（『仏教史学研究』四二―二、二〇〇〇年）
上野武男「啼き灯籠」（大和童話連盟・高田十郎編『大和の伝説』大和史蹟研究会、一九三三年）
大宮守友「徳川政権と大和の寺社」（『近世の畿内と奈良奉行』清文堂出版、二〇〇九年、初出は二〇〇四年）
川井景一『和州社寺大観』（一八九五年）
狭川真一・角南聡一郎「小塔院宝篋印塔と護命僧正供養碑」（『元興寺文化財研究所研究報告二〇一二』、二〇一三年）
角南聡一郎「尾張の道場法師伝承」（『元興寺文化財研究所研究報告２０１９』、

二〇二〇年）
田邊三郎助編著『日本の面』（毎日新聞社、一九八七年）
長岡由美子「資料紹介『大和巡画日記』（前・後）」（『美術史学』一二・一三、東北大学文学部美学美術史研究室、一九九〇・一九九一年）
長岡龍作「東北大学附属図書館所蔵『大和巡画日記』について」（『木這子』九一、二〇〇〇年）
服部光真「江戸時代の元興寺と奈良町」（『元興寺文化財研究所研究報告二〇一八』、二〇一九年）
服部光真「華厳宗元興寺所蔵文書をひもとく」（元興寺・元興寺文化財研究所編『日本仏教はじまりの寺 元興寺―一三〇〇年の歴史を語る―』吉川弘文館、二〇二〇年）
林　晃弘「慶長七・八年付大和諸寺宛徳川家康判物・朱印状の発給年次」（『日本史研究』六〇二、二〇一二年）
藤澤典彦「近世奈良町成立の画期」（小野正敏・萩原三雄編『戦国時代の考古学』高志書院、二〇〇三年）

第六章

角南聡一郎「元興寺をめぐる教育と学術」（『元興寺文化財研究所研究報告二〇一八』、二〇一九年）
辻村泰圓「辛酸に明けくれた20年」（辻村泰圓大和尚遺稿集編集委員会編『無尽蔵』辻村泰圓大和尚遺稿集刊行委員会、一九七九年、初出は一九六三年）
真言律宗独立認可百周年記念誌編纂委員会編（吉井敏幸執筆）『近代の西大寺と真言律宗―宗派の独立とその後―』（真言律宗総本山西大寺、一九九六年）

図説　元興寺の歴史と文化財
一三〇〇年の法灯と信仰

二〇二〇年（令和二）十一月二十日　第一刷発行

編　者　元興寺
　　　　元興寺文化財研究所

発行者　吉川道郎

発行所　株式会社　吉川弘文館
郵便番号一一三−〇〇三三
東京都文京区本郷七丁目二番八号
電話〇三−三八一三−九一五一（代）
振替口座〇〇一〇〇−五−二四四
http://www.yoshikawa-k.co.jp/

印刷・製本・装幀＝藤原印刷株式会社

Gangoji, Gangoji Institute for Research of Cultural Property 2020.
Printed in Japan
ISBN978-4-642-08389-8

姉妹編

元興寺・元興寺文化財研究所編

日本仏教はじまりの寺 元興寺

―一三〇〇年の歴史を語る―

A5判／二四六頁／本体二二〇〇円（税別）

蘇我馬子が創建した法興寺（飛鳥寺）が、平城遷都にともなって奈良に移転し、南都七大寺の一つに数えられる元興寺と称してから一三〇〇年。文献・考古・建築など、各分野の専門家たちが集い、古代の大寺から中世的都市寺院を経て今日にいたるその歴史と文化財をわかりやすく解説した講演を集成。元興寺研究の最前線へ誘うコラムも多数収録する。

吉川弘文館